Martin Deuter

Polaritätsverhältnisse in der Improvisation

Frankfurter Texte zur Musiktherapie

herausgegeben von

Eckhard Weymann

Band 3

Masterstudiengang Musiktherapie
Fachhochschule Frankfurt am Main

zeitpunkt musik
Reichert Verlag 2010

Martin Deuter

Polaritätsverhältnisse in der Improvisation

Systematik einer musikalisch-psychologischen Benennung der musiktherapeutischen Improvisation

zeitpunkt musik
Reichert Verlag 2010

Bibliografische Information der Deutschen Nationalbibliothek
Die Deutsche Bibliothek verzeichnet diese Publikation in der Deutschen Nationalbibliografie; detaillierte bibliografische Daten sind im Internet über http://dnb.d-nb.de abrufbar.

Gedruckt auf säurefreiem Papier
(alterungsbeständig – pH 7, neutral)

Zugl.: Hamburg, Hochschule für Musik und Theater, Dissertation 2010

Umschlaggestaltung: Martin Deuter

Dr. Ludwig Reichert Verlag Wiesbaden 2010
www.reichert-verlag.de
ISBN: 978-3-89500-742-2

Printed in Germany

Inhaltsverzeichnis

Vorwort des Herausgebers

Von der empirischen Wirklichkeit zum Modell dieser Wirklichkeit ist es mitunter ein langer Weg. Viele Jahre lang hatte ich Gelegenheit, die Entwicklung der hier vorgestellten Systematik einer musikalisch-psychologischen Terminologie zur musiktherapeutischen Improvisation zu verfolgen. Vieles wurde erwogen, verändert und wieder verändert. Manches ging aus den mehrere Jahre lang gemeinsam veranstalteten sommerlichen Tagungen für Musiktherapeuten, der ImprovisationsWerkstatt in der Rhön, hervor. Hier wurden im Kollegenkreis vor dem Hintergrund der morphologischen Psychologie Konzepte vorgestellt, neue Ideen diskutiert und praktisch erprobt. Über die Jahre hin war zu beobachten, wie sich die Modellgestaltung und auch die Terminologie allmählich stabilisierten, es wurde nur noch selten ein Wort durch ein passender erscheinendes ersetzt.

So ist dieses Konzept der Polaritätsverhältnisse, wenn es auch zuweilen abstrakt und philosophisch anmuten mag, mitten aus einer lebendigen musikalischen, therapeutischen und didaktischen Praxis hervorgegangen. Das Hin und Her zwischen den spontan geglückten sinnlich-ästhetischen Phänomenen und den Versuchen, das Bewegende begrifflich zu fassen ist ja eine Grundbewegung von Musiktherapeuten (und ihren Patienten), mit deren Einübung man nie ganz fertig ist. Im Phänomenal-Erscheinenden auch noch Bildungsprinzipien entdecken zu wollen und dafür eine angemessene Benennung zu finden, diesen anspruchsvollen Systematisierungsversuch unternimmt Martin Deuter in diesem Buch, seiner Dissertation. Es ist eher eine theoretische als eine empirische Arbeit, die jedoch durchaus erfahrungsgesättigt ist, was in den zahlreichen Beispielen durch das ganze Buch hindurch aufblitzt.

In der Theoriebildung zur Musiktherapie und in der entsprechenden Praxis-Forschung, auch in der morphologischen, werden die „Materialeigenschaften" des musikalischen Mediums oft entweder untergeordnet oder losgelöst von psychologischen Perspektiven der Wirkung, der Prozessgestaltung oder der Bedeutung behandelt. Diesem Mangel versucht Martin Deuter abzuhelfen. Die Systematik eröffnet neuartige Wahrnehmungs- und Analysemöglichkeiten für die innere Prozessdynamik der Musik, wie sie bislang nicht verfügbar waren. Dies könnte über den musiktherapeutischen Bezugsrahmen hinaus auch für musikwissenschaftliche und musikpsychologische Diskurse von Bedeutung sein.

Das „Werkzeug" der Polaritätsverhältnisse erfordert allerdings in seiner vollen Anwendung gewisse Anstrengungen, erscheint gerade dadurch aber dem Gegenstand adäquat. Die Studierenden des Masterstudiengangs Musiktherapie an der FH Frankfurt, wo Deuter als Dozent wirkt, werden seit Jahren mit Gewinn in die Grundlagen der Polaritätsverhältnisse eingeführt. Dieses Buch eröffnet nun die Möglichkeit, sich noch differenzierter in die bewegte Formenwelt der musikalisch-seelischen Phänomene einzuleben.

Eckhard Weymann, im Juli 2010

1. Einleitung

Wer über Musik spricht,
spricht nun einmal auf Umwegen.
Margriet de Moor

„Das Ergreifende auf Begriffe zu bringen…“[1] – dieses Vorhaben könnte als Motto der vorliegenden Arbeit gelten. Es ist ein grundlegendes menschliches Bedürfnis, sich über Erfahrungen, die berühren und bewegen, in irgendeiner Form zu äußern. Zwar ergeben sich in der Musik oft Erlebnisse, die nur schwer in Worte zu fassen sind; dennoch haben wir in der therapeutischen Arbeit den Anspruch, den Raum, in dem die Begriffe ihre Gültigkeit haben, möglichst umfassend zu halten.

Die genannten Positionen könnten zum Gegensatz werden: hier die Notwendigkeit zu schweigen, wo der Begriff nicht weiterhilft; dort das Vorhaben, für das Erleben die passenden Worte zu finden. Gegensätzlichkeiten können aber in Austausch kommen, wenn man sie als Polarität auffasst. Die Bedeutung der Polarität darzulegen, ist ein weiteres Ziel dieser Arbeit. Dabei wird uns das Schweigen, das dort unumgänglich ist, wo die Worte nicht hinreichen, nicht verloren gehen. Im Sinne der Polarität erfährt das Erklingende, sei es in Form der Rede oder auch der Musik, in der Stille und im Schweigen nicht seine Negation, sondern seine Ergänzung.

Das Bedürfnis, die Zusammenhänge zwischen dem Phänomen der Improvisation und den Möglichkeiten der Benennung systematisch zu erfassen und darzustellen, stand am Ausgangspunkt der Beschäftigung mit der hier entwickelten Thematik. Die Spannung zwischen Intuition und Wissen, zwischen methodisch begründeter Intervention und lebendig-spontaner Reaktion auf den Moment kennzeichnet die therapeutische Arbeit, und sie ist gleichzeitig ein bestimmendes Element in der Improvisation.

Lebendigkeit zu fördern und Bestehendes in Entwicklung zu bringen, ist Aufgabe psychotherapeutischer Behandlung und damit auch musiktherapeutisches Anliegen. Insofern alles Lebendige von Bewegung und Veränderung geprägt ist, muss eine Begrifflichkeit, mit der lebendige Vorgänge beschrieben werden sollen, dieser Beweglichkeit entsprechen, um ihrem Gegenstand gerecht zu werden. Alle Versuche einer Systematisierung müssen

---

1 …so umschreibt Hermann Schmitz das Ziel seiner „Neuen Phänomenologie“ (Schmitz 1977)

sich daher an dem Anspruch messen lassen, ob sie dem Verwandlungsgeschehen in der Musik genügen.

Für die Zielsetzung der vorliegenden Arbeit, Strukturierungsbedingungen der Improvisation aufzufinden und darzustellen, findet sich in der Morphologischen Psychologie ein geeigneter Bezugsrahmen; mit ihren Entwürfen und Systematisierungen verhilft diese psychologische Auffassung dazu, den beweglichen Gegenstand der Improvisation mit seinen Beziehungs- und Verlaufsgestalten zu erfassen. Diesem Ansatz folgend werden uns im Folgenden immer wieder Überlegungen zum Zusammenhang von Phänomen, Erleben und Bedeutung beschäftigen und damit die Suche nach den geeigneten Beobachtungseinstellungen, mit denen wir die Bewegungen im Erleben nachvollziehen und adäquat beschreiben können.

Nach einleitenden Bemerkungen über die Improvisation gehe ich auf den Zusammenhang von „Erleben und Benennen" ein, sowie auf die Notwendigkeit, eine Begrifflichkeit zur Verfügung zu haben, die den Phänomenen, um die es geht, gerecht wird. Daran schließt sich ein kurzer Überblick über die Diskussion an, die in der musiktherapeutischen Literatur zur Thematik einer material-adäquaten Begrifflichkeit aufzufinden ist.

Im dritten Kapitel wird der Kreis größer gezogen: dargestellt werden die gedanklichen Voraussetzungen, die zur Entwicklung der Systematik der Polaritätsverhältnisse von Belang sind. Auf Jean Gebser stützt sich die Argumentation, wenn es um den Zusammenhang von Gegensatz und Polarität als Modell einer Begrifflichkeit geht, mit der wir seelisches Geschehen im engeren und lebendige Prozesse im weiteren Sinn auffassen können. Die Morphologische Psychologie Wilhelm Salbers wird in denjenigen Aspekten dargestellt, die das Herkommen und den Bezug zur Systematik der Polaritätsverhältnisse verdeutlichen können. Die Ausführungen von Susanne K. Langer zu den Besonderheiten der Musik im Hinblick auf ein System der Symbolisierung interessieren uns als eine weitere gedankliche Bezugsgröße. Im Kapitel „Wahrnehmen und Denken in Polaritäten" werden zusätzliche Ableitungen und Bezüge aufgefächert, auf die sich die Systematik stützt, während das vierte Kapitel die eigentliche Darstellung der Systematik der Polaritätsverhältnisse beinhaltet, ergänzt durch Anwendungsbeispiele aus Kunst, Alltag und Behandlung.

2. Entwicklung der Fragestellung

Eine Trennung in Wissenschaft und Kunst gibt es in Wirklichkeit nicht, es gibt nur zwei Arten der Weitergabe.
Leo Nikolajewitsch Tolstoi

Wird das Geschaute und Erlebte in der Sprache der Logik nachgebildet, so treiben wir Wissenschaft, wird es durch Formen vermittelt, so treiben wir Kunst.
Albert Einstein

Die Systematik der Polaritätsverhältnisse stellt ein Begriffssystem dar, mit dem die Diskrepanz zwischen musikalischer und psychologischer Benennung gemildert werden kann. Wir erleben in langjähriger musiktherapeutischer Tätigkeit immer wieder eine solche Diskrepanz, treffen auf eine Lücke der Benennungen, sobald wir versuchen, die Geschehnisse in der Improvisation sowohl von ihrer musikalischen Verfasstheit als auch im Hinblick auf eine psychologische Zuordnung zu beschreiben.[1]

Neben der Darstellung der Systematik ist es ein Anliegen der Arbeit, die musikalischen Geschehnisse, die uns im Behandlungszusammenhang begegnen, jeweils mit Erlebensinhalten zu verknüpfen, die über die Musik hinausweisen. Der Bereich der Musik wird mit verwandten Inhalten in Beziehung gesetzt. Die Strukturen, die wir in den musikalisch-materialen Verhältnissen auffinden und die unser Erleben bestimmen, werden mit Beispielen aus der Literatur, aus der bildenden Kunst und aus Alltagszusammenhängen „bebildert". Die Systematik der Polaritätsverhältnisse bildet den Zwischenschritt, mit dem der Weg von den Strukturierungen in der Improvisation zu den genannten anderen Bereichen gangbar wird.

Ziel und Zweck dieser Erweiterung der Sichtweise ist es, die Erfahrungen, die der Musiktherapeut im Behandlungsalltag allzu oft ausschließlich in der Begrifflichkeit der jeweiligen Pathologie zu erfassen vermag, durch Erklärungsansätze und Erlebensinhalte aus Kunst und Alltag zu erweitern.

Die angeführten Beispiele folgen dabei einer begrenzten Auswahl, sie sind notwendigerweise subjektiv konnotiert, begründen sich aber jeweils aus einer profunden Auseinandersetzung mit den praktischen Erfahrungen in der Improvisation. Die Auswahl ist jeweils gemeint als *eine* Möglichkeit

---

[1] vgl. Kap. 2.2.1

der Zuordnung und folgt der Absicht, den Leser und die Leserin zu eigenen Analogiebildungen zu ermuntern. Das Auffinden von Analogien wird durch die Polaritätsverhältnisse wesentlich erleichtert; eher assoziative und bloß subjektiv anmutende Zuordnungen sind mit Hilfe der Systematik begründbar. Es lässt sich so etwas wie ein individueller Fundus an Entsprechungsbildern anlegen, mit denen unser Verständnis der Geschehnisse in der Improvisation reflektierbar wird.[2]

All diese Bemühungen dienen dem Zweck der Verdeutlichung von Zusammenhängen und der Möglichkeit ihrer Vermittlung. Das vielfältige Erleben in der Improvisation soll begrifflich erfasst und sprachlich mitteilbar werden – so weit dies eben möglich ist. Allerdings werden diese Möglichkeiten erheblich erweitert, wenn ein Auslegungssystem zur Verfügung steht, das eine „Mitbewegung" (Salber) erlaubt, von der aus Verknüpfungen erkennbar werden: Die Struktur, die sich in den Polaritätsbenennungen ergibt, verbindet musikalische Situationen aus der Behandlungssituation mit Erfahrungen unserer Alltagswirklichkeit und einer künstlerischen Perspektive; verbindendes Element ist dabei das Erleben:

> „Die Grundbeziehungen in der Musik sind Spannungen und Entspannungen, und die durch diese Funktion erzeugten inneren Bewegungsabläufe sind die gleichen in aller Kunst und auch in der dazugehörigen psychischen Resonanz." (Langer 1965, 224)

Die Systematik der Polaritätsverhältnisse verhilft dazu, sich mit der Benennung in größtmöglicher Nähe zum Bewegungsgeschehen der musikalischen Phänomene aufzuhalten. Möglich wird dies, indem von einer grundsätzlichen Ausrichtung nicht abgewichen wird: die Geschehnisse werden durchweg als Polaritäten aufgefasst, das heißt, als in Bewegung befindliche, dynamische Qualitäten. Im Hinblick auf den Zusammenhang von Phänomen und Bedeutung kann die Systematik der Polaritätsverhältnisse als Entwurf eines phänomenologisch-hermeneutischen Ansatzes angesehen werden.

Für die Fragestellung der vorliegenden Arbeit ist ein weiterer Aspekt von Belang. Neben der Notwendigkeit, bewegungsadäquate Begriffe zur Verfügung zu haben, die zudem eine Verknüpfung der Musik mit Alltagsbezügen und psychologischer Ausdeutung ermöglichen, ist zu diskutieren, von welchem Verständnis wir im Hinblick auf das musikalische Material ausgehen. Es geht hierbei um die Frage, ob wir im Hinblick auf die Improvi-

---

[2] Vgl. hierzu im Kap. 4.5 die jeweiligen Abschnitte „Beispiele aus Kunst, Alltag und Behandlung", sowie Kap. 4.6

sation voraussetzen, dass es material-immanente Eigenschaften der Musik gibt, oder ob wir die Musik als frei und beliebig zu gestaltende Substanz ansehen. Der grundsätzlichen Orientierung an der Polarität entspricht es, dass im vorliegenden Konzept eine vermittelnde Position dargestellt und begründet wird.[3]

Bei der Beschäftigung mit den verschiedenen Aspekten musikalischen Erlebens und den damit verbundenen Anmutungen begegnen wir oft paradoxen Gegebenheiten. Nun ermöglicht es gerade der Umgang mit der Polarität, mit solchen Paradoxien umzugehen, ohne dem Bedürfnis zu erliegen, sie im Sinne einer Synthese auflösen zu wollen. So bedeutet das Denken in Polaritäten auch, das Gegenteil von dem als richtig Erkannten nicht a priori für das Falsche zu halten.

Ausgangspunkt der Fragestellung und Bezugspunkt der Erkenntnisse ist die musikalische Improvisation. Der Darstellung der Improvisation und ihrer Strukturierungsmerkmale widmet sich daher das folgende Kapitel.

---

[3] Zur Bedeutung eines musikalischen Materialbegriffs vgl. Kap. 2.2.1

2.1 Die Improvisation

Improvisation bleibt im Unbeendeten, Unvollendenten; sie lebt, sich selbst stets relativierend, in und mit Variabilität, nicht jedoch als einem Makel, sondern als ihrem Ideal.
Christian Kaden

Wie das Kind nimmt der Dichter Kontakt mit Details und Dingen auf. Mit einer gewissen somnambulen Sicherheit suchen Dichter und Kinder das Poetische an seinen Nistplätzen auf und eröffnen Verhältnisse der freundlichen Belauerung.
Wilhelm Genazino

Die Wertschätzung der Details, noch bevor abzusehen ist, ob sie wichtig sein werden, das Einverständnis gegenüber der Veränderung sowie die Beharrlichkeit in einer sich wiederholenden Suchbewegung – diese drei Merkmale lassen sich als bestimmend für die Haltung ansehen, die in der Improvisation kultiviert wird.

Was sich an Gesetzmäßigkeiten und Strukturierungseigenschaften der Improvisation auffinden und benennen lässt, betrifft sowohl die Improvisation im Behandlungszusammenhang als auch die künstlerische Improvisation.[1] Mit der Abgrenzung von künstlerischer und therapeutischer Improvisation ist der Rahmen gekennzeichnet, in dem die Improvisation entsteht. Darüber hinaus unterscheiden sich natürlich Absichten und Erscheinungsformen. Geht es in der künstlerischen Improvisation um eine musikalische Gestaltung, die zugleich Mittel und Ziel ist, so wird die Improvisation im Behandlungszusammenhang zum methodisch eingesetzten Bestandteil der therapeutischen Intervention.

[1] Improvisationen, die im Behandlungszusammenhang entstehen, werden in der vorliegenden Arbeit ‚therapeutische Improvisation' genannt, sonst ist jeweils von einer ‚künstlerischen Improvisation' die Rede. Die Überlegung, wie sich therapeutische und künstlerische Improvisation unterscheiden und was ihre Gemeinsamkeiten sind, wird im Kap. 4.6.1 (Belastung und Steigerung) näher erörtert.

Improvisation – Bedingungsgefüge von Verlauf und Beziehung

Zwei Beobachtungsrichtungen bestimmen die Untersuchung, unabhängig davon, in welchem Zusammenhang die Improvisation jeweils entsteht. Der Blick gilt einerseits dem *Verlauf*, den das Geschehen in der Improvisation nimmt, andererseits wird die *Beziehungssituation* beschrieben, in der sich die Spieler während des Spiels befinden.

Im Zusammenhang der Behandlungssituation nimmt der Beziehungsaspekt naturgemäß einen anderen Stellenwert ein, als in der künstlerischen Improvisation. Wie sich das Miteinander der Spieler organisiert, ist zwar auch hier von Interesse, wird aber in erster Linie im Hinblick auf das musikalische Ergebnis bewertet, z.B. in der Beobachtung, wie sich die einzelnen Stimmen zueinander verhalten und auf welche Weise dies den Verlauf der Musik bestimmt. In der Behandlungssituation dagegen schauen wir auf den Verlauf der Improvisation und erleben darin, wie der Patient die Beziehung zu seinem Gegenüber gestaltet und wie er sich in Bezug zur Welt setzt.

Selbst wenn ein Spieler allein eine Improvisation gestaltet, ist der Beziehungsaspekt von Belang. Hier rückt ein anderes ‚Beziehungsverhältnis' deutlicher in den Blick, nämlich das Verhältnis des Spielers zum musikalischen Material; die Musik mit ihren Eigenschaften und Möglichkeiten wird dem Spieler zum ‚Gegenüber', mit dem er sich auseinandersetzt.

Auch das Musikinstrument ist mit einiger Berechtigung als ein ‚Gegenüber' anzusehen, da es mit seiner Beschaffenheit (Aufforderungscharakter, Anforderungen an die Spielweise etc.) ebenfalls Objekteigenschaften ins Spiel bringt, an denen der Spieler seine eigenen Absichten konturiert bzw. eine Modifizierung seiner Absichten erfährt. In den hier angestellten Überlegungen stehen das musikalische Material und der Mitspieler, die Beobachtung von Verlauf und Beziehung im Vordergrund.

Die Wesensmerkmale der Improvisation, ihr musik- und kulturgeschichtliches Herkommen und ihre Einordnung in therapeutische und musikwissenschaftliche Bezüge sind in den letzten Jahren, zumindest im Kontext der Musiktherapie, in verschiedenen Arbeiten ausführlich beschrieben worden. Es soll daher an dieser Stelle kein weiteres, grundlegendes Konzept der Improvisation ausgebreitet werden. Auf die Darstellungen anderer Autoren zur Improvisation wird verwiesen; einige dieser Ergebnisse werden referiert; es werden diejenigen Aspekte erläutert, die für das eigene Vorhaben von Bedeutung sind – dem Vorhaben, die Improvisation als ein Geschehen zu begreifen, das sich auf die Bewegung von Polaritäten stützt.

Die Improvisation als Raum von „Zwischentönen"

In der Arbeit von Weymann (2004) werden in Entsprechung zu ihrem Titel „Zwischentöne" Eigenschaften der Improvisation betont, die einen Zwischenstatus charakterisieren. „Improvisationen sind auf ausgeprägte Weise *dazwischen*: zwischen Verfestigung und Auflösung, zwischen Klischee und Neuheit, manchmal zwischen den Stilen (oder Stühlen) immer aber zwischen den Menschen, die sie hervorbringen." (Weymann 2004, 14) [2]

Improvisationen sind dank ihrer Beweglichkeit in der Lage, zwischen verschiedenen, auch gegensätzlichen Positionen zu vermitteln. Deshalb eignen sie sich auch als Mittel der „Selbstbehandlung eines Lebenswerks"; (Weymann 2004, 12). In der erwähnten Arbeit werden Menschen, für die die Improvisation auf die eine oder andere Weise innerhalb ihres Lebens wichtig geworden ist, in Interviews auf ihre Erfahrungen mit den Eigentümlichkeiten und Möglichkeiten der Improvisation befragt. Dabei wird deutlich, dass die Musik dazu verhilft, zwischen grundlegenden Gegensätzen, von denen das Leben bestimmt wird, zu vermitteln, beziehungsweise diese Gegensätzlichkeit immer wieder neu zu beleben und sie in aktuellen Versionen zu erfahren. In den Improvisationserfahrungen der befragten Spieler zeigt sich so etwas wie eine grundlegende Struktur ihrer ‚Lebensmethode', also der Art und Weise, wie sie Mitmenschlichkeit und Weltbezug gestalten. Das Improvisieren hat Abbildcharakter, indem es die Lebensmethode ‚anschaulich' macht; daneben hilft die Improvisation dabei, die eigenen Bewältigungsstrategien lebendig zu halten und den gegenwärtigen Bedingungen anzupassen.

Die Eigenschaften der Beweglichkeit und Wendigkeit, die an der Improvisation aufzufinden sind, machen es aber schwer, zu konturierten Definitionen zu kommen und festzulegen, was denn eigentlich die Improvisation ausmacht. Die Improvisation als „flüchtiger Gegenstand", als „flüchtige Kunst", ihre „Ergebnisoffenheit" (Weymann 2004) – dies sind Zuschreibungen, die die Improvisation dazu prädestinieren, seelische Bedingungen abzubilden und zu gestalten. Gleichzeitig ergibt sich daraus das Problem, hinreichend gültige Festlegungen über diesen flüchtigen Gegenstand machen zu können. Gleichwohl ist es ein Anliegen (auch der vorliegenden Arbeit), die Kluft zwischen Handeln und Erklären nicht unüberwindlich werden zu

---

[2] Soweit es die Ausführung der Musik angeht, trifft dies zwar gleichermaßen auf die Komposition zu; auch dort geschieht die Musik ‚zwischen' den Menschen. Nur ist die Komposition zu anderer Zeit, an anderem Ort entstanden, während die Improvisation im momentanen Austausch der Spieler untereinander entwickelt wird und sich dort auch gleichzeitig ereignet.

lassen. Was sich aber dem einmaligen Zugriff nicht erschließt, kann dennoch beschrieben werden, indem man es umkreist und in mehreren Versionen darstellt, die sich gegenseitig ergänzen und schließlich ein hinreichend vollständiges, dabei immer noch bewegliches Bild des Ganzen ergeben.

Christian Kaden folgend, wird die Fähigkeit der Improvisation betont, Schwebezustände zu erzeugen; Momente der Uneindeutigkeit, bzw. der Mehrdeutigkeit zu schaffen, die einer Augenblicksnotwendigkeit folgend, eine Vielzahl von Gestaltungsvarianten bieten (Kaden 1993). Die Improvisation lässt Räume entstehen mit der Eigenschaft einer „Sensiblen Schwebe" (Weymann 2004, 17). Mit dem Begriff der *Schwebe* soll nicht notwendig „etwas zartes, nebelartiges" bezeichnet werden, vielmehr „geht es um einen Aspekt von Unbestimmtheit, der eine vitale Übergangsverfassung ermöglicht." (Weymann 2004, 17).

In dieser Sichtweise wird also betont, dass es sich beim Improvisieren nicht allein um eine Öffnung ins Ungefähre und Unbestimmte hinein handelt, sondern um eine Handlungseinstellung, die eine Vermittlung zwischen Qualitäten ermöglicht, die ansonsten als gegensätzlich und unvereinbar erscheinen könnten. Indem unterschiedliche Qualitäten miteinander in Austausch treten, erscheinen sie als *Polaritäten*, also als einander bedingende und sich gegenseitig ergänzende Größen, wie in der Polarität von „Sicherheit und Risiko, von Prägnanz und Unschärfe, von Struktur und Fließen" (Weymann 2004, 18).

In der Wahlmöglichkeit, die sich dem improvisierenden Musiker latent in jedem Moment des Spiels bietet, ist beides enthalten: Freiheit und Notwendigkeit ständiger Entscheidung über den nächsten Schritt – ein „Dasein des ‚*So-und-auch-anders*'. [...] Wer immer sich improvisatorisch verhält, musiziert gleichsam auf Widerruf. Er trifft seine Wahl (sonst brächte er nie einen Ton heraus), aber er behält vor Augen und Ohren, dass es eine Wahl ist und dass er beim nächsten Mal andere Möglichkeiten ergreifen kann." (Weymann 2004, 51) Die Variabilität, die sich der Improvisation als Chance und Aufgabe bietet, ist jedoch nicht beliebig und grenzenlos; sie bewegt sich vielmehr innerhalb gegebener Bedingungen, die wir als Polaritätsverhältnisse beschreiben können.

Zusammenhang und Reagibilität

Eine metaphorische Benennung der Improvisation umfasst den Begriff des „Organismus", damit eines lebendigen Zusammenhangs mit der Fähigkeit der Reagibilität. „Das Spiel selbst scheint zu einem großen Ohr zu werden [...]." (Weymann 2004, 19) In der Charakterisierung der Improvisation als Organismus, der die Fähigkeit zum Austausch mit seiner Umgebung besitzt, werden Aspekte der *Beweglichkeit* und der *Dialogfähigkeit* betont.

Zudem wird die Art und Weise benannt, in der sich das improvisatorische Geschehen organisiert. Genannt werden u.a. die Begriffe „Emergenz" und „Geschichten". Geschehnisse sind dann ermergent, wenn sich die Eigenschaften des ‚Ganzen' nicht aus den einzelnen Teilen ableiten lassen. Auf die Improvisation bezogen bedeutet dies, dass der einzelne Spieler seine Musik nicht nur einer eigenen Spielabsicht folgend gestaltet. Es können vielmehr musikalische Formen entstehen, die den Spieler selbst überraschen, da sie das Ergebnis einer Auseinandersetzung mit den Mitspielern, mit der Situation und dem Verlauf des Spiels selber sind. Es entsteht ein paradoxes Verhältnis in der Verwirklichung eigener Absichten und einer Öffnung gegenüber dem Absichtslosen, einer Orientierung auf die Umgebung hin, deren Teil man selbst wiederum ist.[3]

Mit dem Terminus der ‚Geschichten' werden Aspekte der Improvisation bezeichnet, die ihren narrativen Charakter betonen. In der Improvisation wird auch vergangene (eigene) Geschichte reproduziert; die Musik ‚erzählt' etwas darüber, wie es war und wie es geworden ist. Mit der Betonung der Geschichtlichkeit wird außerdem darauf hingewiesen, dass auch der Zuhörer bei einer erzählten Geschichte in eine bestimmte Verfassung versetzt wird. Das Geschehen lässt ihn nicht kalt, er verwickelt sich seinerseits. „Es werden Standpunkte eingenommen, man ergreift Partei, es gibt Freunde und Feinde, Ersehntes und Befürchtetes. [...] Als Ganzes erlangt dieses Gebilde Bedeutung, kommt zur Wirkung, vermag uns zu interessieren und zu ergreifen, es lässt uns mitgehen, sagt uns etwas." (Weymann 2004, 24)

Was für das Mitverfolgen einer erzählten Geschichte gilt, kann nun durchaus in ähnlicher Weise auch auf ein Musikstück zutreffen. Zwar sind hier die Figuren nicht so deutlich als „Freunde oder Feinde" zu erkennen wie in einem Roman, aber auch in der Musik begegnet dem Zuhörer Ersehntes und Befürchtetes, es interessiert und ergreift ihn die Musik oder sie stößt ihn ab.

Improvisation und Komposition

Auf das Verhältnis von Komposition und Improvisation eingehend, betont Weymann die Verwandtschaft und die Übergänge zwischen beiden Musikformen und findet in beiden ein Wechselspiel von „triebhaft-strömenden und formend-reflektierenden Aktivitäten, von *Struktur* und

---

[3] Siehe auch Kap. 4.7: „Die Improvisation als soziales Modell"

Fließen" auf; Aktivitäten, die „wenn auch je in unterschiedlicher Ausprägung" sowohl den Entstehungsverlauf einer Improvisation wie auch der Komposition bestimmen. (Weymann 2004, 27)

Im Alltag der musikalischen Praxis stehen sich Komposition und Improvisation oft jedoch wie unvereinbare Welten gegenüber, wenn auch nicht in ganz symmetrischer Verteilung der Gewichtung: es wird wohl nur wenige improvisierende Musiker geben, die nicht zumindest durch ihre instrumentale Ausbildung auch mit komponierter Musik in Berührung gekommen sind. Dagegen gibt es auf der anderen Seite durchaus die musikalische Sozialisation eines ausübenden Musikers, in der die Improvisation nicht oder allenfalls als exotische Randerscheinung auftaucht. Dies könnte auf ein natürliches Primat der Komposition hindeuten. Es könnte aber auch der Ausdruck dafür sein, dass die Improvisation mit ihren Qualitäten und Eigenarten eine Facette der künstlerischen Produktion betont, die im Widerspruch zu anerkannten und als vermittelbar angesehenen Formen der musikalischen Selbstentäußerung steht.

Kaden bezieht die Unterschiede in der Bewertung von Komposition und Improvisation auf einen kulturell bedingten Vorzug des Festen, des „Nichtmehr-Veränderlichen" gegenüber dem Offenen und Nicht-Abgeschlossenen. „Charaktere werden von uns ganz selbstverständlich nach ihrer Stabilität beurteilt; wer sich drehen kann und biegen, zählt als charakterlos." Diese Einordnung wertet er als Ausdruck der „Patriarchalisierung des Lebens", während das Improvisatorische eher „etwas Weiches, Rundes, freundlich Schwankendes" habe, das „aggressiver Geradlinigkeit sich entgegenstellt", und damit eher weiblichen Zuschreibungen entspräche. „Soll ich also sagen, dass Improvisation mir als das Weibliche in der Musik erscheint, als ihr Prinzip *Yin*?" (Kaden 1993, 63). Er lässt diese Frage unbeantwortet; sie ist auch eher rhetorisch zu verstehen und weniger als Ausgangspunkt einer Zuordnung musikalischer Formen zu männlichen und weiblichen Qualitäten. Im Zusammenhang der Polaritätsverhältnisse ist überdies die Annahme sinnvoller, dass die Improvisation Möglichkeiten beinhaltet, auf eine vielleicht nicht alltägliche Weise zum Austausch sich entgegenstehender Qualitäten beizutragen, also auch zum Zusammenspiel und zu kreativer Befruchtung der als männlich und weiblich apostrophierten Attribute.

Beobachtet man das Verhältnis von Musikwissenschaft und Improvisation, so fällt eine überwiegende Ausrichtung der Musikwissenschaft auf das „Werk" und auf den aufgeschriebenen Notentext auf, neben denen an der „papierlosen" Improvisation nur ins Auge fällt, was ihr gegenüber der Komposition an Eigenschaften zu fehlen scheint.[4] Man mag sich für die Zu-

---

4 Vgl. Weymann 2004, 28

kunft der gesellschaftlichen und musikalischen Praxis eine größere Annäherung und gegenseitige Bereicherung dieser beiden Welten wünschen oder aber ihr unabwendbares Auseinanderdriften vorhersehen – unbestritten ist wohl, dass für die Aufgaben der Musiktherapie eine Musikanschauung, ein Musikbegriff von Vorteil ist, dem nicht das Werk die Hauptsache ist, sondern dem die Musik als Teil des „Lebensvollzugs" gilt und der das Miteinander der beteiligten Personen in den Mittelpunkt rückt. Erst damit erhält die Improvisation, abgesehen von ihrer Gegen- oder Ergänzungsposition zur Komposition, ihre Bedeutung als „ein Mittel zur Selbstkultivierung und zur Kultivierung unserer Beziehungen" (Tüpker 2001, 54 f).

Musik – Situation oder Werk

Eine in diese Richtung noch pointiertere Auffassung der Musik vertritt Christopher Small, der ebenfalls die weitgehende Gleichsetzung von Musik und musikalischem Werk kritisiert (Small 1998). Er plädiert dafür, die *Situation*, in der sich die Musik zwischen den Menschen ereignet, genauso wichtig zu nehmen wie das Werk und dabei die räumlichen und sozialen Gegebenheiten der Musik mit zu berücksichtigen.

> „We begin to see a musical performance as an encounter between human beings that take place through the medium of sounds organized in specific ways. Like all human encounters, it takes place in a physical and a social setting, and those, too, have to be taken into account when we ask what meanings are being generated by a performance." (Small 1998, 10)

Die Eindrücklichkeit einer Musik hängt somit nicht allein von der Komplexität der Komposition und der Virtuosität des Vortrags ab, sondern vom Engagement des Vortragenden und der Intensität seines Anliegens, sowie der Stimmigkeit der räumlich-sozialen Situation.

> „However trivial and banal the work may be that is the basis of the performance, meaning and beauty are created whenever any performer approaches it with love and with the skill and care he or she can bring to it."

Dies setzt notwendigerweise nicht einmal eine komponierte Musik, ein Werk voraus, sondern kann auch mit improvisierter Musik geschehen.

> „And of course it is also possible to give a beautiful perfomance without any work of music at all being involved, as thousands of improvising musicians have demonstrated." (Small 1998, 7)

Small schlägt vor, die Begriffe ‚Musik machen' oder ‚Musik aufführen' zu erweitern und jedwede Teilhabe an einem musikalischen Geschehen in den Begriff der Musikausübung mit einzubeziehen. Er kreiert ein neues Word: „to music"; wobei „musicking" (für das eine deutsche Übersetzung schwer zu finden sein dürfte) nicht nur das Musikmachen und Hören beinhaltet:

> „To music is to take part, in any capacity, in a musical performance, whether by performing, by listening, by rehearsing or practicing, by providing material for performance (what is called composing), or by dancing." (Small 1998, 9)

Bedeutung und grundlegende Natur der Musik seien nicht im musikalischen Werk zu finden, sondern in der *Handlung*, in dem was Menschen im Zusammenhang der Musik tun. (Small 1998, 8)

In einer solchen Auffassung der Musik erscheint die Improvisation nicht mehr als eine Form, der wichtige Eigenschaften der Komposition fehlen. In der Improvisation verwirklicht sich dagegen vieles von einer Musikauffassung, die das Hauptgewicht auf das Ereignis, auf den Stellenwert im gegenwärtigen Lebensvollzug legt. Wohl eher als ein allein am Werk orientierter Musikbegriff entspricht diese Sichtweise den Intentionen, mit denen wir in der Musiktherapie die Improvisation verwenden: als bedeutungsvoll sehen wir die Gesamtheit der Ereignisse zwischen den beteiligten Personen an, nicht allein das musikalische Produkt. Die Musik ist für uns „ein immanent kulturelles Phänomen, also […] ein Gebilde, welches zwischen Menschen entsteht und nur für Menschen ist." (Tüpker 2006, 14)

Damit steht den Intentionen des Spielers eine weitere wichtige Einflussgröße gegenüber: die momentane Umgebung, die Anregungen und Bedingungen, die sich durch die wechselseitige Beeinflussung im gemeinsam erzeugten ‚Klangraum' ergeben.

Vielleicht ist es hilfreich, bei der Betrachtung der Improvisation die Werkaspekte einmal außer Acht zu lassen, um die anderen Einflussfaktoren, diejenigen von Kontakt und Situation überhaupt in den Blick zu bekommen. In der gegenwärtigen Musikkultur ist der Wert der Improvisation als Element musikalischer Praxis wohl nach wie vor umstritten. Anders in der Musiktherapie, wo die Bedeutung und Wertschätzung der Improvisation gegenüber dem musikalischen Werk gerade wegen ihrer Eingebundenheit in Situation und Kontakt zumindest im Augenblick gesichert erscheint.[5]

---

[5] Zu einer kritischen Betrachtung des Stellenwertes der Improvisation im musiktherapeutischen Setting vgl. Makowitzki, Ronald (1995): „Über mein Spiel kann ich nichts sagen, denn ich spüre nichts." Möglichkeiten der Modifikation musiktherapeutischer ‚Standardregeln'.

Von diesem unstrittigen Ausgangspunkt aus gesehen, erscheint es als ein lohnendes Ziel, die Kluft zwischen musikologischer Terminologie und psychologischer Auslegung zu überbrücken, und eine Anschauung der Improvisation zu kultivieren, in der *Fließen* und *Struktur* als einander bedingende Größen angesehen werden. Das hieße, auch die Werk- oder Materialaspekte zu rehabilitieren und sie im Austausch zu sehen zu Bedingungen des „musicking", will sagen zu den Bedingungen der Musik innerhalb einer kulturell, sozial und psychologisch determinierten Situation zwischen Mensch und Musik.

Das Interesse von Karl-Heinz Stockhausen an der Improvisation, die er von Beginn der 1970-er Jahre unter der Benennung „Intuitive Musik" im Zusammenhang seines Schaffens erforscht und verwendet, ist von der Öffnung auf den Augenblick und der Abkehr von bestehenden und als Einengung empfundenen Stilprägungen bestimmt. Unbestreitbar ist es auch, dass die Beschäftigung der Avantgarde dieser Zeit mit der Improvisation einen Weg geebnet hat, den wir in der Musiktherapie zu Nutzen des Patienten weiter beschreiten können.[6] Die erwähnenswerten Elemente liegen im lebensgeschichtlichen Bezug, in der Öffnung auf musikalische Gestaltungen hin, die nicht einem klassischen Klang- und Formideal folgen, und in der Einbeziehung des Augenblicks und der Umgebung in den Kreis der Wahrnehmung.

Fließen und Widerstand: das musikalische Material

Über die Ausrichtung auf die Umgebung und den Augenblick der Entstehung hinaus soll in der vorliegenden Arbeit der Blick auf die stoffimmanenten Eigenschaften der Musik gerichtet werden. Damit wird die Improvisation jedoch nicht erneut innerhalb einer Werk-Begrifflichkeit betrachtet. In Ergänzung zu den eher beweglichen Stimmungs- und Augenblickskomponenten, die die Improvisation bestimmen, soll jedoch die Mitwirkung des musikalischen Stoffs, des musikalischen Materials und die darin auffindbare Regelhaftigkeit in den Blick genommen werden. „Das sich dem Fließen als Widerstand entgegenstellende Wirken des ‚Materials' und der Form ist damit als ein bedingender Faktor des Improvisationswerkes, nicht als Hindernis anzusehen." (Weymann 2004, 27)

---

[6] Als wichtige Wegbereiterinnen zu erwähnen und zu würdigen sind u.a. Gertrud Meyer-Denkmann und Lilli Friedemann, die einen pädagogischen Zugang zur Neuen Musik entwickelt haben, der auch der therapeutischen Verwendung der Musik zugute gekommen ist.

In den Definitionen der Improvisation, die aus den Benennungen verschiedener Autoren zusammengetragen werden, lassen sich bestimmte Charakteristika hervorheben: die Gleichzeitigkeit von Erfindung und Aufführung, die Unvorhersehbarkeit der Ergebnisse, die Schriftlosigkeit und der Spontancharakter. Darüber hinaus wird die „Produktionsdynamik" benannt, was besagen will, dass „Improvisationen immer Ergebnisse einer Auseinandersetzung" sind. „Sie sind weder ausschließlich Erfindungen, noch Reproduktionen vorgeformter Strukturen, weder ganz subjektiv, noch allein an etwas außerhalb Liegendem orientiert. Vielmehr scheint es, als mache die Spannung und Auseinandersetzung innerhalb derartiger Gegensatz-Einheiten gerade das *Wesen der Improvisation* aus." (Weymann 2004, 37; Hvbg. Weymann)

Weymann untersucht die Frage, wieweit die Improvisation der „Selbstbehandlung eines Lebenswerks" nützlich werden kann. Neben der musikalischen Aufführungspraxis und der therapeutischen Verwendung wird damit ein weiteres Feld bezeichnet, auf dem die Improvisation ihre Wirkungen entfaltet. In Interviews berichten professionelle Musiker, Musiktherapeuten und musikalische Laien, denen allen das Improvisieren vertraut und wichtig ist, wie sie die Improvisation als Bestandteil ihrer Lebensrealität, einer Selbstbehandlung ihrer Alltagsverfassungen erleben.

Von dieser Perspektive ist auch die Definition bestimmt, die den zuvor erwähnten Kennzeichnungen angefügt wird und die auch für die Darstellung der Polaritätsverhältnisse als Axiom gelten kann: „[Die Improvisation] entwickelt sich im Spannungsfeld von subjektiven Ausdruckswünschen und gegebenem idiomatischen Hintergrund, von musikalischem Material und gegenwärtiger (Beziehungs-)Situation." (Weymann 2004, 38)

Aus den Interviews über die Erlebnisse beim Improvisieren werden Grundverhältnisse herausgearbeitet, die eine Verwandtschaft erkennbar machen zwischen der Art und Weise, wie jemand seine Improvisationen gestaltet und – vereinfacht gesagt – wir er sein Leben lebt.

Für das Vorhaben einer Darstellung der Polaritätsverhältnisse sind diese Untersuchungen unter anderem auch deshalb interessant, weil bei der Typisierung der aufgefundenen Grundverhältnisse als durchgehende Struktur *Polaritäten* benannt werden. Diese sind zwar individuell formuliert und von der persönlichen Geschichte des einzelnen Interviewpartners bestimmt. Es wird aber die Aufgabe darin kenntlich, der sich der Betreffende in der Improvisation wie auch im Leben allgemein gegenüber sieht; die Improvisation bietet ihm die Möglichkeiten, zu einer immer wieder neuen Vermittlung der entgegengesetzten Bestrebungen zu kommen. Zusammenfassend und in einer übergeordneten Perspektive werden die Bewegungen, die in den Improvisationen erkennbar werden, in der Polarität von *Identität* und *Ver-*

wandlung beschrieben, was als eine Variante der zuvor bereits erwähnten Benennung der Polarität von *Struktur* und *Fließen* anzusehen ist (Weymann 2004, 192).

Improvisation und Lebensmethode

Mit der Beschreibung von Polaritätsverhältnissen wird die Improvisation als ein bewegliches und bewegtes Geschehen im Austausch sich polar ergänzender Wirkungskräfte gesehen. In der Behandlungssituation sind diese Austauschbewegungen verändert oder beeinträchtigt.

„Aus der Dramatik unreflektierter musikalischer Handlungen bringt [die Musiktherapie] gestörte Grundverhältnisse hervor, welche auf gestörte Alltags-Gestalten verweisen. Im Medium der Klanggestalten werden Brechungen sichtbar, die uns an gestörte Polaritäten führen." (Grootaers, 2001, 12)

In dieser Beschreibung sind noch einmal die bereits zuvor erwähnten Elemente enthalten, die das Wesen der Improvisation bestimmen. Mit der Formulierung der „unreflektierten musikalischen Handlungen" ist die Improvisation charakterisiert. Mit den „Alltags-Gestalten" ist der Zusammenhang zwischen musikalischer Produktion und der eigenen Lebensmethode gemeint. Was sich in der Improvisation zeigt, hat eine Entsprechung zu der Art und Weise, wie der Alltag gestaltet, wie Beziehungen und Handeln strukturiert werden. Es finden sich Parallelen zwischen der Musik und der Art und Weise, wie die Dinge des Alltags erscheinen und vergehen, wie sie sich als einzelne abgrenzbare Motive verdeutlichen oder wieder im einheitlichen Hintergrund verschwimmen, wie Einzelnes miteinander verbunden oder wieder voneinander gelöst wird.[7]

Insoweit sich in der Improvisation grundlegende seelische Strukturierungen spiegeln, treten in den Improvisationen, die im Behandlungszusammenhang entstehen, folgerichtig Störungen und Entwicklungsprobleme auf. Diese Störungen machen sich jedoch nicht auf beliebige Weise bemerkbar, sondern äußern sich in gestörten Polaritäten, genauer gesagt in einem gestörten Austausch der sich ergänzenden Wirkungskräfte. „Im Getriebe gestörter Grundverhältnisse rühren wir an einen wunden Punkt, er berührt uns als Musiktherapeuten zunächst im psych-ästhetischen Vorfeld, musikalisch. Unsere musikalische Empfindsamkeit diagnostiziert einen solchen Punkt. Er verweist auf ein, bis dahin unbemerktes Verwandlungsproblem im Leben des Patienten." (Grootaers 2001, 23)

---

[7] Vgl. Kap. 4

Die Polarität, auf die sich Grootaers hauptsächlich bezieht und die in der gemeinsamemMusik von Patient und Therapeut auftaucht, ist die von Haupt- und Nebenbild – eine Polarität von grundsätzlichen Bestrebungen im seelischen Geschehen, zwischen denen jeweils auf immer wieder neue Weise vermittelt werden muss. „Die gemeinsamen Improvisationen-zu-zweit bringen uns auf spielende Weise [...] in den *gestörten Austausch* zwischen den seelischen Grundgestalten einer Biographie. ‚Wir haben teil' (Lorenzer) an einem gestörten Austausch zwischen Haupt- und Nebenfigurationen, die das konkrete Leben eines Falles bestimmen." (Grootaers 2001, 23; Hvbg. Grootaers)[8]

Mit dem Blick auf Haupt- und Nebenfiguration wird also ein Bezug zur Alltagswirklichkeit und zur Lebensmethode des Patienten hergestellt. Die Wahrnehmung dieser Konstellation und ihrer Störungen bezieht sich aber, da sie aus der gemeinsamen Improvisation erwächst, auf Musikalisches. Die Lebensmethode des Patienten zeigt sich in der Improvisation mit dem Therapeuten zunächst in den musikalischen Formen. Hier werden die Eigentümlichkeiten der entstehenden Musik, die nicht eingelösten Entwicklungsversprechen und die Begrenzungen der Lebendigkeit spürbar. Es ist daher für die Erklärung der Phänomene, die uns in der Improvisation begegnen, von großer Bedeutung, gestörte Polaritäten auch im Hinblick auf das musikalische Material benennen zu können. Dabei ist es hilfreich, eine Begrifflichkeit zur Verfügung zu haben, die eine Verbindung ermöglicht zwischen dem musikalischen Phänomen, das „unsere musikalische Empfindsamkeit" berührt und einer Benennung der Alltagsbezüge und einer psychologischen Dimension des Geschehens.

> „In der gemeinsamen Improvisation mit Patienten [...] haben wir es mit einer gestörten Formenbildung zu tun. Wir geraten beim Mitspielen in ein Wirkungsgefüge mit doppelter Richtung: einmal lockt uns anfangs das Verwandlungsversprechen der ersten Töne, bald aber werden wir daran gehindert, davon weggezerrt in eine seltsame andere Richtung, die uns im Hinblick auf eine zu erwartende Richtung wie eine Störung vorkommt. Aus dem seltsam verformten Verhältnis zwischen der Verwandlungsrichtung der Improvisation und der eigenwilligen Richtung des Patienten schließen wir auf sein aktuelles Verwandlungsproblem." (Grootaers 1996, 136)

Indem von einer „Verwandlungsrichtung der Improvisation" gesprochen wird, ist zugleich eine Qualität bezeichnet, die als lebendig, als „gesund", als nicht-pathologisch angesehen wird – im Sinne einer Folgerichtig-

---

[8] Zur eingehenderen Erläuterung der von Wilhelm Salber stammenden Begrifflichkeit von Haupt- und Nebenbild bzw. Haupt- und Nebenfiguration siehe Grootaers 1996, 133.

keit der Ereignisse, einer Materialentsprechung, einer ästhetischen Konvention – und gegenüber der sich die Art und Weise abhebt, wie der Patient mit dem musikalischen Material umgeht. Die in Grootaers' Formulierung erwähnte „Eigenwilligkeit" wäre demnach nicht als Ausprägung der Individualität zu verstehen, sondern als Ausdruck des Leidens, und es ist davon auszugehen, dass sie mit der Anmutung des schwer Erträglichen und Unlebendigen einhergeht.

Die Einschätzung, ob das „Verwandlungsversprechen" erfüllt wurde, ob die „Verwandlungsrichtung der Improvisation" nachvollziehbar ist, wird mit Hilfe der hier vorgestellten Systematik leichter möglich. In der Begrifflichkeit der Polaritätsverhältnisse sind Kriterien benannt, die eine zunächst rein subjektive Anmutung begründbar und vermittelbar machen.

In der Welt sein – in der Musik sein

Der Zusammenhang von musikalischem Phänomen und psychologischer Bedeutung, der hier dargestellt wird, stützt sich auf die Grundannahme einer Entsprechung von musikalischen Äußerungen und seelischen Strukturierungen. In der Musik des Patienten begegnen wir einer „Reflexion seelischer Verhältnisse", die Improvisation ist „Gestaltung von Beziehung und zugleich [...] ihr sinnlich wahrnehmbarer Ausdruck." (Tüpker 1998, 137) Aus der Tatsache, dass es in allen Kulturen Musik und Musikausübung gibt, schließt Tüpker auf die elementare Bedeutung, die die Musik für den Menschen hat. „Musik ist ‚immer schon da'. Das Seelische lebt, indem es sich ausdrückt und es drückt sich immer schon auch in Musik aus. Die Frage, wie die Musik ‚entstanden' sei, hieße zugleich fragen, wie denn das Seelische überhaupt entstanden sei." (Tüpker 1996, 217) Die Annahme einer untrennbaren Nähe, einer Entsprechung von Musik und seelischem Erleben ist damit die axiomatische Voraussetzung musiktherapeutischer Arbeit.

Wir gehen außerdem davon aus, dass sich in den musikalischen Improvisationen frühe und grundsätzliche Merkmale des In-der-Welt-Seins widerspiegeln. Also nicht nur der aktuelle Stand des Weltbezugs zeigt sich im Spiel, sondern auch der Niederschlag früherer und nicht mit sprachlichem Ausdruck verknüpfter Beziehungsstrukturierungen hat einen Einfluss darauf, wie sich der Spieler mit seinem Gegenüber und dem Verlauf der Musik auseinandersetzt.

„Die gemeinsame Improvisation verwirklicht die frühesten Organisationen der seelischen Formenbildung. Erst ein Arbeiten aus der Konstruktion dieser frühen Organisation heraus hat Chancen, einen Entwicklungsgang zu provozieren. Diese frühe Organisation ist niemals komplett in Sprache zu bringen, weil die Sprache selbst einer späteren Symbolorganisation entspringt." (Grootaers 1994, 26)

Hiermit wird zugleich eine Aufgabe angesprochen, die sich in der Musiktherapie stellt: einerseits sprachlich nicht vermittelbare ‚Verhältnisse' erlebbar zu machen und zu gestalten; andererseits den Versuch zu unternehmen, mit der sprachlichen Benennung so nahe wie möglich an das Erleben der primären Beziehungsstrukturen heranzureichen. „In der Sprachfassung verliert das frühe Geschehen etwas von seiner rudimentären magischen Wucht, gewinnt aber dadurch an Emanzipation aus dem Raum des Unsagbaren." (Grootaers 1994, 26) Das Zur-Sprache-Bringen der musikalischen Ereignisse ist also ein Kultivierungsvorgang, bei dem, wie in anderen Feldern der Kulturentwicklung auch, der Gewinn an Mitteilbarkeit und Konventionalität immer auch mit einem Verlust an Unmittelbarkeit und mit einer Entfernung zum Phänomen einhergeht.

Offenheit und Festlegung

Tüpker betont zwei Aspekte in den Eigenschaften der Improvisation, die der therapeutischen Zielsetzung entgegenkommen. Im Improvisieren ergibt sich ein „Umgang mit Halbfertigem. Was mit Halbfertigem gemeint ist, lässt sich von zwei Polen her charakterisieren: von der *Plastizierbarkeit* und von dem *Vorzufindenden*." (Tüpker 1996, 224, Hvbg. M.D.)

Die musikalischen Formen werden in Analogie zum seelischen Geschehen gesehen, und zwar in ihrer Beweglichkeit sowie im Wechsel von Formbildung und Formveränderungen. Diese Wesensmerkmale der Musik präsentieren sich auf besondere Weise in der Improvisation. Hier kann und muss der Spieler der Musik eine eigene Gestalt geben. „Mit Plastizierbarkeit ist angesprochen, dass die Improvisation sich vieles gefallen lässt, dass man ihr den eigenen Stempel einprägen kann, dass sie sich benutzen und immer wieder neu verwandeln lässt." Dem gegenüber stehen jedoch auch Eigenschaften der Musik, die sie sozusagen mitbringt und die nicht der Gestaltungskraft des Spielers allein überlassen sind. „Das Vorzufindende hat demgegenüber Aspekte des Widerständigen und Hindernden, aber auch des Vorfindens von Keimformen und Gestaltungsanregungen, die den Spieler von dem Zwang entbinden, alles ‚aus sich selbst heraus' schöpfen zu müssen." (Tüpker 1996, 224)

Wir finden also ein Verhältnis von Plastizierbarkeit und Widerständigem, von Offenheit und Materialbestimmtheit vor; daraus ergibt sich ein Feld, das gleichermaßen Möglichkeiten und Begrenzungen bereithält. Diese

Eigenschaften der Musik haben eine Entsprechung in der Haltung, die der Therapeut im gemeinsamen Spiel mit dem Patienten einnimmt. Die in der Psychoanalyse formulierte Haltung der gleichschwebenden Aufmerksamkeit erfährt in der Musik eine sinnlich wahrnehmbare Ausprägung. „Der mitspielende Therapeut kann eine seelische Verfassung finden, in der sein Spiel sich von dem her gestaltet, was im Seelischen des Patienten auf Ausdruck drängt." (Tüpker 1996, 224) Dabei greift er auf das „Halbfertige", auf die Mischung von Offenheit und Festlegung in den musikalischen Möglichkeiten zurück. Die Improvisation ermöglicht eine Gleichzeitigkeit von Prägnanz und Mehrdeutigkeit, eine „unfertige Geschlossenheit".[9]

Die Spielweise des Therapeuten verstärkt und unterstützt also Eigenschaften, die bereits im musikalischen Material vorhanden sind. Sein musikalisches Angebot, dass er dem Spiel des Patienten entgegenstellt, hat ebenfalls Merkmale des „Halbfertigen". Er stellt dem gemeinsamen Spiel idiomatische Elemente seiner Musik zur Verfügung, ausgerichtet auf das Ausdrucksbedürfnis, das er beim Patienten erahnt und vermittelt damit gleichzeitig einen Eindruck davon, wie er, als das aktuelle Gegenüber, dieses Ausdrucksbedürfnis gestaltet.

„Der Therapeut muss in seinem Mitspielen leicht beeinflussbar sein. Sein Spiel muss für den Patienten plastizierbar sein." (Tüpker 1996, 225) Beeinflussbarkeit und Formbarkeit im Spiel des Therapeuten, wie Tüpker es postuliert, entsprechen einer Qualität der Offenheit. Daneben begegnet der Patient im Spiel des Therapeuten aber auch einer widerständigen Seite. Der Therapeut lässt in der Musik nicht alles mit sich machen, er setzt dem Spiel des Patienten zwar ein offenes Spektrum möglicher Reaktionen entgegen, wird aber auch als Gegenüber mit bestimmten Eigenschaften spürbar, so dass in der damit entstehenden Konturierung eine Begegnung möglich wird, die Veränderungen in Aussicht stellt. „In der *gemeinsamen* Improvisation von PatientIn und TherapeutIn ist die Umbildung intensiviert, weil sie im Ineinandergreifen zweier Methoden funktioniert." (Tüpker 1996, 226)

Wie im Umgang mit der Musik muss der Patient auch in der Begegnung mit dem Therapeuten jedoch nicht alles aus sich selbst schöpfen, sondern ihm werden die vielfältigen Möglichkeiten der bestehenden musikalischen Formen in einer personalen Ausprägung ‚zum Gebrauch' angeboten. Der Therapeut geht dabei von seiner eigenen Erfahrung mit den musikalischen Möglichkeiten aus; diese sollten möglichst vielfältig und offen sein, so dass er sich in seinem Spiel auf die Balance von zielgerichteten und spontan-intuitiven Aktionen verlassen kann.

---

[9] Vgl. Weymann 2004, 17

Wenn wir annehmen, dass im gemeinsamen Spiel von Patient und Therapeut Konstruktionsmerkmale einer Lebensmethode erkennbar werden, so darf das Spiel des Therapeuten in der Improvisation nicht an einer pauschalisierten, festgelegten Haltung orientiert sein. Tüpker ist zuzustimmen, wenn sie die vielfach anzutreffende Vorstellung kritisiert, der Therapeut solle z.B. immer stützend spielen oder müsse gar immer „etwas leiser spielen als der Patient" – der Ansicht folgend, man dürfe dem Patienten nicht zumuten, dass sich eine belastende Beziehungskonstellation in der Therapiesituation wiederhole. Gerade aber in der Reinszenierung einer charakteristischen Beziehungssituation liegt die Chance des Verstehens und der Veränderung. „Das Seelische des Patienten *verlangt* [...] nach einer Wiederherstellung eben dieser Verhältnisse und bringt damit Grundverhältnisse des Leidens zum Ausdruck." (Tüpker 1996, 225, Hvbg. Tüpker)

Improvisation und Behandlungskunst

Zu betonen, dass es sinnvoll und wertvoll ist, sich bei Erklärungsversuchen musiktherapeutischer Methodik auf eine *künstlerische* Sichtweise zu besinnen, mag wie eine Tautologie klingen. Ist denn nicht schließlich in der Verwendung des Mediums Musik bereits eine Garantie gegeben, dass Aspekte des Künstlerischen in ausreichendem Maße zur Geltung kommen? Ich meine nicht. Vielmehr zeigt sich in Erfahrungen der musiktherapeutischen Praxis oder auch bei Konzeptualisierungsbemühungen im Ausbildungs- und Forschungszusammenhang, dass die Musiktherapie immer in einer gewissen Gefahr ist, ihre Ausrichtung an künstlerischen Prämissen zugunsten einer, der jeweiligen professionellen Umgebung angepassten Verpflichtung zur Verständlichkeit und Kompatibilität aufzugeben. Die Musik wird dann zum bloßen Vehikel, zur Vorbereitung, zum bestenfalls unvermeidlichen Umweg hin zu einer formal-logischen Auffassung seelischer Phänomene. Was dabei verloren geht, ist ein Verständnisansatz, der sich auf die Analogie seelischer Formenbildung zu einer künstlerischen Weltsicht, zu einer „psychästhetischen" Sicht des Seelischen stützt.

„Psychästhetik meint mit W. Salber, dass Seelisches und Kunst sich gegenseitig verdeutlichen, eine gemeinsame Struktur haben, dass Kunst Hinweise auf die ‚eigentümliche Logik praktikabler Lebensformen gibt' und dass das Seelische eher ästhetischen Gesetzen folgt als formal-logischen." (Tüpker 1996, 248)

Eine Betrachtung seelischer Strukturierung unter ästhetischen Gesichtspunkten impliziert, im Musikmachen selber eine Forschungshaltung einzunehmen. „In der Musiktherapie ist uns die Musik auch Erkenntnisinstrument auf der Suche nach dem Verstehen der seelischen Strukturen des Patienten." (Tüpker 1996, 27) „Wir behaupten, dass die *Musik* ein *Forschungsmittel* darstellt, um neue Einsichten über das Funktionieren bestimmter Krankheiten zu gewinnen. Die mit dem Patienten gespielte Musik erweist sich als Forschungsinstrument seelischer Strukturierungen, wenn es gelingt, die Musik psychologisch so zu beschreiben, dass auch hier Psychologie und Kunst eine gegenseitige Förderung zulassen, statt dass die Wissenschaft die Einsichten der Musik durch ihren Forderungscharakter verstellt." (Tüpker 1996, 249; Hvbg. Tüpker)

Einfühlung und Objektivierung

Wissenschaftsansätze, die allein quantitative Kriterien akzeptieren, können die in der Musik gewonnenen ‚Einsichten' allerdings verstellen. Wenn also Forderungen nach Reproduzierbarkeit der Situation, nach Objektivität, nach empirisch experimenteller Datenerhebung unter kontrollierten Bedingungen bestehen, können die in der Einmaligkeit der Beziehungssituation und in der relativen Offenheit der Bedeutung musikalischer Interaktionsfiguren entstehenden Daten keinen Bestand haben. Demgegenüber stehen in qualitativen Forschungsansätzen die Kriterien der Nachvollziehbarkeit, der kontrollierten Subjektivität oder Intersubjektivität und anstelle der experimentellen Empirie eine von den Erfahrungen und vom Erleben ausgehende beschreibende Empirie.[10] Die Morphologische Psychologie (die den Hintergrund zu der in der vorliegenden Arbeit entworfenen Systematik darstellt) „versteht Kunst als prototypisches Bild für die Behandlung und Entdeckung von Wirklichkeit überhaupt" (Grootaers 2001, 11), „weil die paradoxen Konstruktionsprobleme von Kunst, den Problemen jeder seelischer Produktion entsprechen und weil der Umgang mit Kunst deutlich macht, welche Rolle ‚Entwicklung' als Organisationsprinzip und als Methode spielt." (Salber, zit. nach Grootaers 2001, 11)

Um die aufgefundenen Entwicklungsformen und das damit zusammenhängende Erleben angemessen beschreiben zu können, brauchen wir eine Begrifflichkeit, bei der die erlebte Verbindung zwischen (musikalischem) Phänomen und (psychologischer) Bedeutung im Moment der Benennung nicht zerrissen wird, sondern eine wechselseitige Auslegung der beiden Ebenen ermöglicht. Dazu liefert die Systematik der Polaritätsverhältnisse einen Beitrag.

---

[10] Vgl. Weymann 2004, 57 / Tüpker 1996, 27f

2.2 Erleben und Benennen

Ich glaube, eine Sache auszudrücken heißt, ihre Kraft zu bewahren und ihr den Schrecken zu nehmen.
Fernando Pessoa

Der Gedanke, dass etwas gewusst werden kann, was nicht benannt werden kann, scheint unserem ans Wort gebundenen Denken besonders schwer einzugehen.
Susanne K. Langer

Der Versuch, unser Erleben in der Musik zu benennen und zu erklären, gehört zu den Aufgaben, die sich in der Theoriebildung wie auch in der alltäglichen Praxis der Musiktherapie stellen.

Wie kommen wir von der Musik zur Sprache, vom Phänomen zur Bedeutung, vom Erleben zur Benennung? Kann man Musik überhaupt verstehen, ist es dementsprechend auch möglich, sie misszuverstehen? Wie entsteht eine hinlängliche Sicherheit darüber, ob man das Gleiche meint, wenn man vom Gleichen redet?

Das Verstehen musikalischer Gestaltungen ist an Bedingungen gebunden, die veränderlich und kontextabhängig sind. „Die Begegnung zwischen Hörer und Musik ist bestimmt von der Geschichtlichkeit beider. [...] Der Hörer bringt in den Verstehensakt den Horizont seiner eigenen Lebens- und Welterfahrung als ‚Vorverständnis' ein, das Musikwerk seinerseits steht im geschichtlichen Horizont zunächst seiner Entstehungszeit, später seiner Wirkungsgeschichte." (Ehrenforth 1971, 41; zitiert nach Louven o.J., 13) Sinn entsteht erst in der Begegnung mit dem Hörer: „Der sinnliche Akt erhält seine Bedeutung erst in einer Konvention die wir kennen, in einer Sprache, die uns geläufig ist." (Faltin 1973, 59; zitiert nach Louven o.J., 13)

Was für die Rezeption von komponierter Musik zutrifft, gilt auch für das Verständnis der Improvisation in der musiktherapeutischen Behandlung. Hier muss sich die Übereinstimmung in einer „geläufigen Sprache" allerdings erst entwickeln. Im Verlauf der Behandlung bilden Patient und Therapeut ein System von Konventionen aus, mit dem sie ihre gemeinsamen musikalischen Produktionen zu verstehen lernen. Dies geschieht innerhalb der Konvention eines (mehr oder weniger übereinstimmenden) gemeinsamen kulturellen Hintergrundes. Der Erfahrungs- und Lernprozess, die Verständigung über die Einzelheiten dieser Konventionen ermöglichen dabei gleichzeitig eine partielle Umformulierung der bestehenden Strukturen, mit denen der Patient bislang seinen Weltbezug gestaltet hat.

Über die Verständigung innerhalb eines „lokalen Konventionssystems" in der therapeutischen Beziehung (genauer gesagt: deren Niederschlag in den musikalischen Interaktionen) bildet sich eine modifizierte Anpassung an allgemeine Konventionssysteme von Interaktion und Entwicklung. So kann z.B. die Erfahrung von *Dauer*, die aufgrund verinnerlichter Erfahrungsstrukturen das Erleben von *Stillstand* und *Lähmung* beinhaltet, eine Umdeutung erfahren: im günstigsten Fall eine Umdeutung hin zu der Erfahrung, dass in der Dauer *Beständigkeit* und *Erfüllung* zu erleben sind.

Das Verstehen ist dabei nicht in jedem Fall abhängig von der sprachlichen Benennung; es kann auch im gemeinsamen ‚Vollzug' der musikalischen Formen auftauchen. „Verstanden haben heißt nicht unbedingt, die Fähigkeit zu besitzen, das Verstandene verbal zu formulieren und wiederzugeben. Das Begriffliche ist keinesfalls ein Kriterium des Verstehens." (Faltin 1973, 62; zitiert nach Louven o.J., 20)

Diesem Gedanken folgend, können wir im Bereich künstlerischer Ausdrucksformen von einer Art des Erkennens ausgehen, das sich innerhalb des jeweiligen Mediums ereignet und dabei unterhalb der Schwelle einer begrifflichen Einordnung bleibt. Die Spielintention wird zu einem Erkenntnismittel; auch ohne einen deutlich konturierten Begriff im Sinne einer sprachlichen Benennung bietet sie eine verlässliche Orientierung darüber, was zu tun ist.

Für die Benennungen in der Improvisation können wir von einem Zirkel ausgehen, der zwei verschiedene Wege beschreibt (siehe Abb. 1, folgende Seite).

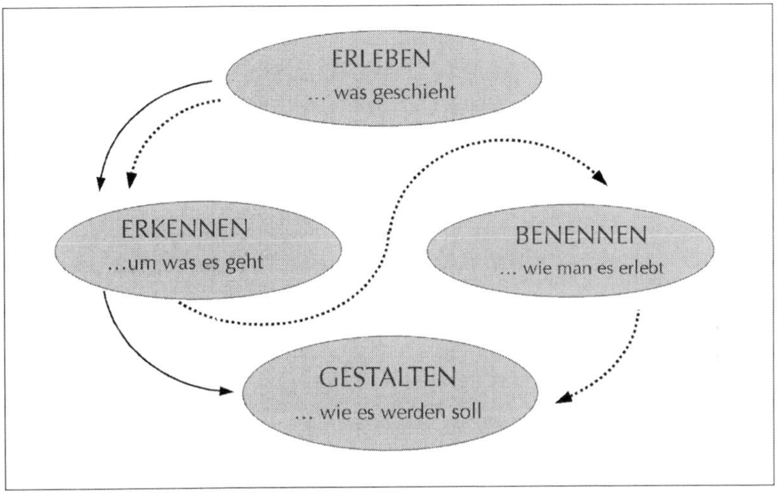

Abb. 1: Erleben und Benennen

Der erste Weg (durchgehende Pfeile) führt vom Erleben über das Erkennen zum Gestalten. Das Erkennen ist hier ein vorsprachliches, das zwar die Sicherheit der Unterscheidungsmöglichkeit besitzt, aber nicht den Schritt in die Begrifflichkeit nimmt. Innerhalb der schöpferischen Äußerung kann die Evidenz eines solchen Erkennens stark sein; das „ungedachte Bekannte" (Bollas 1997, 292) verhilft dazu, die nächsten Schritte im Prozess mit großer Klarheit vor sich zu sehen. Die Deutlichkeit verbleibt dabei aber innerhalb des Mediums, z.B. in einem Bild, in der Ausführung einer musikalischen Figur, einer Tanzbewegung etc., sie ist an die Handlung gebunden.

Der zweite Weg (gestrichelte Pfeile) führt über das Erkennen zu einer sprachlichen Benennung, und weiter zur Einordnung in eine begriffliche Systematik, von dort dann zum nächsten Abschnitt der Gestaltung. Die Schrittfolge auf diesem Weg geht mit einem größeren Maß an Abstraktion einher. Hier ergeben sich zudem Möglichkeiten zur Einordnung und Systematisierung der Erfahrungen.

Mit der Begrifflichkeit der Polaritätsverhältnisse lassen sich die beiden Wege verbinden. Die notwendige Einübung vorausgesetzt, wird sich eine Annäherung ergeben zwischen dem vorbegrifflichen, intuitiven Erfassen der Situation und der sprachlichen Benennung und Einordnung. Die Anwendung der Polaritätsbeziehungen führt damit zu einer Erweiterung der Handlungsfähigkeit wie auch der Reflexionsmöglichkeiten.

Kap. 2.2.1 Bedeutung einer phänomen-adäquaten Begrifflichkeit

Wie hängt kompliziertes, analytisches Nachdenken mit anschaulicher Gewissheit zusammen? Welchem von beiden sollen wir mehr trauen?
Pascal Mercier

Jedes Existierende ist ein Analogon alles Existierenden; daher erscheint uns das Dasein immer zu gleicher Zeit gesondert und verknüpft. Folgt man der Analogie zu sehr, so fällt alles identisch zusammen; meidet man sie, so zerstreut sich alles ins Unendliche. In beiden Fällen stagniert die Betrachtung, einmal als überlebendig, das anderemal als getötet.
Johann Wolfgang von Goethe

Aus dem Fehlen der Worte darf nicht auf das Fehlen der Auslegung geschlossen werden.
Martin Heidegger

Die Beschäftigung mit dem Thema dieser Arbeit begründet sich in der Beobachtung, dass zwischen den musikalischen Phänomenen, die wir in der Improvisation erleben und ihrer psychologischen Auslegung eine begriffliche Lücke besteht. Um über den Zusammenhang von musikalischer Beziehungsfigur und ihrer psychologischen Bedeutung sprechen zu können, brauchen wir ein geeignetes Vokabular. Die Vorstellungen und Begriffe, die uns zur Verfügung stehen, sind zumeist aus unterschiedlichen, zum Teil disparaten Theoriefeldern entlehnt. Eine eigene Begrifflichkeit für die musikalischen Phänomene, die wir psychologisch einordnen wollen, existiert nur in unzureichendem Ausmaß.

Die musikologischen Begriffe, die wir bei der Beschreibung der Improvisation verwenden, werden mit ihrem Bedeutungshintergrund den Bedürfnissen einer psychologischen Auslegung oft nicht gerecht, während die zur Verfügung stehenden psychologischen Begriffssysteme nicht unbedingt die Eigenarten der musikalischen Formenbildungen erfassen können.

„Wenn ein analytischer Musiktherapeut zum Beispiel über Regression redet, stellt sich die Frage nach dem Musikalischen an der Regression. Wenn umgekehrt ein Musiktherapeut über eine musikalische Form redet, fragt man sich, was das Psychische an dieser Form ist." (Smeijsters 1996, 199) Es kann daher schwierig werden, die Inhalte, die im Erleben des Therapeuten während der Improvisation durchaus ihre Evidenz haben, in wünschenswertem Ausmaß in einen Sprachzusammenhang zu übertragen. Essentielle Inhalte des musiktherapeutischen Erlebens gehen so unter Umständen verloren oder können zumindest nicht ausreichend bewusst werden.

Vielleicht ist es als Kompensationsversuch zu verstehen, dass der Erklärungsmangel oftmals zu einer Mythenbildung über die Eigenschaften und die Bedeutung der Musik führt. In der Einschätzung ihres professionellen Handwerkszeugs äußern Musiktherapeuten zuweilen eine Ambivalenz; es bestehen Zweifel an der Erklärbarkeit der beobachteten Wirkungen, dazu kommt die Befürchtung, mit der Wirksamkeit des Mediums (von der man selbst durchaus überzeugt ist) im professionellen Umfeld unverstanden zu bleiben. Auf diesem Boden wachsen dann Größenphantasien über die verborgenen Eigenschaften der Musik.

Künstlerische Medien entfalten ihre Bedeutung in einem Wirkungsbereich jenseits der Sprache. Sie präsentieren „Ansichten" der Welt auf eine Weise, die der Sprache unmittelbar nicht zugänglich sind. Sie vermitteln ihren Gegenstand metaphorisch, in Entsprechungen und Analogien, deren Sinn eher in Umrissen zu ahnen als präzise zu verstehen ist.

> „Die begriffliche Interpretation ist zwar notwendig, um ein Kunstwerk überhaupt als solches verstehen zu können, sie kann aber nicht an seine Stelle treten, weil das Werk die Struktur einer Metapher hat. Wie sprachliche Metaphern sind Kunstwerke intensional, was bedeutet, daß sie sich nicht durch Termini gleichen Bedeutungsumfangs ersetzen lassen. Romeo kann zu Julia sagen, daß sie die Sonne sei, aber nicht, sie sei der Körper aus heißen Gasen im Zentrum des Sonnensystems, obwohl beide Ausdrücke scheinbar auf den gleichen Gegenstand Bezug nehmen." (Hauskeller 1988, 104)

Auch wenn es also zutrifft, dass im kreativen Erleben Erfahrungen möglich sind, die in ihrer Eindrücklichkeit und Evidenz keiner sprachlichen Auslegung mehr bedürfen oder dieser widerstehen, so besteht doch die Notwendigkeit, möglichst viele Inhalte des Erlebens in den Bereich der Benennung zu übertragen – zumal dort, wo künstlerische Ausdrucksbildung als Teil einer therapeutischen Methodik begründet werden soll.

Wir sollten uns der Aufgabe, nach den richtigen Worten zu suchen, nicht entziehen, etwa aus der Befürchtung, mit der zutreffenden Benennung könnten wir den Zauber des Geschehens zerstören. Eine geeignete Begrifflichkeit stört oder zerstört nicht den Bedeutungsraum, sondern erweitert den Bereich, in den sich intuitives musikalisches Handeln vorwagen kann. Die Bereitschaft, sich auch aus musiktherapeutischer Perspektive mit der begrifflichen Einordnung eines Phänomens wie dem der Intuition zu befassen, ist zu begrüßen.[1] Wir können dadurch wertvolle Aufschlüsse über die Intuition gewinnen, ohne befürchten zu müssen, mit dieser in der musikalischen Beziehungsgestaltung so wichtigen Handlungseinstellung „nur subjektiv" oder willkürlich zu agieren.

Die Begrifflichkeit muss auf die Phänomene zugeschnitten sein, um die Verbindung zwischen Phänomen und Bedeutung zu ermöglichen und eine Brücke zwischen Erleben und Benennung schlagen zu können.[2] Diesen Zusammenhang hat der Psychoanalytiker Michael Buchholz im Sinn, wenn er schreibt: „Wo wir nicht berührt werden von der Bewegtheit unserer Patienten, können wir nur ‚inter-venieren', also dazwischen-gehen. Wenn wir berührt sind, können wir oft nichts sagen, weil es manchmal so schwer ist, das treffende Wort zu finden. Es muß uns aus unserer eigenen Bewegtheit zugespielt werden." (Buchholz 2008, 552) Das Ziel der vorliegenden Arbeit ist es, einen Beitrag zu erbringen, der bei dieser Übersetzungsarbeit hilft. [3]

Das zur Diskussion stehende Phänomen, dem die Begrifflichkeit entsprechen soll, ist die Improvisation. Wir betrachten sie zunächst als *eine* Form innerhalb der zahlreichen Möglichkeiten musikalischer Interaktionen. Die im Folgenden dargestellten Eigenschaften betreffen die Improvisation als Ausdrucks- und Interaktionsgeschehen. Mit etwas veränderten Akzentsetzungen finden sich die gleichen Merkmale auch in der Improvisation innerhalb der musiktherapeutischen Behandlung wieder, die Ausgangspunkt und Anwendungsfeld der Systematik ist.

Die Kriterien der Improvisation

- Die Improvisation ist ein bewegliches Geschehen
- Die Grundbeziehungen in der Musik sind Spannungen und Entspannungen (Langer)
- In der Improvisation bilden sich seelische Strukturierungen ab und entfalten sich
- Die Improvisation hat eine zeitliche Gestalt; sie hat Anfang und Ende, ihre Entwicklung vollzieht sich in Abschnitten

---

[1] Vgl. Zeuch 2004; Zeuch, Kloter 2008

[2] Vgl. Deuter 2008

[3] Von einer ähnlichen Vorstellung der Mitbewegung mit den Phänomenen ist bereits bei Goethe die Rede: „Das Gebildete wird sogleich wieder umgebildet, und wir haben uns, wenn wir einigermaßen zum lebendigen Anschauen der Natur gelangen wollen, selbst so beweglich und bildsam zu erhalten, nach dem Beispiele, mit dem sie uns vorgeht." (Goethe o.J., 359)

- In der Improvisation zeigt sich ein Entwicklungsversprechen (Grootaers); der Verlauf lässt Erwartungsbildungen entstehen
- In der Improvisation entfaltet sich die Beziehungssituation, die zwischen den Beteiligten besteht
- Die Improvisation entwickelt sich aus einem Spannungsfeld zwischen subjektiven Ausdruckswünschen und den Bedingungen des musikalischen Materials (Weymann)

Zu jedem dieser Merkmale ein paar weitergehende Überlegungen:

Die Improvisation ist ein bewegliches Geschehen

In der Begrifflichkeit der Polaritätsverhältnisse werden Bewegungsverhältnisse beschrieben. Es werden keine Zustände der seelischen Verfassung und keine feststehende Eigenschaften des musikalischen Materials benannt, vielmehr wird die Dynamik anschaulich gemacht, die zwischen den sich ergänzenden Qualitäten besteht.

Die Grundbeziehungen in der Musik sind Spannungen und Entspannungen[4]

Die Lebendigkeit des Austausches ist nur dann gegeben, wenn sich die Pole in einer dem Erleben entsprechenden Dimension und Intensität in ihrer Wirksamkeit ablösen und ergänzen. In der musikalischen Dimension ereignet sich dieser Austausch im Verhältnis von Spannung und Entspannung. Innerhalb der Polaritätsbenennungen wird dieses Verhältnis erweitert auf drei Polaritäts-Achsen dargestellt, die miteinander in Verbindung stehen.

In der Improvisation bilden sich seelische Strukturierungen ab und entfalten sich

Die Begrifflichkeit der Polaritätsverhältnisse orientiert sich an der Sichtweise der Morphologischen Psychologie, die beinhaltet, dass sich seelisches Leben im Spannungsfeld von *Formenbildung* und *Verwandlung* organisiert. In Entsprechung dazu sehen wir auch die musikalischen Verläufe als einen ständigen Wechsel von Form und Verwandlung an. Die Begrifflichkeit bezieht sich auf musikalische Verhältnisse und hat gleichzeitig einen Bezug zu Alltagserfahrungen.

---

4 Vgl. Langer 1965, 224

Die Improvisation hat eine zeitliche Gestalt; sie hat Anfang und Ende, ihre Entwicklung vollzieht sich in Abschnitten

Die Gebundenheit an eine zeitliche Dimension drückt sich in der Notwendigkeit aus, eine Abfolge zu strukturieren, Abschnitte zu bilden, Anfang und Ende in einen Zusammenhang zu bringen. Mit der Begrifflichkeit der Polaritätsverhältnisse lassen sich Formaspekte der Improvisation benennen; vor allem in der Polarität von *erscheinen – vergehen* treten diese Aspekte zutage.[5] In den Handlungsbegriffen, mit denen die jeweilige Qualität beschrieben wird, zeigt sich der zeitliche Aspekt des Geschehens; Handlung ist immer an Zeit gebunden, sie hat Anfang und Ende und gliedert sich in einzelne Abschnitte.

In der Improvisation zeigt sich ein Entwicklungsversprechen; der Verlauf lässt Erwartungsbildungen entstehen

Mit der Bezeichnung von Pol und Gegenpol wird eine Entwicklungsrichtung deutlich. Ist der Austausch zwischen den Polen eingeschränkt oder aufgehoben, so zeigt sich dies in der Musik. Wir erleben ein nicht eingelöstes Entwicklungsversprechen bzw. die Enttäuschung einer Erwartung, die sich während des Hörens aufgebaut hat.

In der Improvisation entfaltet sich eine Beziehungssituation, die zwischen den Beteiligten besteht

Das Geschehen in der Improvisation wird als Wirkungsgefüge von Verlauf und Beziehung gesehen. Die Faktoren Verlauf und Beziehung bedingen sich dabei gegenseitig: Der Verlauf, den die Improvisation nimmt, ermöglicht eine bestimmte Art und Weise der Beziehung. Der Charakter der Beziehung bestimmt es, wie sich der Verlauf des gemeinsamen Spiels gestaltet. Die Begriffe der Polaritätssystematik beziehen sich auf beide Bereiche, auf den Verlauf und die Beziehung. So beinhaltet z.B. der Terminus *verbinden* (in der Polarität Struktur – Impuls[6]) die Kombination einzelner rhythmischer Elemente in der zeitlichen Abfolge. Gleichzeitig betrifft er die Beziehungsqualität und die Art und Weise, wie die Spieler miteinander verbunden sind.

---

[5] Vgl. Kap. 4.2

[6] Vgl. Kap. 4.3

Die Improvisation entwickelt sich aus einem Spannungsfeld zwischen subjektiven Ausdruckswünschen und den Bedingungen des musikalischen Materials [7]

In den Begriffen der Polaritätssystematik werden Aspekte des musikalischen Materials benannt (Klang, Rhythmus, Melodie und ihre Explikationen Klang – Stille, Struktur – Impuls, Motiv – Kontinuum[8]). Die subjektiven Ausdruckswünsche werden verdeutlicht in den Begriffen, die sich auf die jeweilige aktuelle Intention des Spielers beziehen: Es geht um die Tendenzen zu verbinden, zu verdeutlichen, in Erscheinung zu kommen, zu lösen, zu vereinheitlichen und vergehen zu lassen.

„Objektbestimmtheit des Materials und seine Aneignung durch das Subjekt […] sind Voraussetzungen für das Zustandekommen einer musikalischen Deutung. Das musikalische Material wird in der subjektiven Aneignung zum Bedeutungsträger." (Niedecken 1988, 101)

Die Formulierung der Polaritätsverhältnisse ist auf die aufgezählten Merkmale der Improvisation ausgerichtet. Die weitere Darstellung soll zeigen, dass damit eine Begrifflichkeit zur Verfügung steht, mit der es möglich ist, die musiktherapeutisch relevanten Phänomene in adäquater Weise zu benennen.

Musik und Sprache – künstlerisches Medium und begriffliche Erfassung

Der Auffassung, dass der Inhalt einer künstlerischen Aussage eben auf keine andere Weise als mit einem künstlerischen Medium zu vermitteln ist, wird man wohl zustimmen.[9] Gleichwohl gehen unsere Bemühungen dahin, die in der Behandlungssituation entstehende Musik auch außerhalb der musikalischen Aktion zu verstehen. Wir versuchen, sie aus der Musik in ein anderes Verständigungssystem zu übertragen, sie zur Sprache zu bringen, und dabei soviel wie möglich von den ursprünglichen Inhalten zu erhalten. Hier nun erscheint eine Differenzierung angebracht. Wir müssen uns fragen, welche Inhalte es denn sind, die wir übertragen und dem sprachlichen Verständnis zugänglich machen wollen?

---

[7] Vgl. Weymann 2004, 44

[8] Vgl. Kap. 4.1

[9] Hans-Georg Gadamer: „Dass in einem Kunstwerk Wahrheit erfahren wird, die uns auf keinem anderen Wege erreichbar ist, macht die philosophische Bedeutung der Kunst aus." (Gadamer 1986, 2; Wahrheit und Methode; zit. nach Louven o.J.)

Was sich nur in der Musik zeigen kann, muss man in der Musik belassen. Was wir aber verstehen und in eine sprachliche Begrifflichkeit übertragen wollen, sind die seelischen Strukturierungen, die der Musik zugrunde liegen, so wie der Patient sie uns präsentiert. Dabei gehen wir davon aus, dass sich die Musik so gestaltet, wie es seinen verinnerlichten Beziehungs- und Verlaufserfahrungen entspricht.

Eine weitere Frage, die wir uns stellen müssen, ist, wieweit man im Zusammenhang der Musik überhaupt von Verstehen sprechen kann. Christoph Louven diskutiert diese Überlegung in seinem Artikel „Aspekte des Verstehens Neuer Musik" (Louven o.J.). Verstehen kann man eigentlich nur einen Inhalt, bei dem man im entgegengesetzten Fall auch feststellen könnte, man habe ihn nicht verstanden. Was bedeutet es aber zu sagen, man habe ein Musikstück nicht verstanden? Louven plädiert dafür, pragmatisch von der Erfahrung auszugehen, die jemand beim Hören Neuer Musik machen kann und die er u.U. mit eben diesen Worten formulieren wird: er habe diese Musik nicht verstanden. Dies so zu benennen, impliziert aber, dass es demgegenüber auch die Erfahrung gibt, ein Musikstück verstanden zu haben.

Die Anschauung, die bei Louven auf die Neue Musik bezogen ist, kann uns bei der Suche nach einer adäquaten Begrifflichkeit weiterhelfen, mit der wir die Improvisation betrachten wollen. Louven siedelt den Sinn eines Musikstücks, den der Hörer verstehen (oder eben auch verfehlen) kann, nicht allein beim Werk an, sondern sieht ihn als Bestandteil einer Begegnung zwischen Musik und Hörer. Dabei ist es von Belang, ob die Regeln, nach denen ein Musikstück aufgebaut ist, sich auf ein Konventionssystem beziehen, das auch dem Hörer geläufig ist. Das Verstehen hängt in dieser Sichtweise mit der Ausbildung von bestimmten Erwartungen zusammen, die eine Hörkonvention bedingen. Ein Musikstück, bei dem das Gefühl entsteht, es nicht verstehen zu können, überschreitet das Spektrum der akzeptierten Hörerwartungen. Was dem Hörer als neu begegnet, stellt sich entweder als so andersartig dar, dass keine Anknüpfung zu seinen bisherigen Hörerfahrungen möglich ist, oder Qualität und Dimensionierung des Neuen übersteigen die Toleranz, die in seiner Hörkonvention enthalten ist.

Auch in der Musiktherapie müssen wir von einem gemeinsamen Konventionssystem zwischen den beteiligten Personen ausgehen, welches das Spektrum der musikalisch akzeptierbaren Formen umfasst. Gemeint sind damit die Formen, die noch nachvollziehbar sind; es geht um Formen, bei denen es für den Therapeuten erträglich ist mitzuspielen oder teilnehmend anwesend zu sein, auch wenn sie sich einer direkten Kommunikation oder Einflussnahme entziehen – erträglich u.U. nur durch die Gewissheit, dass man sich aus den auftauchenden Seelenlandschaften auch wieder zurückziehen kann, weil die musikalischen Mittel so etwas wie einen Kompass für die Rückkehr in lebensfreundlichere Regionen zur Verfügung stellen.

Die musikalischen Formen, die uns in der Therapie begegnen, gehen dabei in ihren Extremisierungen in vielen Fällen über das hinaus, was wir von unserem kulturell geprägten Konventionssystem gewohnt sind, auch dem der Neuen Musik. „Bei der Behandlung von psychischen Erkrankungen, die nach psychoanalytischer Auffassung mit den misslungenen Interaktionen während der frühen Kindheit zu tun haben, sind die Materialeigenschaften der Musik geeignet, Szenen der Verschmelzung, Verfolgung, Überwältigung, Verlassenheit oder Unerreichbarkeit entstehen zu lassen." (Metzner 1999, 28)

Sowohl für den Patienten als auch für den Therapeuten werden dabei innerhalb der Musik Beziehungsstrukturen erträglich, die im Bereich der Sprache für ein weitaus größeres Maß an Irritation sorgen würden. Die ‚Normalität der Musik' reicht demzufolge weit in Bereiche außerhalb des sprachlich fassbaren Bereichs hinein. „Erfahrungsbereiche, die nicht in Worte gefasst werden können, werden im gemeinsamen Spiel mit-teilbar, verschiedene Qualitäten von Gemeinsamkeit können sinnlich erfahrbar werden, ohne dem Patienten ein direktes Bezug-Nehmen und damit eine ihn möglicherweise noch destabilisierende Beziehung aufzuzwingen." (Kunkel 2009, 175)[10]

Die Überlegungen zielen im Weiteren auf die Frage, worauf sich denn die Wahrnehmung bezieht, mit der in einer Improvisation ein „nicht eingelöstes Entwicklungsversprechen", ein „Verkehrthalten", ein problematischer Weltbezug konstatiert wird. Für eine solche Bewertung steht uns kein Katalog präziser Kriterien zur Verfügung; dagegen gibt es ein Toleranzspektrum, innerhalb dessen wir mit der Musik ‚etwas anfangen' können. Wie orientiern wir uns aber innerhalb dieses Spektrums? Was sind die Maßstäbe, die uns den Eindruck vermitteln, hier werden die musikalischen Mittel auf eine Art verwendet, die man schlichtweg noch nie gehört hat und was veranlasst uns dazu, eine bestimmte musikalische Struktur als ‚Störung' zu diagnostizieren?

Um einen musikalischen Verlauf, der uns in der Improvisation begegnet, in seinen Eigenarten erkennen und beurteilen zu können, benötigen wir eine Referenzgröße. Wir brauchen als Vergleichsmöglichkeit die Vorstellung einer ‚guten' Musik, einer Musik, die sich als beziehungsvoll, verwandlungsfreudig und lebendig von den eingeschränkten und unlebendigen Gestaltungen abhebt. Von der guten oder richtigen Musik zu sprechen, erscheint

10 Vgl. Deuter 2007

nun etwas heikel, da man damit in den Bereich festgelegter und normierender Wertungen gerät – sollten wir also besser ganz auf die Unterscheidung verzichten? Einem therapeutischen Selbstverständnis würde es wohl eher entsprechen, von einer voraussetzungslosen Offenheit gegenüber den musikalischen Produktionen des Patienten auszugehen. Damit würde allerdings ein Mythos etabliert, mit dem wir der Realität der offenkundigen Festlegungen und Prägungen im Umgang mit der Musik nicht gerecht werden.

Eine adäquate Orientierung steht uns zur Verfügung, wenn wir die Musik, in die uns der Patient verwickelt, im „Vergleich zu allgemeinen Entwicklungsgesetzen einordnen und bewerten,[11] die wir durch die jahrelange Beschäftigung mit der Musik verinnerlicht haben". (Tüpker 1996, 46) Diese Gesetzmäßigkeiten werden im Zusammenspiel mit dem Patienten erkennbar. Es handelt sich dabei um Beobachtungen, die nicht notwendigerweise mit einer begrifflichen Einordnung einhergehen, sie sind „zunächst oft nur als Spannung spürbar: als ‚Gefühl', die Musik ginge ‚eigentlich anders weiter', als Unlust weiter mitzuspielen oder Lust, musikalisch aus der vom Patienten kommenden Richtung auszubrechen. Diese ‚sinnliche Erkenntnis' muss dem weiteren notwendig vorausgehen und ist in der Musiktherapie Teil des Forschungsprozesses." (Tüpker 1996, 46)

Den eigenen Erfahrungshintergrund als die bestimmende Referenzgröße zu nehmen, scheint gleichzeitig viel und wenig Wert zu haben. Gemessen an einem Anspruch objektiver Kriterien bedeutet es nicht besonders viel. Wertvoll erscheint dieser Bezugspunkt jedoch, wenn wir davon ausgehen, dass es bereits ein wichtiger therapeutischer Schritt ist, sich in fremde und befremdliche seelische Strukturierungen einzufühlen und dieser Einfühlung einen Ausdruck zu geben – und dazu stellt der eigene musikalische Erfahrungshintergrund (eingebettet in einen kulturellen Zusammenhang und spezialisiert auf die therapeutischen Anforderungen) das einzige und gleichzeitig größtmögliche Spektrum dar.

Dabei sollte nicht übersehen werden, dass die allgemeinen Entwicklungsgesetze ihrerseits einem Veränderungsprozess unterworfen sind, der kulturell und auch individuell determiniert ist. So können Kompositionen unterschiedlicher Epoche und Stilistik nicht den gleichen Entwicklungskriterien genügen: die mittelalterliche Reihungsform folgt ganz anderen Form-

---

11 Für den Fall, das sich beim Begriff ‚bewerten' ein negativer Beigeschmack einstellt: es geht nicht um eine Wertung von guten oder schlechten, von erwünschten oder nicht erwünschten Äußerungen des Patienten. Es geht aber durchaus um eine eigene Positionierung und um eine Bewertung dessen, was uns im Zusammenspiel begegnet: wie kommt es uns vor, was können wir damit anfangen, wohin leitet uns die Bewegung, welche Assoziationen und Handlungsphantasien stellen sich ein etc.

gesetzen als die klassische Sonate oder ein Stück aus der *minimal-music*. Vor allem innerhalb der Gegenwartsmusik gibt es viele divergente Strömungen; die damit verbundenen Bewertungen sind zum Teil kontrovers konnotiert. Aber hierin spiegelt sich menschliche Realität – in ihrer Vielfalt und zugleich in ihrer Widersprüchlichkeit – und an eben dieser Realität teilzuhaben soll dem Patienten durch die Behandlung (wieder) möglich werden.

Ein anderes Kriterium der Maßstäbe, mit denen wir die Musik bewerten, ist der Grad ihrer Reflektierbarkeit. Wir müssen benennen können, aus welchen Gründen uns eine bestimmte Musik unerträglich, langweilig, erschreckend, bzw. berührend, begeisternd, einmalig etc. vorkommt und worauf sich dieser Eindruck im musikalischen Material zurückführen lässt. Irrationale und unreflektierbare Anteile werden dabei nicht aus dem Kreis der Bewertungen ausgeschlossen, wenn wir es uns erlauben, unsere Beobachtung auch auf die Inhalte zu richten, die wir (noch) nicht verstehen.

Erscheint die Musik in der Therapiesituation unverständlich, bizarr, nicht nachvollziehbar und als unvereinbar mit den konventionellen Erwartungen, wird dies auf die Bereitschaft des Therapeuten treffen, seine bestehenden Wertungen zu überprüfen und sie, bezogen auf den Fall, auf ihre Sinnhaltigkeit zu untersuchen. Charakterisierungen wie *bizarr, kalt, erschreckend, langweilig, ermüdend* etc. sind dabei nicht als Indiz für die zu geringe Empathie des Therapeuten anzusehen, sondern machen deutlich, von welchen Seelenlandschaften die Musik einen Eindruck vermittelt.

Eine weitgehende Übereinstimmung der musikalischen Konventionssysteme ist also nicht als die hauptsächliche Voraussetzung dazu anzusehen, um die Musik des Patienten verstehen zu können. Es geht eher darum, eine Annäherung der verschiedenen Systeme und eine Auseinandersetzung über ihre unterschiedlichen Bewertungen in Gang zu bringen.

Dabei sollte dem Musiktherapeuten der Bezug zum eigenen musikalischen Wertesystem bewusst sein; der Bewertungsrahmen selbst darf nicht zu eng sein. Festlegungen allein auf einen klassischen Formenkanon sind sicherlich zu begrenzt, um auf die Vielfalt und die gelegentliche Absonderlichkeit der musikalischen Gestaltungen reagieren zu können. Von Vorteil sind Erfahrungen darüber, wie man die musikalischen Mittel neben ihrer konventionellen Verwendung einsetzen kann, um auch den Anlauffiguren und Vorformen, um den Mitteilungen im Bereich des Ungestalteten ein musikalisches Ohr bieten zu können.

Der therapeutische Nutzen liegt dabei in der Annäherung der unterschiedlichen Auffassungen. Im musikalisch befremdenden Ausdruck verdeutlicht sich die fremde Weltauffassung. Dabei geht es nicht darum, mit dem Patienten eine ‚neue' Musik zu erfinden, die nur in dieser Beziehung ihre Gültigkeit hat; allenfalls wird ein provisorisches System von Erwartungen und Bedeutungen etabliert werden, das seine Entwicklung aber immer in Richtung einer allgemeineren Verständlichkeit nehmen wird, um Anschluss zu finden an einen größeren Kreis der Verständigung, an eine größere „Sprachgemeinschaft".

In den gebrochenen, eingeschränkten und ‚verkehrten' Formen der Patientenmusik versucht der Therapeut, den ‚ursprünglichen Wunsch' zu erkennen. Ein solcher Wunsch ist u.U. versteckt, unkenntlich gemacht und in eine andere Richtung gewendet; er erscheint im Gestus einer ‚Behauptung', einer Überzeugung, ‚wie die Welt ist'. In der Musik begegnen uns Beziehungswünsche (*So will ich mit dem anderen sein*) und Verlaufswünsche (*So sollen sich die Dinge abspielen*), die verstellt sind hinter der Präsentation der internalisierten Erfahrungen (*So fühle ich mich mit dem anderen* bzw. *So läuft es immer ab*).

Dergleichen ‚Behauptungen', in musikalischer Form auftauchend, können sich als die Überzeugung präsentieren, die Musik (und damit das Leben) komme ohne Veränderungen aus, Abschlüsse gebe es nur in der Form von Abbrüchen, Neues bedinge das Verschwinden des Bisherigen, Bindung bedeute Abhängigkeit, Entfernung bedeute Verlust, Nähe hieße Verschmelzung, Abgrenzung sei gleichzusetzen mit Isolation etc.

Die Begrifflichkeit, mit der wir die Musik beschreiben wollen, muss uns in die Lage versetzen, sowohl die seelische Dimension einer solchen Weltsicht zu erfassen, als auch die dabei verwendeten musikalischen Mittel abzubilden. Das erfordert, dass sie der Beweglichkeit des Phänomens gerecht wird: das Begriffsystem muss Bewegungsvorgänge erfassen können, es muss Verhältnisse und Tendenzen benennen und nicht nur Zuständlichkeiten und Einzeldinge.

So wie der musikalische Erfahrungshintergrund des Therapeuten ein hinreichend großes Feld der musikalischen Erscheinungsformen umfassen sollte, muss die Begrifflichkeit möglichst das gesamte Spektrum der musikalischen Ausdrucksbereiche erfassen und auch den Rändern der musikalischen Konventionen noch gerecht werden.

Die Zuordnung einzelner Elemente des musikalischen Materials zu psychischen Inhalten kann immer nur einen beweglichen Zusammenhang ergeben: unter bestimmten Umständen, im jeweiligen Verhältnis zu den anderen Komponenten kommt dem einzelnen Element seine Bedeutung zu. Sie hat immer mit einer Bewegung zwischen unterschiedlichen Tendenzen zu tun; sie ist keine Zuschreibung im Sinne einer Gleichung. Die Unbestimmtheit, die wir dabei in Kauf nehmen müssen, wird ausgeglichen durch den Gewinn, der darin liegt, dass wir Begriffe auffinden können, die dem beweglichen Charakter der Phänomene angemessen sind. So verlockend es sein mag, mit Zuordnungen im Sinne von „Klang ist…", „Rhythmus ist…" umzugehen – der Vielschichtigkeit musikalisch-seelischer Strukturierungen und der Beweglichkeit der Analogiebildungen entsprechen sie nicht, wenn sie mehr als einen Augenblickseindruck benennen wollen.

Bei der Wahl der adäquaten Begrifflichkeit stehen wir zudem vor der Aufgabe, der Differenzierung unserer Beobachtungen gerecht zu werden und uns dabei gleichzeitig nicht zu weit vom Alltagsverständnis zu entfernen. Einerseits müssen die Begriffe dem Gegenstand entsprechen, sie können und sollen also spezifisch sein. „Besinne sich doch die Psychologie auf ihr […] Eigenrecht, als Wissenschaft von der menschlichen Seele auch ihre eigentümlichen, ihrem Gegenstande angemessenen, psychologischen Begriffe zu entwickeln und in ein ihnen gemäßes System zu bringen. Erst in zweiter Linie kann es den Psychologen interessieren, ob er den Beifall der Physiker hier, der Metaphysiker dort findet." (Busemann 1948, 51) Andererseits sind wir aber an der Vermittlung unserer Erfahrungen und der Verortung im wissenschaftlichen Kontext interessiert und müssen daher auch auf eine nachvollziehbare Verknüpfung der Begrifflichkeit bedacht sein.

2.2.2 Position innerhalb der musiktherapeutischen Diskussion

Das Verstehen von Sachverhalten wird erst durch Sprache konstituiert.
Hans-Georg Gadamer

Immer wieder machen wir die Erfahrung, dass wir etwas bis zu einem gewissen Grad verstehen. Wenn man noch mehr verstehen will, tritt man wieder neu ins Nichtverstehen ein.
Wilhelm Genazino

Die Improvisation ist Gegenstand zahlreicher Überlegungen in der musiktherapeutischen Fachdiskussion. Stellt sie auch nicht die einzige Form dar, in der die Musik in der musiktherapeutischen Behandlung verwendet wird, kann man die Improvisation doch als den Bereich musiktherapeutischer Praxis ansehen, der die Eigenschaften der musiktherapeutischen Verfahren anschaulich werden lässt und dessen Implikationen stellvertretend für die Entwicklung der Musiktherapie als psychotherapeutischer Methode stehen. „Sie [die Improvisation] gehört in allen Praxisfeldern zum musiktherapeutischen Standardrepertoire, da sie durch ihre freie Gestaltbarkeit [...] ein ideales Medium ist, um dem Patienten Resonanz zu geben und damit jenseits von Worten Kontakt zu bieten und Entwicklungsprozesse anzuregen." (Hegi-Portmann et al. 2006, 63)

Die Überlegungen, die uns bei der Fragestellung der vorliegenden Arbeit vor allem interessieren, beziehen sich auf den Zusammenhang vom musikalischen Material und seiner Bedeutung. Wir richten unser Augenmerk auf Strukturierungsmerkmale eines Improvisationsverlaufs und beschäftigen uns mit der Frage, wie wir vom musikalischen Phänomen zur sprachlichen Benennung kommen.

Die Rolle, die der Improvisation im musiktherapeutischen Setting neben anderen musikalischen Interaktionsformen zukommt, und die Frage, ob die Improvisation als eine Art Standardsetting der musiktherapeutischen Behandlung anzusehen ist, soll dagegen hier nicht näher diskutiert werden.[1] Zur Entwicklung, die die Improvisation innerhalb der Musiktherapie ge-

---

[1] Vgl. Makowitzki 1995

nommen hat und zu einer Begründung ihrer Verwendung im musiktherapeutischen Setting verweise ich auf Ausführungen im Kapitel „Improvisieren und Musiktherapie" in der bereits erwähnten Arbeit von Weymann (2004, 39 ff).

Auch wenn die Improvisation nicht in allen musiktherapeutischen Praxisfeldern den gleichen Stellenwert hat, stellt sie als Gegenstand von Forschung und Erfahrung doch so etwas wie eine allgemeine Referenzgröße dar. Die Erkenntnisse, die wir aus der Improvisation über den Zusammenhang von musikalischer Gestaltung und seelischem Ausdrucksgehalt gewinnen, lassen sich auch auf diejenigen Bereiche der musiktherapeutischen Praxis übertragen, in denen andere musikalische Formen verwendet werden, seien es in der aktiven Musiktherapie komponierte Formen und Lieder oder in der rezeptiven Musiktherapie die Werke der Musikliteratur. Die Auseinandersetzung mit der Improvisation wird daher in einer Musiktherapieausbildung auch dann wichtig sein, wenn in der späteren Berufspraxis die Improvisation als methodisches Agens nicht oder nur am Rande angewendet wird. Im Ausbildungszusammenhang liegt in der Beschäftigung mit der Improvisation eine unverzichtbare Möglichkeit, die Elemente der musikalischen Beziehungsgestaltung lernend zu erfahren.

Anhand der Textpassagen, die in den folgenden Abschnitten zitiert werden, soll dargestellt werden, welche Eigenschaften der Musik, bzw. der Improvisation es sind, die im musiktherapeutischen Setting als wichtig angesehen werden und für die vorliegende Arbeit oder ähnliche Fragestellungen bei anderen Autoren von Interesse sind.

Dabei geht es um
- die Musik als ein Medium, das Beziehungen abbilden (und in Entwicklung bringen) kann
- die Charakterisierung der Stofflichkeit der Musik und ihrer Dynamik
- die Strukturierung des Verlaufs
- den Zusammenhang von Material und Bedeutung und um die Merkmale der verwendeten Begrifflichkeit

Diese Gesichtspunkte sind nicht ganz präzise voneinander zu trennen. So betreffen die Begriffe, mit denen die Stofflichkeit der Musik, also das Material- oder Substanzhafte der Musik benannt wird, auch den Zusammenhang von Material und Bedeutung. Welche Eigenschaften der Musik wir für wichtig erachten, beeinflusst die psychologische Auslegung der musikalischen Interaktion. Dabei sei daran erinnert, dass wir uns mit unserer begrifflichen Annäherung an das Phänomen u.U. in der gleichen Lage befinden wie die fünf Blinden, die einen Elefanten beschreiben. Komplexe Phänomene wie die Liebe, das Leben etc. oder eben auch die Musik sind immer größer als der Begriff, den wir uns von ihnen machen, und es hängt von der Gegenstandsbildung ab, welche Begrifflichkeit sich als geeignet herausstellt.[2]

Eine interessante Parallele zwischen Eigenschaften der Musik und seelischen Bedingungen zieht Metzner, wenn sie den Klang als „primäre Substanz" auffasst, die zur Verfügung steht und als Lebensvoraussetzung unverzichtbar ist und dabei immer auch einer Aneignung durch das Individuum bedarf.

> „Ähnlich wie Luft, Wasser oder Boden lässt sich Klang als primäre Substanz im Sinne von Balint verstehen (Balint 1966, 75). Er ist in hohem Maße fügsam und gibt die feinen Nuancen der psychophysischen Spannungsverhältnisse preis, die zu seiner Erzeugung führen. [...] Klang verklingt zwar, ist in seiner Einzigartigkeit aber unwiederholbar und nicht im Nachhinein zu zerstören. [...] Die Bedeutung von Klang als primärer Substanz liegt für die Musiktherapie darin, dass zum einen, bedingt durch diese Verschränkung von Klang und Individuum, ein Eindruck vom inneren Erleben des Patienten gewonnen werden kann, zum anderen der Neubeginn einer ihrer Struktur nach primären Beziehung zu einer zunächst noch undifferenzierten Umwelt in der analytischen Behandlung ermöglicht wird." (Metzner 1999, 17)

Aus der Annahme einer solchen „Verschränkung von Klang und Individuum" ergibt sich die Möglichkeit, die Musik als ein Medium anzusehen, das Beziehung abbildet und Entwicklung fördern kann.

Das Verhältnis des musikalischen Materials und seiner psychologischen Auslegung beschreibt Metzner in einer Sequenz, in der der Therapeut mit einem rhythmisch strukturierten Spiel den Versuch macht, Halt zu geben, zu unterstützen, um es den beiden weiteren beteiligten Spielern zu ermöglichen, in Kontakt zu kommen. In der aktuellen Beziehungskonstellation bewirkt diese Bemühung allerdings das Gegenteil und führt zu einer Fragmentierung des Zusammenhalts. Die beiden Spieler geraten „ganz aus dem Konzept". Metzner sieht dies als „anschauliches Beispiel dafür, dass die in musiktherapeutischen Fachkreisen verschiedentlich vertretene Auffassung vom Rhythmus als einem stabilisierenden, haltgebenden Faktor in dieser Allgemeingültigkeit nicht haltbar ist." (Metzner 1999, 50)

Die Begrenzung einer solchen linearen Zuordnung von Rhythmus und einer Bedeutung des männlich-väterlich konnotierten „Haltgebens" lässt

---

[2] Die Geschichte von den Blinden und dem Elefanten findet sich in verschiedenen Versionen online: http://coforum.de/index.php4?Wahrnehmung [2.9. 2008]

sich in einem Denken, das von Polaritätsbeziehungen ausgeht, überschreiten.[3]

Im Sinne der Polaritätsverhältnisse bezeichnen wir innerhalb des rhythmischen Geschehens eine Polarität von *verbinden* und *lösen*, von Haltgeben und Auseinanderbringen. Dies beinhaltet, dass in einem Beziehungsgefüge, ähnlich wie im oben geschilderten Beispiel, die starke Einwirkung in Richtung des *verbinden*, also in Richtung einer haltgebenden Struktur, eine Reaktion auslösen kann, die den Gegenpol – mit der Tendenz des *lösen* – belebt. In dem Beispiel zeigt sich die Offenheit, die das musikalische Material besitzt: Es werden beide Beziehungsaspekte des rhythmischen Materials deutlich. „In diesem Fall [in der rhythmisch strukturierenden Spielweise] war das männliche Objekt also Förderer der Beziehung [...] und zugleich Zerstörer." (Metzner 1999, 52)

Einen weiteren interessanten Bezug von Material und der Bedeutung, die das Beziehungsgefüge der beteiligten Spieler verdeutlicht, schildert Metzner am Beispiel von Oktavparallelen. Im Kontext der geschilderten Szene wird das Phänomen der Oktavparallele charakterisiert als eine besondere Form der Zweisamkeit und eine Art von uneingelöstem Beziehungsversprechen. In der parallelen Bewegung zweier Melodiestimmen entsteht eine Paradoxie von Nähe und gleichzeitiger Beziehungslosigkeit. Das Verhältnis wird beschrieben als „Tabu einer Beziehung", als „besondere Art des Aneinander-Haltens", einer „Intimität ohne Nähe", „einer unerreichbaren Einigkeit, die [...] dennoch keinen wirklichen Halt in der Gegenseitigkeit zu vermitteln vermag." (Metzner 1999, 82)

Auch in dieser Schilderung von musikalischem Phänomen und Beziehungsqualität wird der Bezug deutlich, der zwischen der Verwendung einer ganz bestimmten musikalischen Qualität (hier die Oktavparallele) und der Bedeutung, die sich in der Situation damit verbindet, besteht. Der Eindruck der gesamten Szene führt dazu, dass eben nicht eine möglichst große Nähe und Einigkeit erlebbar wird (wie es die Übereinstimmung der Melodielinien nahe legen könnte). Vielmehr wird deutlich, dass an dieser Nähe etwas nicht ganz stimmt, und es zeigt sich die Unerfüllbarkeit eines solchen Wunsches nach Nähe.

Aus dem Verständnis der Polaritätsverhältnisse heraus, lässt sich der Eindruck der unechten Nähe damit erklären, dass in den Oktavparallelen versucht wird, die notwendige Spannung zwischen den Polen *verdeutlichen*

---

[3] Die nachfolgenden (kursiv gesetzten) Benennungen beziehen sich auf die Begrifflichkeit der Polaritätsverhältnisse, die im Näheren im Kapitel 4 dargestellt werden. Vorwegnehmend werden einige der Begriffe bereits hier verwendet, um die Möglichkeit der Anwendung auf die bei Metzner geschilderten Situationen zu verdeutlichen.

– *vereinheitlichen* zu vermeiden oder wieder aufzulösen. Der Bogen der Polarität kann sich nicht ausspannen, weil beide Qualitäten wie an einem Ort verwirklicht werden sollen. So wie bei einem Torbogen die beiden Stützpfeiler in einiger Entfernung stehen müssen, damit sich ein Gewölbe ausspannen kann und ein Durchgang entsteht, so muss zwischen zwei Polen eine Entfernung bestehen, damit sich eine Spannung entfalten kann.

Im melodischen Geschehen geht es um die Qualität *verdeutlichen*; in der parallelen Bewegung der Oktaven wird jedoch versucht, sich so nahe wir möglich an die Qualität *vereinheitlichen* anzunähern. Die Wirkung einer Melodie im Sinne der Individualität und Abhebung (*verdeutlichen*) entfaltet sich allerdings nur, wenn die Spannung zum Gegenpol (*vereinheitlichen*) auch wirklich ausgehalten werden kann. Zu den seelischen Bedingungen des Melodiespiels gehört das Bewusstsein der Abhebung, die einerseits das Wagnis der Trennung, andererseits die Lust am Eigenen beinhaltet.[4] Im geschilderten Beispiel fehlt dieses Bewusstsein; die Oktavparallelen kommen durch die Anpassung des Therapeuten an das Spiel der Patientin zustande. Sie werden zwar zugelassen, aber von der „Patientin [wird] die Gemeinsamkeit nicht einmal durch ihr Erkennen mitgetragen." (Metzner 1999, 82)

Bedeutung eines musikalischen Materialbegriffs

Anschaulich wird an diesem Beispiel das Verhältnis von Festlegung und Offenheit des musikalischen Materials, das wir durchaus auch als eine Bewegung zwischen Polaritäten ansehen können. Der Austausch bewegt sich dabei zwischen objekthaften Eigenschaften des Materials und der Art und Weise, in der die Spieler in der aktuellen Szene die musikalischen Möglichkeiten verwenden. „Das musikalische Material wird in der subjektiven Aneignung zum Bedeutungsträger." (Niedecken 1988, 101)

Selbstverständlich ist in der parallelen Bewegung zweier Melodielinien die Beziehungsqualität der Nähe als Möglichkeit enthalten. Es hängt allerdings von der einmaligen und subjektiv bestimmten Konstellation der Szene ab, ob sich diese Bewegung auch als Erfahrung der Nähe verwirklicht oder eher den unerfüllten Wunsch und das Verkehrthalten des Nähewunsches spürbar werden lässt.

Für Grootaers lässt sich das musikalische Geschehen in der Improvisation explizit als Polaritätsbewegung verstehen. Für ihn werden die Konflikte, die eine bestimmte Weltsicht des Patienten, die seine Lebensmethode mit sich bringen, in der Musik als gestörte Polaritäten ganz unmittelbar erleb-

---

[4] Vgl. Kap. 4.5.3

bar. Die therapeutische Bemühung liegt darin, die im einzelnen Fall jeweils unterschiedlichen und individuell geprägten Grundverhältnisse aufzuspüren und zu benennen, bevor der Versuch unternommen werden kann, Wege aus der Einseitigkeit und der Verfestigung zu finden.

Die erwähnte „musikalische Empfindsamkeit" ist die Voraussetzung, um zu einer diagnostisch relevanten Bewertung der vom Patienten gespielten Musik und den darin enthaltenen Verwandlungsproblemen zu kommen. Die „gestörten Polaritäten" werden für den Therapeuten spürbar, weil er sie auf ein kulturell bedingtes Verständnis der Musik beziehen kann, um von dort aus auf ein bestimmtes Verhältnis des Patienten zur Welt zu schließen. „Durch den Ausblick auf ein allgemeines Kultivierungsverhältnis wird es möglich, Störungen, Abweichungen, Seltsames im Umgang mit Wirklichkeit zu bemerken. Die Beschränkung auf *ein* Grundverhältnis ist zugleich der intensivierende Faktor dieser Art von Behandlung." (Grootaers 2001, 32; Hvbg. Grootaers)

Die Entwicklungsrichtung eines solchen gestörten Grundverhältnisses hin zu einem lebendigen Austausch beschreibt Grootaers in einem Behandlungsfall mit der Benennung „Von Hermetik zur Lösung". Das Grundverhältnis zeigt sich in der Improvisation als ein Konflikt zwischen den beiden seelischen Tendenzen von *Eingleisen* und *Abweichen*. (Grootaers 2001, 41/55) Eine solche Benennung entsteht aus dem Erleben der Improvisation heraus. Sie wird dann wieder auf das musikalische Material bezogen und detailliert erläutert. Im Beispiel der erwähnten Grundfigur (*Eingleisen und Abweichen*) liest sich dies so:

> „Eigentümliche Tonwiederholungen, motivische Kurzformeln, die stets wiederkehren, laden zwingend zur Nachahmung, lassen im Höchstfall kleine Variationen zu, scheinen aber auf diese Weise absoluter Verlässlichkeit Gewähr leisten zu wollen. Eine weitere Eigentümlichkeit besteht darin, nach jedem kurzen Motiv eine Lücke zu lassen, so dass eine spannungsvolle Erwartung entsteht, welche die Frage wachruft: Wie geht es weiter? Geht es weiter? Wo geht es weiter? […] Als Nebenwerk werden dagegen Versuche unternommen, auszubrechen aus, abzuweichen von dem vorgegebenen Gleisen, von den suggerierten Erwartungen." (Grootaers 2001, 57)

In dieser Diktion wird das musikalische Material bereits in einem erweiterten Zusammenhang gesehen. Es werden nicht allein musikalische Phänomene beschrieben, sondern sie werden in ihrer Relation zu dem genannten Grundverhältnis aufgefasst. Das Wiederkehren von motivischen Kurzformeln wird deshalb als „auffallend", die Tonwiederholungen werden deshalb als „eigentümlich" empfunden, weil sie (in der Diktion der Polaritätsverhältnisse gesprochen) ein zu spannungsvolles Verhältnis von *verbin-*

den – lösen entstehen lassen. Es besteht ein Bruch zwischen der „Verlässlichkeit“, die mit dem Modus *verbinden* in Aussicht gestellt wird und dem „Unberechenbaren“, dass im Modus des *lösen* ins Spiel kommt.[5]

Vor dem Hintergrund des Verhältnisses von *Hermetik zur Lösung* wird das musikalische Material der Improvisation soweit überschaubar, dass aufgezeigt werden kann, wie der Patient den Konflikt zwischen diesen beiden Polen in der Musik auffaltet. Die ausdrücklich musikalischen Benennungen erhalten ihren Sinn erst im Hinblick auf diese Polarität. Bezeichnungen wie *Tonwiederholung, motivische Kurzformel, Oktavparallelen, Variation, unterschiedlich lange Pausen, Tonartwechsel, Rhythmusgefüge* etc. werden dabei nicht allein auf das musikalische Phänomen bezogen, sondern auch auf die seelische Bedingung, die den Bedeutungsgehalt der Musik erst nachvollziehbar macht. (Grootaers 2001, 57f)

Gemeinsam ist allen vorgestellten Fallbeispielen, dass *ein* Grundverhältnis gesucht wird. Individuell auf jedes einzelne Beispiel bezogen sind dagegen deren Benennungen, die jedoch immer im Sinne einer Polaritätsbeziehung aufgefasst werden. So geht es bei der bereits erwähnten Figuration von *Eingleisen – Abweichen* darum, die Gegensätzlichkeit dieser beiden Positionen zu mildern und ihre scheinbare Unvereinbarkeit aufzulösen. „Das Eingleisen extremisiert sich zu einer überdehnten Zurückhaltung, das Abweichen verliert sich in Herumvegetieren. Musikalisch, wie auch sonst im Leben.“ – mit diesem Zusatz benennt Grootaers in allen beschriebenen Fällen lakonisch den Zusammenhang zwischen musikalischer Gestaltung und Lebenspraxis.

Der Schritt von der Alltagsdimension des Leidens hin zu ihrer Darstellung im Medium der Musik ist dabei zentral: Die „mediale Brechung ist zugleich der musiktherapeutische Fokus. Und zwar aus einem guten Grund: Es ist merkwürdig, aber in der Nähe der gestörten Grundverhältnisse halten sich zugleich *Lösungsgestalten* auf.“ (Grootaers 2001, 12, Hvbg. Grootaers.) Es gilt also nicht, völlig neue Verhältnisse zu entwickeln, sondern die Extremisierung in der bestehenden Strukturierung („in der Nähe“) zu mildern und den verhinderten Austausch – allerdings mit anderen, neuen Bewertungen – wieder in Gang zu bringen.[6]

Ebenfalls im Sinne einer Polaritätsbeziehung wird die Struktur gesehen, die in Interviews zum Zusammenhang vom Improvisieren zur Lebensgestaltung zum Vorschein kommt (Weymann 2004). In Tiefeninterviews äußern

---

[5] Vgl. Kap. 4.3

[6] Vgl. Kap. 4.6.1 und 4.6.3

sich Menschen, denen in unterschiedlichen Zusammenhängen das Improvisieren Anliegen und Bedürfnis ist. In der Improvisation erfahren sie etwas über sich und gehen gleichzeitig mit den Aufgaben und Problemen um, denen sie sich in ihrem Leben stellen. Auch hier werden *Grundverhältnisse* beschrieben, die das Improvisieren, aber auch eine Art durchgängiges Lebensthema bestimmen. Es ist damit die Gegenüberstellung zweier unterschiedlicher und auf den ersten Blick unvereinbarer Tendenzen bezeichnet, mit denen die betreffende Person umgeht und deren Ausgleich sich als eine Art Lebensaufgabe darstellt. Zwar sind „die Grundverhältnisse, wie sie in den Analysen der Interviews herausgestellt wurden, [...] alle verschieden" – je nach der persönlichen Ausprägung von Lebenssituation und Charakter. Es lassen sich jedoch daneben grundsätzliche Richtungen benennen, in denen sich die Polarität bewegt, deren eine mit der Bemühung um „Verwandlung und Weiterentwicklung" zu tun hat, während die andere die einer „sichernden Konsolidierungsbewegung" ist (Weymann 2004,190).

Der „Wirkungsraum des Improvisierens wird von der Polarität *Verwandlung* und *Identität* her erschlossen. [...] Das Improvisieren wird als *Lösungsversuch* des letztlich unlösbaren und paradoxen Kernthemas der Identitätsbildung und der damit verbundene Notwendigkeit unablässiger Verwandlung interpretiert." (Weymann 2004,192; Hvbg. Weymann)

Die grundlegenden, sich einander widersprechenden und gleichzeitig sich ergänzenden Tendenzen von Identität und Verwandlung können nur im Rahmen der Polarität gesehen werden. Das heißt, sie müssen in einem Ergänzungsverhältnis stehen und dürfen sich nicht im Sinne einer Gegensatzbildung ausschließen. „Im konkreten Lebensvollzug ist keiner ohne den anderen denkbar (es sei denn annäherungsweise in *pathologischen* Formenbildungen, so etwa dem Versuch, Verwandlungstendenzen durch Zwangssymptome abzuwehren). Identitätsbildung gibt es nicht ohne die Veränderung und Flexibilität, Wandel und Entwicklung nicht ohne den Rückgriff auf stabilisierende Strukturen [...]." (Weymann 2004, 192) Die Beweglichkeit und die Notwendigkeit andauernder Entscheidungen über den nächsten Schritt sind Eigenschaften, die es der Improvisation ermöglichen, zwischen Gegensätzlichem zu vermitteln, Polaritäten in Austausch zu bringen. „Die Polaritäten [...] verdeutlichen sich erst dann, und zwar als *Spannung*, wenn sie miteinander ‚ins Spiel gebracht' werden." (Weymann 2004,18)

Der Austausch zwischen zwei unterschiedlichen Qualitäten ermöglicht damit auch gleichzeitig das Aufscheinen der Extreme, d.h. die Qualität des einzelnen Pols wird prägnanter in der Begegnung mit seinem Gegenpol, Struktur verdeutlicht sich in der Gegenüberstellung zum Fließen, Form konturiert sich gegenüber der Tendenz zur Auflösung; das gesamte Geschehen wird spannungsreicher und spannungsfähiger. Im Zusammenspiel der einzelnen Qualitäten wird also erst die Unterschiedlichkeit deutlich. Der Zwischenraum, oder genauer gesagt, die *Bewegung im Zwischenraum* macht die Pole kenntlich, von denen wiederum die Bewegung abhängig ist.

In der Arbeit über „Die Bedeutung des Phrasierens in Improvisationen der Musiktherapie" (Hoffmann 2002) geht es dem Autor darum, „Zusammenhänge zwischen Gestaltungsphänomenen der improvisierten Musik und einer folgenden Bewertung und Interpretation deutlich zu machen, Zusammenhänge zu verdeutlichen zwischen den materialen Gegebenheiten und dem (subjektiven) Verständnis dieser Gegebenheiten." (Hoffmann 2002, 156) Die musikalische Phrase wird dabei als Element angesehen, an dem Sinngliederungen deutlich werden. „Die [im Verlauf der Behandlung] wachsende Fähigkeit, unterschiedlich phrasieren zu können, wird aus der Sicht des begleitenden Therapeuten als wachsender Freiheitsraum in den Handlungs-, Wahrnehmungs- und Erlebnismöglichkeiten des Patienten erlebt." (Hoffmann 2002, 267; Einfügung M.D.) Hoffmann stellt zwei Wege der Erforschung der „Qualitäten des Materials" nebeneinander; er unternimmt eine Ableitung aus der „Analyse und Beschreibung musikalischer Qualitäten", Gesetzmäßigkeiten wie „Spannung und Entspannung, Stauungs- und Lösungsqualitäten u. ä.". Dabei wird ein Spannungsverhältnis gesehen zwischen der „Eigengesetzlichkeit" der musikalischen Phänomene und persönlich geprägten Anschauungen des Betrachters. Daneben geht es um eine Beschreibung des *Wie* der improvisierten Musik „durch eine Schilderung des eigenen ‚Erlebens' der gemeinsam gespielten Musik durch den Therapeuten". (Hoffmann 2002, 158)

Obwohl vom Konstrukt einer „Musik an sich" die Rede ist (Hoffmann 2002, 157) und Notentranskriptionen der Improvisationen eine objektivierende Quelle der Auslegung sind, betont auch Hoffmann die Relativierung des musikalischen Materials durch die aktuelle Beziehungssituation und die Kontextgebundenheit musikalischer Zeichen. „Die Gliederung musikalischer Zeit, Zeitgestaltung und Zeiterleben in der Musik auf einen einheitlichen Begriff zu bringen, ist nicht nur angesichts der Komplexität der Zusammenhänge, sondern auch angesichts der vielfältigen künstlerischen Umsetzungen unmöglich. Es gibt keine die verschiedenen Epochen überdauernde Gültigkeit von Gliederungsweisen in der Musik, außer der Tatsache, dass sie je in spezifischer Weise organisiert und gegliedert wird." (Hoffmann 2002, 86) Die Beschreibung und Bewertung der Phrasierungsstrukturen bezieht sich auch hier auf ein Geschehen, das als Niederschlag eines „gegenseitigen Beziehungsgeschehens" erscheint, in einem „ständig plastizierten Begegnungsfeld". Das musikalische Material entfaltet seine Bedeutung in der Situation: „Der *strukturelle* Aspekt von Sinngliederung" sei zwar im Spiel der einzelnen Person zu erfassen, „seine *Bedeutung*, sein *Sinn*" könne aber „nur unter Einbezug des gemeinsamen Spielkontextes" verstanden werden. (Hoffmann 2002, 159; Hvbg. Hoffmann) „Die Ebenen einer grundsätzlichen Eigenschaft der Musik und die der konkreten Erfahrung durch eine bestimmte Musik im jeweiligen kulturellen Kontext sind in der Betrachtung auseinander zu halten." (Hoffmann 2002, 86)

Neben den Festlegungen, die das musikalische Material bestimmen, betont Tüpker die „‚leichte' Beeinflussbarkeit und Plastizierbarkeit" des Mediums (Tüpker 2007, 28). So „erlaubt die Musik eben auch – wenn es nicht um eine künstlerisch-ästhetische Gestaltung geht – Wiederholung und Redundanz, ohne dass sie dadurch *als Musik* zerstört oder sinnlos würde. Dadurch ist dem Seelischen die Zerdehnung des ‚Wenigen' möglich, ohne dass die Ausdrucksbildung und die Kommunikation abreißen." (Tüpker 2007, 29; Hvbg. Tüpker)

Dass es auch darum gehen kann, einen Zugang zum musikalischen Material und den darin liegenden Erlebensformen zu vermitteln, widerspricht dabei nicht einer therapeutischen Intention. „Die konkrete musikalische Arbeit erweist sich hier als Möglichkeit, direkt an diesem Mangel seelischer Ausdrucksmöglichkeiten zu arbeiten: Das Seelische gewinnt an Spielraum und kann beginnen sich auszubreiten, wenn wir es ausrüsten mit den Möglichkeiten von laut und leise, langsam und schnell, strukturierend und auflösend und anderen grundlegenden Polaritäten, die darauf verweisen, daß es eine Zwei gibt und daß zwischen diesen zwei Polen ein Dazwischen, ein Raum entsteht, der erfüllt werden kann als Steigerung, Kontrast, Entwicklung." (Tüpker 1996, 245)

Hegi beschreibt die Wirksamkeiten der Improvisation in der Musiktherapie vor allem unter dem Aspekt der „Übergänge" zwischen Sprache und Musik (Hegi 1998). Übergänge werden dabei aber auch in einem weiteren Sinne als kennzeichnend angesehen für eine therapeutische Arbeit, die aus den Wechselwirkungen lebt zwischen der Musik und dem Menschen, der sie hört oder spielt. Therapeutische Wirkung ergibt sich demnach also aus einem Beziehungsgefüge, das sich zwischen Musik und Mensch entfaltet (Hegi 1998, 19).

Hegi geht von verschiedenen Materialbereichen mit je charakteristischer Wirksamkeit aus, die er als *Komponenten* bezeichnet. Er unterscheidet Klang, Rhythmus, Melodie, Dynamik und Form. Der Begriff der Komponente betont dabei eine doppelte Eigenschaft jedes dieser Bereiche. Er bezeichnet einerseits „das Verhältnis des Teils zum Ganzen und des Ganzen zum Teil". Andererseits können die Komponenten „jeder für sich, selbständig wirkende musikalische Qualitäten sein, und tragen dennoch immer alle anderen Komponenten-Qualitäten in sich. […] Sie haben ein musikalisches Eigenleben und gleichzeitig die Tendenz, wieder Eins zu werden, die Ganzheit der Musik wieder herzustellen." (Hegi 1998, 45) Diese doppelte Eigenschaft zu benennen ist ihm deshalb wichtig, weil damit der Gefahr begegnet wird, aus dem Bedürfnis, einzelne Strukturbestandteile möglichst genau zu benennen, den Zusammenhang dieser Elemente aus dem Blick zu verlieren.

Mit den Komponenten beschreibt Hegi Eigenschaften des musikalischen Materials. Um darzustellen, wie sich in der Improvisation die Beziehungen der Spieler organisieren, verwendet er ein Modell aus der Integrativen Therapie, das der Kontaktmuster (Hegi 1998, 54 f). Die Kontaktmuster, die einem Menschen zur Verfügung stehen, werden dabei als internalisierte Kontakterfahrungen in ihrer individuellen Ausprägung angesehen. „Die Kontaktmuster sind biographische Selbst-Gestaltungen der erfahrenen Kontaktprozesse." (Hegi 1998, 33) Aus dem Zusammenhang von musikalischen Materialaspekten (den Komponenten) und dem erkennbar werdenden Kontaktmuster ergibt sich die Bedeutung für den therapeutischen Prozess.

Ein anderer Aspekt der Zuordnung von verwendetem musikalischen Material zur seelischen Strukturierung findet sich bei Langenberg (1988): Sie konstatiert „bei früher gestörten Patienten oder immer dann, wenn sich die musiktherapeutische Situation mit der früheren Entwicklungsstufe beschäftigte, eine deutliche Tendenz zu Rhythmus und Puls hin als einer Art Urform der Sicherheit. Im weiteren schien Entwicklung von Melodie und Ausnutzung der tonalen Spannungsmöglichkeiten ein Indiz für reifere Zustände zu sein." (Langenberg 1988, 33)

Im Zusammenhang der Überlegungen, wie das musikalische Material mit dem Erleben verbunden ist, betont Weber, dass die Musik nicht Gefühle darstellt, dass also auch in die in der Therapie entstehende Musik nicht einfach ein Abbild der affektiven Situation des Patienten sein kann (Weber 1996). „Das Seelische spricht nicht durch die Musik, sondern in der musikalischen Form gestaltet sich das Seelische selbst." (Weber 1996,143)

Diese Gestaltung geht dabei mit einer zwar freien, aber nicht beliebigen Verwendung der musikalischen Möglichkeiten einher. Welche Bedeutung der jeweiligen Spielweise zugemessen wird, ist ebenso unterschiedlich wie begrenzt. Nicht die Musik hat einen bestimmten affektiven Gehalt, sondern die Struktur der Musik bewirkt beim Hörer oder Spieler eine bestimmte Mitbewegung. „Die Wirkung der Musik [...] ist also stets die Transposition ihrer formalen Struktur durch den Hörer in konkrete, jedoch völlig subjektive Bilder und erst diese Bilder sind mit bestimmten Gefühlen verknüpft. Daher ist ihre Wirkung auch nicht vorhersehbar, denn dieselbe Musik kann bei den verschiedenen Hörern ganz *unterschiedliche Bilder* evozieren, *die sich* zwar *in der Dynamik ihrer Struktur gleichen,* auf die der Einzelne aber gefühlsmäßig ganz unterschiedlich reagiert." (Weber 1996, 142; Hvbg. M.D.)

Im Sinne eines hermeneutischen Zirkels bildet sich also im Rahmen verschiedener Untersuchungen und quer durch die verschiedenen Ansätze ein Gefüge von Beobachtungsrichtungen und verwendeter Begrifflichkeit, mit dem versucht wird, den Zusammenhang von Phänomen und Bedeutung möglichst präzise fassen zu können.[7]

Überschaut man kursorisch Fallbeschreibungen in der musiktherapeutischen Literatur und achtet auf die verwendete Begrifflichkeit im Hinblick auf diesen Zusammenhang, so fällt auf, dass die Bilder und Begriffe dann präziser verwendet werden, wenn sie sich auf eine ausformulierte Systematik beziehen, die als Grundlage der Beobachtung dient.[8]

Bei einigen Texten kann man feststellen, dass eigentlich gar nichts Genaues über die Musik selbst ausgesagt wird. Gefühlsqualitäten werden benannt, dann werden die Instrumente aufgezählt, auf deren Verwendung der Gefühlseindruck zurückzuführen ist. Die musikalischen Mittel im eigentlichen Sinne dagegen werden oft nicht näher bezeichnet. Anzumerken ist allerdings, dass auch eine unsystematische Darstellung ihren Zweck oft erstaunlich gut erfüllt. Im Hin und Her zwischen der Erwähnung musikalischer Details und den Analogien im Erleben, kann zumal der sachkundige Leser sich durchaus ein Bild von der Situation machen, auch wenn ihm keine nachvollziehbaren Begründungen für den Zusammenhang von Musik und Empfinden präsentiert werden.

Die richtigen Worte für die Musik zu finden, stellt sich als Aufgabe zudem bereits in der Interaktion mit dem Patienten. Auch dies geschieht vor allem mithilfe der „*Analogiebildung* zwischen den musikalischen Phänomenen auf der einen Seite und dem Zustand des Patienten, seiner Befindlichkeit und inneren Verfasstheit, seinem Blick auf die Biographie und auf seine Beziehungen zur Umwelt [...]." (Gaertner 2006, 152; Hvbg. Gaertner) Auf die Verwendung von Analogien werden wir in der genannten Aufgabe mit gutem Grund nicht verzichten können. Die Frage bleibt allerdings, wieweit sich Analogien auf eine nachvollziehbare Kategorisierung des Erlebens und der Beschreibung stützen können.

Die zuvor erwähnten Fragen zum ‚Verstehen' der Musik sind in der musiktherapeutischen Diskussion nach wie vor von Interesse.[9] Die Überlegun-

---

[7] Vgl. Frohne Hagemann (1999): „Zur Hermeneutik musiktherapeutischer Prozesse".

[8] Eine umfassende Untersuchung zum Zusammenhang von verwendeter Begrifflichkeit und Verständnis der musikalischen Interaktionen wäre ein interessantes, gesondertes Projekt.

[9] Vgl. Kap. 2.2.1 Musik und Sprache – künstlerisches Medium und begriffliche Erfassung (S. 38)

gen zum Zusammenhang von Material und Bedeutung, zu den Merkmalen der verwendeten Begrifflichkeit und zur Charakterisierung der Stofflichkeit der Musik in Abgrenzung zu den Einflüssen von Situation, Beziehung und kultureller Determinierung berühren zudem Grundsatzfragen, die für jedes Anwendungsgebiet der Musiktherapie von Belang sind.

3. Entwicklung der Systematik Herkommen und Ableitungen

Sie müssen sich die Verwendung wie die Übersetzung dieser Symbole nicht ganz einfach vorstellen. Es kommt dabei allerlei vor, was unserer Erwartung widerspricht.
Sigmund Freud

Stark fühlt sich, wer die Bilder findet, die seine Erfahrung braucht.
Elias Canetti

Die Notwendigkeit, eine Begrifflichkeit zur Verfügung zu haben, die der Improvisation in ihrer Vielschichtigkeit entsprechen kann, wurde in den Kapiteln 2.2 und 2.2.1 bereits erläutert.[1] Erfahrungswissen und begriffliche Einordnung sollen in einem möglichst beweglichen Verhältnis der gegenseitigen Auslegung erfasst werden.

Die Entwicklung der Systematik hat ihre Wurzeln in einer zunächst vergleichsweise unsystematischen Beschäftigung mit der Improvisation, die mehr auf die Notwendigkeiten der therapeutischen Behandlung ausgerichtet war; die Musik hat darin zwar seit jeher eine zentrale Position inne, deren Wirkungszusammenhänge blieben aber gegenüber den psychologischen Kategorisierungen eher im Hintergrund. Hierin sieht sich der Autor in seiner eigenen Berufsbiographie durchaus in Übereinstimmung mit der Entwicklung der Profession insgesamt. Das in den vergangenen Jahrzehnten wachsende Bedürfnis, musiktherapeutisches Handeln zu begründen und auf bestehende Metatheorien zu beziehen, diese für die Musiktherapie zu adaptieren oder spezifische Systematisierungen zu entwerfen, bildet den Hintergrund auch der vorliegenden Arbeit.

In der Ausarbeitung einer geeigneten Systematik erhielt die gedankliche Vorstellung der Polarität zunehmend eine zentrale Position, da in der Polarität Bedingungsgefüge unterschiedlicher Wirkungen beschreibbar werden, ohne dass deren Zusammenhang dabei verloren geht. Der Begriff der Polarität verknüpft zudem die verschiedenen gedanklichen Bezüge, auf

[1] Kap. 2.2, Benennen und Erkennen; Kap. 2.2.1, Bedeutung einer phänomen-adäquaten Begrifflichkcit

die sich die Systematik der Polaritätsverhältnisse stützt. Als eine wichtige Linie zeigt sich dabei die Verbindung zwischen der Morphologischen Psychologie Wilhelm Salbers und den Auffassungen Goethes in seinen wissenschaftlichen Entwürfen, auf die sich die Morphologische Psychologie bezieht. Goethe erweitert den Begriff der ‚Gestalt' um den Aspekt der Veränderung. Der Formen*bildung* stellt dementsprechend die Morphologische Psychologie die Form*veränderung* gegenüber, beide sind in Sinne einer polaren Ergänzung aufeinander bezogen.[2]

In den folgenden Kapiteln werden nun die gedanklichen Verbindungen und Ableitungen eingehender erörtert. Grundlegende Gedanken zur Polarität finden sich bei Jean Gebser (Kap. 3.1); die Bezüge zur Morphologischen Psychologie Wilhelm Salbers werden in Kapitel 3.2 umrissen. Zum Verhältnis von künstlerischen Produktionen und sprachlicher Erfassung ihrer Bedeutung wird ein Bezug zu Susanne K. Langer hergestellt (Kap. 3.3). Im Kapitel 3.4 wird die Perspektive auf das Wahrnehmen und Denken in Polaritäten vergrößert: weitere Quellen und Anwendungen einer polaren Auffassung des Lebendigen werden geschildert.

[2] Vgl. Tüpker 1996, 31 f; Weymann 1996, 220

3.1 Herkommen und Ableitungen Jean Gebser: Polarität und Gegensatz

Auch das Geringste unter den Mitteln ist ausreichend, um einen Unterschied zu bewirken.
Arvo Pärt

Polarität ist Ergänzung und ahnt noch um das Ganze.
Jean Gebser

Wenn wir uns an der Auffassung der Polarität orientieren, die der Kulturphilosoph Jean Gebser vertritt, so müssen wir eine Unterscheidung zwischen den Begriffen *Gegensatz* und *Polarität* vornehmen. Im allgemeinen Sprachgebrauch werden die beiden Begriffe gewöhnlich als Synonyme verwendet. Wir sprechen davon, dass jemand ‚polarisiert' und meinen damit, dass die Gegensätzlichkeit und Unvereinbarkeit verschiedener Positionen zugespitzt werden.

Im Zusammenhang der Überlegungen zur Strukturierung der Improvisation ist es jedoch sinnvoll, die Begriffe Polarität und Gegensatz inhaltlich zu unterscheiden. Gebser leitet aus der begrifflichen Differenzierung von Polarität und Gegensatz eine grundsätzlich unterschiedliche Sichtweise des menschlichen Seins und Erlebens ab. In der Polarität ist für Gebser „die lebendige Konstellation des Sich-Ergänzenden, des Sich-Entsprechenden, des Einander-Bedingens [gegeben]. Polarität ist Ergänzung und ahnt noch um das Ganze." (Gebser 1977, 126)

Im Gegensatz (oder synonym: in der Dualität) dagegen sieht Gebser „einander ausschließende und einander bekämpfende Größen. [...] Dualität rechnet nur mit Teilen." (Gebser 1977, 47) In der Polarität ist das Verhältnis von ‚sowohl - als auch' bestimmend. Im Gegensatz gilt ein striktes ‚entweder - oder'; ein drittes Element gibt es hier nicht. Als Merkmal einer Kultur der Zerrissenheit beklagt Gebser die Gleichsetzung von Dualität und Polarität, die „uns die Spaltung unseres Denkens und unseres Bewusstseins sowie die Zerschneidung und Zerstückelung unserer Wirklichkeit beschert hat." (Gebser 1977, 126) Im Gegensatz wird die Spannung vor allem als

Merkmal eines Konflikts wirksam, während in der Polarität die Spannung Ursache einer Austauschbewegung zwischen den Polen ist[1]

Verbindend und vermittelnd wirkt sich in der Polarität dagegen die Bewegung zwischen den Polen aus; „das Dritte" ist die Bewegung im Austausch der unterschiedlichen Eigenschaften der Pole; dieser Austausch führt zu Gestaltverwandlungen. Die folgende Abbildung kann dies verdeutlichen.

Abb. 2: Gegensatz und Polarität

> Die Abbildung links illustriert (im oben ausgeführten Sinne) den Unterschied von Hell und Dunkel als einen *Gegensatz*.
> Im Bild rechts von M.C. Escher[2] dagegen erscheint die Unterschiedlichkeit von Hell und Dunkel als *Polarität* im Sinne des „Einander-Bedingens", als Ergänzung und Entsprechung. Wie in der Improvisation führt auch im Bild der Austausch der Pole zu einer Gestaltverwandlung. Im Ineinandergreifen der hellen und dunklen Formen hebt sich die neue Gestalt ab.

In der psychotherapeutischen Behandlung begegnen wir seelischen Formenbildungen, in denen die Pathologie unter anderem darin zu

---

[1] So wie es auch beim Wetter ist: Aus dem Aufeinandertreffen unterschiedlich warmer Luftschichten entsteht eine Luftbewegung. Der Wind sorgt für die weitere Veränderung und Belebung der klimatischen Verhältnisse.

[2] Holzschnitt (1938) von M.C. Escher: „Sky and Water I" www.mcescher.com

erkennen ist, dass Spaltungen und Gegensatzbildungen bestehen, die mit einem hohen Aufwand seelischer Energie aufrechterhalten werden.

Widersprüchliche Bestrebungen im seelischen Geschehen, wie die Regulierung von Autonomie und Abhängigkeit, oder die Abstimmung von Distanz und Nähe lassen sich nicht im Muster der Gegensätzlichkeit, also nach dem Prinzip des ‚entweder - oder' bewältigen. Wird als unvereinbarer Gegensatz aufgefasst, was nur als Ergänzungsverhältnis lebbar ist, führt dies zu konflikthaften, unzulänglichen Lösungen. Problematische Verkehrungen in der Lebensmethode tauchen im Vermeiden, Gleichsetzen oder Abspalten der jeweils ergänzenden Tendenz auf. Diese Verkehrungen haben eine Entsprechung in der Art und Weise, in der der Patient das musikalische Material verwendet. Im Sinne dieser Überlegungen können wir die therapeutische Bemühung als den Versuch ansehen, dort Polarität zu ermöglichen, wo Gegensätzlichkeit besteht.[3]

Neben der Auffassung der Polarität, die in Gebsers Gedankenwelt eine wichtige Rolle spielt, haben noch andere Ideen Eingang in die musiktherapeutische Diskussion gefunden. Auf Gebsers Modell einer Entwicklungsgeschichte des Bewusstseins verweisen verschiedene Autoren in ihrer Begründung musiktherapeutischen Handelns. So stellt Decker-Voigt (2001) das Modell in einem seiner Beiträge des Bandes „Schulen der Musiktherapie" vor und bezieht sich darin u.a. auf eine Arbeit von Müller (2001), der die Gebser'schen Bewusstseinsstufen auf musiktherapeutische Methodik übertragen hat. Im Hinblick auf die musiktherapeutische Arbeit mit Psychosen entwirft Engelmann (2002) ein Modell, in dem er die Bewusstseinsstufen dem Phasenmodell von Stern (1998) gegenüberstellt, also phylogenetische und ontogenetische Perspektiven der Differenzierung von Bewusstseinstrukturen zu verbinden sucht; ähnlich verknüpft Timmermann (1993) „Bewußtseinsgeschichte und Musikerleben".

Auf Gebsers Bewusstseinsstufen (in der Adaptierung durch Enomiya-Lassalle, 1981) bezieht sich zudem eine eigene frühere Arbeit über die Improvisation.[4] Zwischen beiden Bereichen, dem Modell der Bewusstseinsentwicklung und der Polarität besteht in Gebsers Denken ein Zusammenhang: die Fähigkeit, Unterschiedlichkeiten als Polarität und nicht als Gegensatz zu aufzufassen, ist für Gebser ein Merkmal der von ihm als *integral* bezeichneten Bewusstseinsstufe (vgl. Gebser 1977, 52).

---

3 ...in Abwandlung des Diktums: *„Wo Es war, soll Ich werden"* – Sigmund Freuds sprichwörtlich gewordenem Motto der psychoanalytischen Behandlung.

4 Vgl. Deuter 1983

3.2 Herkommen und Ableitungen
Die Morphologische Psychologie Wilhelm Salbers

Das traumhaft-unruhige Seelenleben sucht Gestalt zu werden
und zugleich wieder in Verwandlung zu geraten.
Wilhelm Salber

Psychologische Morphologie vollzieht sich mit einem
Staunen, oft mit einem Lächeln über die
Kunststücke seelischer Selbstbehandlung.
Linde Salber

Die Systematik der Polaritätsverhältnisse, die in der vorliegenden Arbeit dargestellt wird, verdankt ihre Entwicklung den langjährigen Erfahrungen in der musiktherapeutischen klinischen Tätigkeit und der intensiven Beschäftigung mit der Morphologischen Psychologie Salbers. Aus dem Behandlungsalltag erwächst das nie vollständig zu befriedigende Bedürfnis nach theoretischen Begründungen der musiktherapeutischen Interventionen. Die meisten Musiktherapeutinnen und Musiktherapeuten verwenden Begründungen und Bezugsmodelle aus einem Konglomerat verschiedener psychologisch-therapeutischer Methoden. Dabei bleiben, selbst bei guter theoretischer psychotherapeutische Fundierung, die wirklich wichtigen Merkmale der ‚musikalischen Beziehungsgestaltung' schwer zu erfassen und zu verstehen.

Bei der Suche nach einer theoretischen Begründung ihrer Handlungsformen kommt der Musiktherapie nun eine Denkweise sehr entgegen, die in ihren Paradigmen die Beweglichkeit musikalischer Gestaltungen erfassen kann; dies, weil sie das Prinzip der Beweglichkeit in der Beobachtung als Voraussetzung ansieht, um dem Bewegungscharakter seelischer Prozesse gerecht zu werden. In der Morphologischen Psychologie wird „das Psychische […] als Produktion aufgefasst, die sich in jedem Moment im Umgang mit der Wirklichkeit bildet und umbildet." (Weymann 1996, 221)

Aus der Beweglichkeit der Phänomene, d.h. der seelischen Strukturierungen und den musikalischen Formenbildungen, ergibt sich die Notwendigkeit eines ebenso beweglichen Beobachtungsinstrumentariums. In der Begrifflichkeit der Morphologie findet sich ein solches Instrumentarium.

Weitere, spezifische Elemente, die einer ‚musikalischen' Auffassung der Wirklichkeit entgegenkommen, kommen noch hinzu: Die morphologische Psychologie geht von einer Analogie zwischen künstlerischen und seelischen Strukturierungen aus. Diese Analogie stellt sich nun für die Musiktherapie und ihre Bemühung um die Entwicklung eines Theorieansatzes als ein geeigneter Denkansatz heraus. „Der Umgang mit Kunst wurde zum Prototyp für allgemeine psychologische Entwicklungsformen etwa im Alltag oder auch in therapeutischen Behandlungen." (Weymann 1996, 222)

Die Mittel der Kunstbetrachtung eignen sich also dazu, seelische Prozesse mitzuerleben und zu beschreiben. Damit ist die Musik als Kunstform im therapeutischen Zusammenhang nicht nur eine vorgeschaltete Kommunikationsweise, die im weiteren Verlauf des Verstehens einer nichtkünstlerischen Betrachtungsweise Platz machen muss; sie ist vielmehr als Erlebens- und Beobachtungsweise geeignet, den seelischen Phänomenen so nahe zu kommen, wie es eine psychologische Behandlungsform erfordert. Die Annahme einer Analogie zwischen Kunst und Psyche ist nicht allein in den Therapiemethoden von Belang, die sich explizit einer künstlerischen Ausdrucksform bedienen. Die Morphologische Psychologie steht allgemein für diese Sichtweise, und auch in der Musiktherapie beschränkt sich „kunstanaloges Vorgehen keineswegs auf den Umgang mit dem musikalischen Medium." (Weymann 1996, 222) Zusammenhänge zur Lebensgeschichte, zur Symptomatik, zum alltäglichen Umgang mit der Wirklichkeit werden ebenfalls unter dem Gesichtspunkt der Entfaltungsmöglichkeiten, der Formbildung und der Gestaltverwandlung angesehen, wie wir sie in künstlerischen Prozessen erkennen können.

„In der Kunst [werden] Privatheit und Allgemeines erneuernd miteinander vermittelt: erst gebrochen, dann neu zusammengefügt und als ‚Problem' vor Augen geführt. So sehen wir, dass im ‚Einzelfall' auch zugleich ein allgemeines Problem aufkreuzt. Damit haben wir in der Kunst Vorbilder, Vergleichsbilder und Entsprechungen (Analogien) zu den zu uns in Behandlung gelangenden ‚Krankheitsbildern'. Kunst zeigt uns die ‚neuen' Probleme, der ‚Fall' droht an solchen Problemen zu scheitern." (Grootaers 1994, 13)

In beiden Bereichen, in der Kunst und im Erleben der pathologischen Formenbildungen sind wir also mit einer besonderen Art und Weise von Problemstellungen und Lösungen bzw. Lösungsversuchen konfrontiert, die wir im Alltagsverständnis der Wirklichkeit gerne außer Acht lassen. In der Behandlung „sind wir interessiert an den Analogien zwischen den Methoden der Kunst und den Methoden musiktherapeutischer Behandlungen [...]. Die Vorgehensweisen der Kunst lehren uns, wie sich Behandlungswerke überhaupt modellieren lassen." (Grootaers 1994, 13)

Dazu heißt es bei Blothner: „In einem kunstanalogen Prozess verrücken wir die Festlegungen, zerlegen wir seine Selbstverständlichkeiten. Wir bringen es in eine Krise, spitzen seine Konflikte zu und lassen es einen revoltierenden Ruck erfahren. [...] Das Seelische ist eine Verwandlungswirklichkeit, die dazu neigt, sich in bestimmten Verwandlungen festzusetzen. In der Psychotherapie geht es darum, diese Stilllegungen wieder in Zirkulation zu bringen." (Blothner 1996, 113)

Kunstanaloge Behandlung und Alltagspsychologie

Neben der Analogie seelischer und künstlerischer Strukturierungen betont die Morphologische Psychologie einen Aspekt, der für die Musiktherapie modellhaft geworden ist: die Rede ist von den Verbindungen und Bezügen, die zwischen den Alltagserfahrungen der Menschen und den musikalischen Ausdrucksmitteln bestehen.

Für die Morphologische Psychologie sind die Alltagsformen, die unser Leben bestimmen und in denen wir uns bewegen, der eigentliche Schauplatz seelischer Ereignisse. „Der Alltag ist das Seelische: was wir wirklich tagtäglich leben, erleben, tun und leiden. Er ist zugleich das Unbekannte, das Ausgeblendete, das unter Vorurteilen und Erzählungen Verdeckte." (Salber 1989, 11) Seelische Bedingungen, seelisch Bedeutsames begegnet uns nach dieser Auffassung also nicht erst in Träumen und Phantasien, in der weltabgewandten Seite unseres Erlebens, sondern in den scheinbar banalen Geschehnissen unser Alltagswirklichkeit, in denen sich das eigentliche Abenteuer unser Existenz abspielt.

„Der Alltag des Seelischen ist seltsam, komisch, grotesk, paradox, unheimlich. Er ist von Träumen und Träumereien bestimmt – aber die sind nicht ‚innen', sie sind Wirklichkeit in Bewegung. Die Welt im kleinen, der Alltag, ist ein Riesenbetrieb, eine ungeheure Maschinerie, die sich zwischen ‚gemeinem' Material und kunstvollen Gestaltungen ausspannt. Dem Alltag ist kein Extrem fremd, er ist das Ganze und all die Probleme mit sich, die den Paradoxien dieses Ganzen entspringen." (Salber 1989, 13)

Die abgegrenzten, überschaubaren Formen der Alltagsgeschehnisse vergleicht Salber mit Erlebensbereichen, die wohl die denkbar größte Dramatik menschlicher Erfahrungen bezeichnen: er sieht den Alltag als Odyssee, oder den Alltag als „Völkerwanderung" (Salber 1989, 24). Hier ist nicht mehr nur der Einzelne unterwegs und befindet sich in wechselnder Entfernung zu den bekannten Orten der Heimat, sondern es ist das Heimatliche und Bekannte selbst, das in Bewegung gerät, das auf die Reise geschickt wird, sich neue Kultivierungsmöglichkeiten und haltgebende Begrenzungen suchen muss und sich in neuen Umgebungen zurechtfinden muss.

„Wo sind die Züge dieser Völkerwanderung in unserem Alltag aufzufinden? Wo leben die Aufbrüche, die Explosionen, die Gestaltungszwänge heute? Wo wird Troja verteidigt? Wo haben wir unsere Odyssee?“ (Salber 1989, 25) „Wie die Metamorphosen der Völkerwanderung entfaltet sich der Alltag des Seelischen; sie bieten eine Art Klassifikation für die Bewegungen des Alltags an: Erleiden, Vorentwerfen, Träumen, Aufbrechen, Herumfahren, Verweilen, Gezerrt-Werden, Getrieben-Werden, Aufnehmen, Ausscheiden, Durchhalten, Binden, Zerstören, Erzählen und Umerzählen, Abwehren.“ (Salber 1989, 24)

In diesen Bewegungen, die wir im Alltagserleben wiederfinden können, „zeigt sich eine Kultivierungsarbeit, die beim Umgang mit der Wirklichkeit entwickelt wird. Dadurch kommt es auch zu Reglementierungen, festen Ordnungen, Arbeitsteilungen, Modellbildungen. Aber es zeigt sich auch, dass das Seelische Geschmack findet am Hin und Her, dass es Interesse daran hat, eine Form zu gewinnen oder zu zerstören – es kann sich hineinsteigern in Abenteuer, Besessenheiten, sogar Ausbrüche, Explosionen; paradoxerweise kann es sogar einer Selbstvernichtung etwas abgewinnen.“ (Salber 1989, 24)

Es fällt auf, dass in der morphologischen Terminologie seelische Vorgänge oft in einer Weise bezeichnet werden, als habe man es mit einem eigenständigen Wesen zu tun, „das sich in ‚seiner‘ Wirklichkeit bewegt, diese herstellend und von dieser zugleich geprägt“. (Weymann 1996, 221) So wird oft der Terminus „das Seelische“ verwendet, wenn die Gesamtheit der seelischen Strukturierungen und ihre Bedingungen gemeint sind.

Für die Musiktherapie haben diese Betrachtungsansätze einen praktischen Wert, der an dieser Stelle näher erläutert werden soll. In der gemeinsamen Bemühung von Therapeut und Patient, die Gestaltungen der Improvisation zu verstehen, hat es sich meiner Erfahrung nach als nützlich herausgestellt, von der Musik so zu sprechen, als sei sie ein eigenständiges Gegenüber und nicht identisch mit dem einzelnen Spieler, sei es der Patient oder der Therapeut. So werden Entwicklungstendenzen und -bedürfnisse benennbar, die, zunächst „der Musik“ zugeschrieben, nicht in der Dialektik einer Beziehungskonstellation ihre Begründung finden müssen. Der Patient muss weder die Aggressivität eines bestimmten Klangs oder einer musikalischen Figur als seinen eigenen Ausdruck verantworten, noch muss er eben diese Gefühlsqualität mit dem Bild des Therapeuten in Einklang bringen. Es ist „die Musik“, es war die Trommel, der die Intensität des Erlebens zugeschrieben werden kann, bevor im Verlauf eines längeren Prozesses Anteile der jeweiligen Ausdrucksqualität in das eigene Selbstbild integriert werden.

Ein anderer Aspekt der Alltagsbedingtheit seelischer Strukturierungen kommt uns zugute, wenn wir den musikalisch ungeübten Patienten dazu bewegen wollen, sich auf das Spiel mit Musikinstrumenten einzulassen. Es hat sich bewährt, hier auf die bestehenden Erfahrungen im Umgang mit den Dingen und Gegenständen im Alltag hinzuweisen, und zu betonen, dass die Handhabung der Musikinstrumente so unterschiedlich gar nicht ist. Die Geschicklichkeit und Unterscheidungsfähigkeiten im Hantieren mit Küchengeräten, mit Schreibzeug oder Kleidung, die Feinabstimmungen zwischen Wahrnehmung und Handlung beim Geschirrspülen, beim Autofahren und Spazierengehen, die Empfindsamkeit und das Bedeutungserleben bei Berührungen fremder und eigener Haut – von diesen und ähnlichen Fähigkeiten gehen wir aus und wenden sie für einmal nicht auf die gewohnten Alltagsgegenstände an, sondern auf ein Musikinstrument. Dabei werden in der Auseinandersetzung mit einem Musikinstrument ähnliche Erfahrungen möglich, wie sie eben auch in den Alltagshandlungen enthalten sind: wir werden verlockt, die Erwartungen bestätigen sich oder werden enttäuscht, das Instrument fügt sich dem Vorhaben oder stellt sich ihm entgegen, daraus wiederum ergeben sich Entwicklungsanreize oder es erfolgt ein Wechsel zu einem anderen Instrument und der Kreis kommt aufs Neue in Gang.

In Texten der Morphologischen Psychologie tauchen im Zusammenhang mit dem seelischen Geschehen Begriffe auf, die befremdlich wirken können, wenn man diese Benennung nicht gewohnt ist: es ist von seelischen „Produktionen" die Rede und von der „Konstruktion" seelischer Verhältnisse. Der unterschiedlichen Konnotation der Begriffe scheint sich auch Salber bewusst zu sein, schreibt er doch im Vorwort zur zweiten Auflage des Bandes „Psychologische Behandlung": „[...] in der Psychologie wird Konstruktion mit Scheu behandelt – als sei das ein zu hartes Wort für eine Seelenflora. Konstruktion meint, das Seelische bilde seine eigene Wirkungswelt aus, und diese ganze lasse sich analysieren: auf Produktionszusammenhänge hin, in denen Seelisches sich behandelt und verwandelt." (Salber 2001, 7)

In der Analogie von Kunst, Psychologie und Behandlung werden uns beide Begriffe nicht allzu deplatziert vorkommen, da wir im Zusammenhang der Kunst durchaus von *Produktionen* zu sprechen gewohnt sind; und auch die Beschäftigung mit der *Konstruktion* eines Kunstwerkes steht nicht im Widerspruch zur möglichen Zartheit und Unbestimmtheit seines Ausdrucks. Der Konstruktionsbegriff, der auf Freud und Lorenzer zurückgeht[1], verhilft uns zudem dazu, vom einzelnen Phänomen auf eine grundlegende

[1] Vgl. Freud (1982), Lorenzer (1973)

Struktur zu schließen. Angewendet auf die Improvisation bedeutet dies, dass wir in den musikalischen Produktionen Strukturähnlichkeiten zu einer Lebensmethode des Patienten aufzufinden und zu verstehen suchen.

Die Systematik der Polaritätsverhältnisse bezieht sich auf ein gedankliches Modell der Morphologischen Psychologie, das der „Gestaltfaktoren" (Salber 1969, 64 ff). In der Darstellung der Polaritätsverhältnisse werden die Gestaltfaktoren auf die musikalische Improvisation anwendbar. Mit den „Gestaltfaktoren" benennt Salber einzelne, unterscheidbare Wirkungstendenzen (Faktoren), die zur Ausbildung von seelischen Gestalten und deren Veränderung ursächlich sind. „Gestalt und Verwandlung als Bedingung und ‚Ursache' seelischen Geschehens ist nach Salber von sechs Faktoren her organisiert und bestimmt." (Tüpker 1996, 50)

Der separierenden Benennung der einzelnen Elemente steht dabei eine Sichtweise gegenüber, mit der das Zusammenspiel der Einzelheiten erfasst werden kann. Es ist ein System des Denkens in Polaritäten. „Unterscheiden" und „Verbinden" im Sinne des Goethe'schen Satzes sind dabei zwei aufeinander bezogene und sich ergänzende Bewegungen.[2]

Man kann es als ein besonderes Merkmal der Morphologischen Psychologie ansehen, dass es bei ihr nicht, wie in andere Typologien, allein um die Beschreibung des einzelnen Typus geht, sondern dass es ein gleichwertiges Anliegen ist, die Zusammenwirkung der Typen zu beschreiben.[3]

Die Morphologie bekommt dadurch nicht nur Verkehrungen in den Blick, wie sie andere Psychologien benennen, wenn sie von der Abwehr eines Gefühls durch ein anderes sprechen und dessen Integration als Erfolg therapeutischer Bemühung ansehen. Wird z.B. hinter einer Traurigkeit die abgewehrte Wut aufgespürt, so sagt das noch nichts über das eigentliche Verhältnis der Gefühle zueinander aus. Es kann ja nicht Ziel der Behandlung sein, Traurigkeit in Wut zu verwandeln; ein sinnvolles Behandlungsziel wäre vielmehr die Wiederherstellung der Beweglichkeit zwischen verschiedenen Gefühlen, die Fähigkeit, unterschiedliche, auch widersprüchliche Gefühlslagen miteinander in Verbindung zu bringen und nicht in Einseitigkeiten und Ausschließlichkeiten fixiert zu bleiben. In der Perspektive der Morphologischen Psychologie wird also nicht nur zurechtgerückt, was verkehrt ist und vom ‚Kopf auf die Füße' gestellt; die Bewegung wird vielmehr weitergedacht, die Dimension des grundsätzlichen Austauschs von Formenbildungen und -veränderungen kommt hinzu.

---

[2] Auf eine detaillierte Darstellung der Gestaltfaktoren in der Nomenklatur von Salber soll hier verzichtet werden. Sie wurde von anderen Autoren bereits geleistet; hingewiesen sei vor allem auf Tüpker 1996, 50f; Tüpker 2001, 55 f; Weymann 1996, 220 f.

[3] Vgl. Kap. 4.6

Die Struktur der Salber'schen Gestaltfaktoren wird in der Systematik der Polaritätsverhältnisse auf die musikalische Improvisation angewendet. Wesentlich Salbers Modell ist, dass einzelne Elemente benannt werden (die Gestaltfaktoren) und dass dabei gleichzeitig ihr Zusammenwirken dargestellt wird. Damit gelingt es, zwei Schritte, die eigentlich gegensätzlich sind, (im Sinne der Polarität) in Zusammenhang zu halten: die Definition des einzelnen Elements bleibt in Verbindung zum gesamten Gefüge; darüber hinaus wird das Ganze als ein in Bewegung begriffenes Geschehen darstellbar.

Die ausführliche Darstellung der Systematik, in der sich Salbers Modell wiederfinden lässt, folgt in den Kapiteln 4 – 4.6.3.

3.3 Herkommen und Ableitungen Susanne K. Langer: Präsentative Symbole

Die Musik macht offenbar, wo Worte verdunkeln,
weil sie nicht nur ›einen‹ Inhalt haben kann, sondern
viele flüchtig ineinander spielende Inhalte zugleich.
Susanne K. Langer

Die Bedeutung eines Tons ist nicht
was er zeigt, sondern das Zeigen selbst.
Victor Zuckerkandl

Die Systematik der Polaritätsverhältnisse soll es ermöglichen, den Zusammenhang zwischen dem musikalischen Geschehen und der psychologischen Bedeutung in der Improvisation zu untersuchen. Dabei interessiert uns unter verschiedenen Aspekten die Frage, welche Eigenschaften der Musik im Behandlungszusammenhang relevant sind. Es geht um den Entwurf eines Musikbegriffes, der es erlaubt, die musikalische Gestaltung als *Ausdrucksform des Seelischen* und als Abbild einer *Beziehungssituation* zu begreifen.

Im Zusammenhang dieser Überlegungen hat die Arbeit von Susanne K. Langer „Philosophie auf neuem Wege“ mit dem Untertitel „Das Symbol im Denken, im Ritus und in der Kunst“ im musiktherapeutischen Diskurs einen festen Platz gefunden (Langer 1965). Langers Symbolbegriff, ihre Ausführungen zur Unterscheidung der präsentativen und der diskursiven Symbolik und nicht zuletzt ihre Reflexionen über den „Sinngehalt der Musik“ machen ihre Gedanken für die Formulierung eines musiktherapeutisch relevanten Musikbegriffes wertvoll.

Die Theorie von Langer beinhaltet eine umfassende Anschauung vom Wesen der Symbole. Langer geht in ihrer Symboltheorie davon aus, dass die Sprache nicht das einzige System ist, das der Symbolbildung offen steht. Sie legt dar, dass auch andere Wahrnehmungs- und Ausdruckssysteme der Symbolisierung dienen können, und zählt dazu Bilder, Rituale, Mythen, und die verschiedenen Kunstformen. In dieser Erweiterung ist die Vorstellung enthalten, dass diese Systeme in ihrer Darstellungsform, wie die Sprache auch, logische Strukturen aufweisen, wenn auch in Gesetzmäßigkeiten, die sich von denen der Sprache grundsätzlich unterscheiden.

Um die verschiedenen Arten der Symbolisierung zu erfassen, entwirft Langer die Unterscheidung von *diskursiven* und *präsentativen* Symbolen. „Die Grundbedeutung des Begriffs ‚diskursiv' ist die des Auseinanderziehens und Zerlegens eines komplexen Sachverhalts, so wie dies für die sprachliche Symbolisierung charakteristisch ist." (Lachmann 2006) Dies geschieht allerdings nur in einer Sprachform, die auf hohem Abstraktionsniveau, in der Mathematik, der Logik und in Wissenschaftssprachen verwendet wird. „Deshalb darf ‚diskursive Symbolisierung' nicht einfach mit ‚sprachlicher Symbolisierung' gleichgesetzt werden." (Lachmann 2006)

Zu den *diskursiven* Eigenschaften der Sprache rechnet Langer die Notwendigkeit der zeitlichen Abfolge ihrer dargestellten Elemente, die Notwendigkeit, „unsere Ideen nacheinander aufreihen zu müssen, obgleich die Gegenstände ineinander liegen; so wie Kleidungsstücke, die übereinander getragen werden, auf der Wäscheleine nebeneinander hängen." Demzufolge „können überhaupt nur solche Gedanken zur Sprache gebracht werden, die sich dieser besonderen Ordnung fügen; jede Idee, die sich zu dieser ‚Projektion' [in ein zeitliches Nacheinander (M.D.)] nicht eignet, ist unaussprechbar, mit Hilfe von Worten nicht mitteilbar." (Langer 1965, 88) Zur sprachlichen Form der Diskursivität gehört außerdem, dass sich die Sprache auf ein Vokabular und eine Syntax, also auf eine bestimmte Regel der möglichen Kombinationen stützt. Das Vokabular besteht aus „Wörtern mit festgelegten Bedeutungen. Aus ihnen lassen sich [...] zusammengesetzte Symbole mit daraus resultierenden neuen Bedeutungen konstruieren. [...] Dadurch wird es möglich, die Bedeutungen der einzelnen Grundwörter zu definieren, das heißt, ein Wörterbuch zu erstellen." (Langer 1865,100)

In *präsentativen* Symbolisierungen dagegen finden sich andere Ausdrucksmöglichkeiten. Sie gehen mit einer unmittelbaren „sinnlichen Anschaulichkeit, der wahrnehmbaren und konkreten Präsentation" einher. Ein ‚Wörterbuch' festgelegter Bedeutungen ist einem präsentativen System, wie es die Musik darstellt, nicht möglich; die einzelnen Elemente der Musik bedeuten je nach Zusammenhang etwas völlig anderes, bzw. sie haben je nach Zusammenhang eine andere Wirkung. Fassen wir den einzelnen Ton einer Melodie als ein solches Element auf, so wird deutlich, dass der Charakter der Melodie nicht vom einzelnen Ton und seiner Kombination mit anderen Tönen abhängt, sondern von der *Bewegung*, die zwischen den einzelnen Tönen entsteht und die in der Abfolge der entstehenden Intervalle hörbar wird. Die musikalischen Symbole beziehen sich auf Bewegungseindrücke. „In diesem Sinne können wir von Tönen in der Musik als *dynamischen Symbolen* sprechen." (Zuckerkandl 1963, 71; Hvbg. Zuckerkandl)

„Was die Töne musikalisch bedeuten, ist völlig eins mit ihnen, kann nur durch sie dargestellt werden, existiert nur in ihnen. Während also die Sprache, grob gesagt, eine fertige Welt von Dingen vorfindet, die sie mit Worten benennt, schaffen die Töne, was sie bedeuten, sich erst selbst." (Zuckerkandl 1963, 69) Das Ausgangsmaterial ist demnach in Sprache und Musik auch ganz unterschiedlich dimensioniert; so „...entspricht die Zahl der Worte, der kleinsten Bedeutungseinheit der Sprache, ungefähr der Zahl der Dinge: die Sprachen sind wortreich; während 12 Töne genügen, um alles zu sagen, was in unserer Musik je gesagt worden ist." (Zuckerkandl 1963, 69)

Liegt der Musik also keine „Welt von Dingen" zugrunde, die sie abbilden kann, so geht sie doch mit den *Analogien* der Spannungszustände um, wie sie in einem Intervall, einer rhythmischen Struktur oder einem größeren musikalischen Abschnitt anzutreffen sind, eben mit jenen Grundbeziehungen von Spannung und Entspannung, die nach Langer in ihren Bewegungsabläufen eine Übereinstimmung zwischen den Formen der Kunst und „der dazugehörigen psychischen Resonanz" enthalten. (Langer 1965, 224)

Besonderheiten der präsentativen Symbole beschreibt Langer am Beispiel des Bildes. Wie die Sprache, ist auch ein Bild aus unterschiedlichen Elementen zusammengesetzt, „die jeweils verschiedene Bestandteile des Gegenstandes darstellen; aber diese Elemente sind nicht Einheiten mit unabhängigen Bedeutungen. Die Licht- und Schattenflächen, aus denen ein Portrait, z.B. eine Photografie, besteht, haben an sich keine Bedeutung. Einer isolierten Betrachtung würden sie lediglich als Kleckse erscheinen." (Langer 1965, 101)

Im bildnerischen Bereich haben die einzelnen benennbaren Farb- und Formeigenschaften „keine feststehenden Eigenbedeutungen. Es gibt kein Vokabular von Bildelementen: ein schwunghafter Bogen, der in einem Bild eine Welle bedeutet, bedeutet in einem anderen Bild vielleicht ein Blatt. Was der Bogen bedeutet, hängt von seiner Situiertheit im Gesamtzusammenhang ab. Er hat keine davon unabhängige Bedeutung." (Lachmann 2006.) ‚Schwunghaft' als Attribut des Bogens allerdings könnte eine Zuordnung sein, die über den jeweiligen Zusammenhang hinaus eine Art feststehende Bedeutung beinhaltet – als eine Art idiomatischer Eigenschaft, die ein Bogen aufweisen kann. Daneben könnten auch andere Attribute zutreffen, so zum Beispiel *ruhig, klar, verschwommen* etc. In der Musik dürfte es sich ähnlich verhalten. Attribute wie *schroff, verklingend, plötzlich, hereinbrechend, allmählich etc.* sind einerseits offen, was ihre jeweilige Ausgestaltung im Material angeht, andererseits mit einer ganz bestimmten gefühlsmäßigen Konnotation verknüpft.

Durch das künstlerische Symbol wird unserem Verständnis ein Inhalt zugänglich, den wir uns ohne dieses Symbol nicht aneignen könnten. Kunst ist für Langer eine Form des Verstehens. „Vieles wird dadurch in den Bereich der Vernunft überführt, das die Tradition in den Bereich der Emotion oder in jene dämmrigen Tiefen des Geistes verwiesen hat, wo die ‚Intuitionen' ohne Vermittlung von Symbolen, ohne gehörigen Denkprozess entspringen sollen [...]." (Langer 1965, 104)

Einem gängigen Verständnis folgend, ergeben sich die Spielaktionen in der Improvisation hauptsächlich aus einer intuitiven Wahrnehmungseinstellung. Die Idee des präsentativen Symbols verhilft dagegen dazu, Intuition und Verstehen nicht als Widerspruch aufzufassen. Es ist lohnend, in den Gestaltbildungen einer Improvisation nach Formverhältnissen und Strukturierungsmerkmalen zu suchen, da sich das Musik-Erleben nicht auf ein bloß arationales Gewebe von Gefühlen stützt, die in der Musik abgebildet oder durch die Musik hervorgerufen werden. Wenn sich aber Strukturierungsmerkmale benennen lassen, dann lassen sich die in der Improvisation wirksamen Wahrnehmungseinstellungen und Haltungen auch *verstehen, vermitteln* und *einüben*.

Die Möglichkeiten der Sprache, Gefühle adäquat zu vermitteln, sieht Langer als begrenzt an. Sprache „vermag lediglich, gewisse vage und grob begriffene Zustände zu benennen, versagt aber bei jedem Versuch, das immer Wechselnde, Ambivalente, und äußerst Verwickelte der inneren Erfahrung, das Hin und Her von Gefühlen und Gedanken, Eindrücken, Erinnerungen und Nachklängen von Erinnerungen [...] zu vermitteln." (Langer 1965, 106) Solche Erlebensinhalte verweigern sich einem Äußerungsmittel, das, wie die Sprache, auf Folgerichtigkeit und klare Abgrenzung der Inhalte angewiesen ist. Die Musik kommt diesem Ausdrucksgehalt entgegen: „Es gibt [...] eine bestimmte Art von Symbolismus, die wie geschaffen ist zur Erklärung des ‚Unsagbaren', obgleich ihr die Haupttugend der Sprache, die Denotation des Unsagbaren abgeht. Der höchstentwickelte Typus einer solchen rein konnotativen Semantik ist die Musik." (Langer 1965, 107)

Langer geht davon aus, dass „es nicht einzelne Gefühle, etwa der Traurigkeit oder der Freude [sind], die in Kunstwerken symbolisiert werden, sondern ihre Formen und Dynamiken, die auch in unterschiedlichen Gefühlen identisch sein können. Sie bezeichnet den Gegenstand der Kunstwerke als „die Morphologie des Gefühls". „Kunst ist die Erzeugung von Formen, die menschliches Fühlen symbolisieren." (Langer, zit. nach Lachmann 2006)

Ähnlich beschreibt Grootaers den Zusammenhang zwischen der Musik und den Gefühlen, die sie hervorruft. Er betont, dass die Gefühle, die in der Improvisation auftauchen, nur ein Zwischenschritt sind. „Die Gefühle des Therapeuten im Zusammenspiel mit dem Patienten *verweisen* auf grundlegende Strukturierungsgeschehnisse in der Lebensmethode des Patienten. [...] Die Gefühle der Mitbewegung des Therapeuten gehören der Szene an, sie sind aber [...] nicht die letzte Erklärung für die Situation." (Grootaers 1994, 22, Hvbg. Grootaers)

Um die Langer'sche Auffassung zur Musik als Symbolsystem für die Musiktherapie anwendbar zu machen, hält es Niedecken für notwendig, sie vor dem Hintergrund psychoanalytischer Theorien zu sehen (Niedecken 1996). Verständlich werde die Unterscheidung in diskursive und präsentative Symbolik, wie sie Susanne Langer vornimmt, erst vor dem Hintergrund der Arbeit, die Alfred Lorenzer zum Symbolbegriff geleistet habe (Lorenzer 1970). Man kann es als eine Entsprechung zur Langer'schen Annahme eines grundsätzlichen Bedürfnis zur Symbolisierung ansehen, wenn Lorenzer die Fähigkeit zur Symbolbildung nicht einer bestimmten Ich-Ebene zuordnet, sie also nicht den Funktionen des Ich *oder* des Es zuordnet. Frühere Vorstellungen werten die Symbolisierung als Abwehrfunktion, das heißt, nur bei der Verdrängung seelischer Inhalte entsteht das Bedürfnis, diese Inhalte in symbolisch verschlüsselter Form zu erinnern und zu äußern. Dem entgegen sieht Lorenzer „verschiedene Stufen des Bewusstseins und verschiedene Ebenen der Symbolbildung. [...] Symbolbildung ist immer Produkt einer einheitlichen Ich-Leistung, die sich auf unterschiedlichem Niveau abspielt und die ihre Resultate auf unterschiedlichem Niveau organisieren kann." (Lorenzer 1970, 68)[1]

Bei der Unterscheidung von diskursiver und präsentativer Symbolik ist nach Lorenzer davon auszugehen, dass „die auf niedrigerer Ebene der Symbolorganisation stattfindende präsentative Symbolik deswegen keineswegs als der höheren Organisationsebene entstammende sprachlich-diskursive Symbolik unterlegen angesehen werden kann." [...] Er macht dies mit einem Vergleich anschaulich, indem er einen Schüleraufsatz (als einem Beispiel diskursiver Formen) einer Symphonie (als der präsentativen Form) gegenüberstellt. Ohne Zweifel ist ein solcher Aufsatz, obwohl sprachlich verfasst, von geringerer Komplexität als die Symphonie, „die sich die Formulierung des logischen Ausdrucks von Gefühlen an den Grenzen der Erfahrbarkeit zu Aufgabe gemacht hat." (Lorenzer 1970, 78) „Gerade am Beispiel der schöpferischen Leistung in der Kunst läßt sich zeigen, daß bei Symbolniveau wie Symbolqualität die Einstufung in ‚höher' und ‚niedriger' keine Wertung enthält. *Die Wertung ergibt sich immer erst in Relation zur Aufgabe.*" (Lorenzer 1970, 82; Hvbg. M.D.)

---

[1] Zur Entwicklung des Symbolbegriffs innerhalb der Psychoanalyse siehe Lorenzer 1970, 39 ff

Bestimmte Inhalte des Erlebens sind dabei in der sprachlich-diskursiven Form nicht oder nur unvollständig zu artikulieren. Diese können in der Kunst auf einem „bildhaften Niveau" vermittelt werden. Eine künstlerische Ausdrucksform kann „niemals durch wissenschaftliche Begriffsbildung eingeholt und ersetzt werden." (Lorenzer 1970, 78) In der musiktherapeutischen Behandlung ist es gleichwohl sinnvoll, einen Weg von der präsentativen Symbolik der Musik hin zur Verbalisierung zu bahnen, und damit eine Überführung der psychischen Inhalte in eine bewusstseinsnähere Äußerungsform zu ermöglichen. Indem Niedecken die Musik (als „improvisatorisch erarbeitete Gedanken") in Analogie zum Traumgedanken auffasst, sieht sie mit Lorenzer eine „Anhebung" darin, dass „unbewältigtes Material zunehmend aufgehellt und begriffen wird." (Lorenzer 1970, 78)

Das hier aufscheinende Problem einer Hierarchisierung von präsentativer und diskursiver Symbolik lässt sich meines Erachtens umgehen, wenn die Improvisation als eine *künstlerische Produktion* von der Improvisation im *Behandlungszusammenhang* unterschieden wird, also in „Relation zu ihrer Aufgabe" gesehen wird. Für die künstlerische Produktion kann sinngemäß der Satz gelten, dass die Kunstform durch keine wissenschaftliche Begrifflichkeit zu ersetzen ist (Lorenzer). Im Behandlungszusammenhang ist die Improvisation jedoch kein für sich selbst stehendes Produkt, sondern ein notwendiger Zwischenschritt zur Vermittlung seelischer Inhalte, die auf andere Weise nicht äußerbar sind. Die Einschränkung, dass bestimmte seelische Inhalte zunächst nur in der Musik erfahrbar werden, besteht ja nicht, weil es um „Erfahrungsinhalte an der kulturell geprägten Grenze der Erfahrbarkeit geht, sondern um solche, denen durch individuelle Einschränkungen und Fixierungen ein Zugang zum sprachlichen Bewusstsein verwehrt ist." (Niedecken 1996, 384)

In der Behandlungssituation ist das Unsagbare nicht deshalb unsagbar, weil es nur mit den Mitteln der abstrakten Malerei, in der lyrischen Verdichtung, in der Raumfigur des Tanzes oder in einer Symphonie darstellbar wäre, sondern weil es in der Lebensgeschichte des Patienten aus dem Kreis der benenn- und erklärbaren Inhalte ausgeschlossen wurde.

In der musiktherapeutischen Praxis nehmen wir der Frage gegenüber, ob die Symbolisierung einem grundlegenden menschlichen Bedürfnis entspringt oder sich auf verdrängtes Material bezieht und aus diesem begründet, eine pragmatische Position ein. Wir begründen die Verwendung der Musik, indem wir von einem grundsätzlichen Bedürfnis der Äußerung und Symbolisierung ausgehen, das sich (auch) in der Musik manifestiert. Auch im Rahmen der Psychopathologie, sprich bei einem eingeschränkten Zugang zu bestimmten seelischen Inhalten, wird dieses basale Bedürfnis und auf die damit einhergehende Fähigkeit zur Symbolisierung nicht gänzlich aufgehoben sein – auch wenn es nur in eingeschränkter Form zur Verfügung steht. Die gelingende Herausbildung musikalischer Symbole von Beziehungs- und Verlaufserfahrungen schafft im Verlauf der Behandlung die Voraussetzung der Bewusstwerdung in der sprachlichen Reflexion.

Langer betrachtet die Musik als ein System „konnotativer Semantik". Die einzelnen Bestandteile des musikalischen Materials haben keine eigenständige festgelegte Bedeutung; sie erhalten sie erst durch den Zusammenhang, in dem sie stehen und durch eine zwischenmenschlich und kulturell gebundene Übereinkunft. Die Bedeutungen beziehen sich auf Übereinstimmungen in den Abläufen, in Spannungs- und Größenverhältnissen, in Entwicklungsrichtungen, die in der Musik wie im (übrigen) seelischen Erleben vorkommen. Man kann also feststellen, „dass gewisse Aspekte des sogenannten ‚inneren Lebens' – des physischen wie geistigen – formale Eigentümlichkeiten besitzen, die denen der Musik gleichen – Muster von Ruhe und Bewegung, Spannung und Entspannung, Übereinstimmung und Unstimmigkeit, Vorbereitung, Erfüllung, Erregung, plötzlichem Wechsel usw." (Langer 1965, 225) [2]

Dass es auch in einem präsentativen System wie der Musik Erfahrungen von großer Evidenz und Eindeutigkeit geben kann, die sich zunächst nicht begrifflich und sprachlich bewahrheiten lassen, gehört zum Vermögen der musikalischen Interaktionen, auf die wir in der Musiktherapie zurückgreifen; obwohl „der Gedanke, daß etwas gewusst werden kann, was nicht benannt werden kann, unserem ans Wort gebundenen Denken besonders schwer einzugehen [scheint]." (Langer 1965, 229) [3]

Wenn es darum geht, Gefühlszustände und ihre Verknüpfungen zu kommunizieren, erweist sich die Offenheit der Bedeutungen im musikalischen ‚Vokabular' als ein Vorteil. Wir finden eine Verwandtschaft zum Erleben der Gefühle, das sich ebenfalls einer eindeutigen Rationalität entzieht. „Die wahre Macht der Musik besteht darin, dass sie, was das Gefühlsleben angeht, auf eine Weise ‚lebenswahr' ist, wie die Sprache es niemals zu sein vermag, denn was ihre sinnhaltigen Formen – im Gegensatz zu den Worten der Sprache – auszeichnet, ist gerade die Ambivalenz des Inhalts. [...] Die Musik macht offenbar, wo Worte verdunkeln, weil sie nicht nur *einen* Inhalt

[2] Die Ähnlichkeit zu Daniel Sterns „Vitalitätsaffekten" ist offensichtlich, die mit Begriffen wie „aufwallend, verblassend, flüchtig, explosionsartig, anschwellend, abklingend, berstend" benannt werden (Stern 1992, 83). Eine auf die Musiktherapie bezogene Darstellung dieser Sichtweise findet sich bei Schumacher, Calvet-Kruppa 2001, 105).

[3] Vgl. Kap. 2.2

haben kann, sondern viele flüchtig ineinander spielende Inhalte zugleich." (Langer 1965, 238; Hvbg. Langer)

Die Bedeutung, die mit einem musikalischen Geschehen verbunden wird, ist mit dem Augenblick des Erlebens verbunden; sie wird nicht „konventionalisiert". Was in diesem Moment so gewirkt hat, ist im anderen Zusammenhang mit einer unterschiedlichen Bedeutung verbunden. „Die Sinnbeilegung ist ein immer wechselndes, kaleidoskopisches Spiel, das vermutlich unterhalb der Bewusstseinsschwelle, sicherlich außerhalb der diskursiven Vernunft vonstatten geht. [...] Ein Wechsel der Tonart kann ein neues Weltgefühl vermitteln." (Langer 1965, 239)

Kann man bei dieser Offenheit der Bedeutungen aber überhaupt zu einer hinreichend klaren Aussage über das Erleben der Musik kommen? Am Beispiel des Tonartwechsels, mit dem sich „ein neues Weltgefühl vermittelt", können wir versuchen, uns den Zusammenhang von Material und Bedeutung zu erklären.

Durch den Tonartwechsel wird zunächst eine bestimmte Passage hervorgehoben. Der Wechsel muss eingebettet sein in ein ‚Zuvor' und ein ‚Dann'; diese Abschnitte sind hier durch die jeweils unterschiedliche Tonart charakterisiert. Zusätzlich lässt sich die gefühlshafte Benennung eines „Wechsels des Weltgefühls" auch in seiner emotionalen Qualität bestimmen: welchen Charakter hat das Weltgefühl zunächst, wie würde man die Veränderung am treffensten bezeichnen? Nehmen wir an, die erste Erlebensqualität wäre mit ‚Unbekümmertheit', die zweite mit ‚Verlassensein' treffend beschrieben. Von hier aus könnte nun eine Schlussfolgerung dahin führen, die genannte erste Tonart mit dem Gefühl der Unbekümmertheit, die zweite Tonart mit dem Gefühl des Verlassenseins zu identifizieren und damit so etwas wie eine Tonartencharakteristik der Weltgefühle, eine Affektenlehre für die therapeutische Praxis zu entwerfen – Zuordnungen, die allerdings viel zu statisch wären. Der Bezug vom Wechsel der Tonart und der Empfindung eines veränderten Weltgefühls ist vielmehr ein struktureller.

Um den Wechsel als solchen erlebbar zu machen, muss das erste Element zuerst verankert worden sein. Bedeutsam ist auch die Art und Weise, wie das neue Element ins Spiel kommt. Die Musik stellt eine Konfiguration zur Verfügung, innerhalb derer eine Version der zahlreichen denkbaren Formen erlebbar wird, in denen sich ‚Wechsel' als prototypisches Geschehen vollzieht. In der sprachlichen Bezeichnung „Wechsel des Weltgefühls" wird zudem deutlich, dass eine umfassende Veränderung erlebt wird, nicht nur eine begrenzte Modifikation der Verhältnisse; ‚Welt' ist nicht überschaubar, in ‚Welt' sind wir enthalten.

Indem alle drei Elemente durchlebt werden (das ‚Zuvor', der Wechsel, das ‚Dann'), wird spürbar, mit welcher Konnotierung die Veränderung einhergeht: ob mit dem Gefühl einer Erweiterung, einer Beängstigung, oder mit der Gleichzeitigkeit und der Mischung verschiedener Möglichkeiten – denn Gefühle werden ja oft erst charakterisierbar, wenn Ambivalenz erträglich ist, wenn ein Sowohl-als-auch der Inhalte zugelassen werden kann.

Langer postuliert eine Unterscheidung von Gegenstand und dessen Symbolisierung: „Solange symbolische Formen nicht bewusst abstrahiert werden, werden sie regelmäßig mit dem, was sie symbolisieren verwechselt." (Langer 1965, 240) Diese Unterscheidung ist auch für die Musiktherapie von großer Bedeutung. Abstrahiert man das Symbol nicht vom symbolisiertem Inhalt, so ist man in Gefahr, zu begrenzte Wirkungszusammenhänge zu suchen und einen Katalog von Eigenschaften zu konstruieren, die in der Musik vorhanden sein könnten: die eine Spielweise soll beleben, die andere beruhigen, die dritte stützen, die nächste differenzieren, herausfordern etc.

Es ist aber nicht allein eine bestimmte Art zu spielen, der eine beruhigende Wirkung zu verdanken ist; es ist nicht allein die Verwendung bestimmter Klangfarben oder Rhythmen etc., aus denen die jeweilige Bedeutung entsteht. Wirkungen und Bedeutungen ergeben sich vielmehr, indem die Strukturierungen einer ‚beruhigenden' Musik[4] in Austausch treten mit einer seelischen Verfassung, die von Unruhe oder Beängstigung bestimmt ist. Bei gelingendem Kontakt erwächst aus diesem Austausch eine allmähliche Annäherung; es entsteht ein Feld, das die Möglichkeit zu Übergängen, Ambivalenzen und Doppeldeutigkeiten zwischen den beiden Qualitäten ‚angstvoll' und ‚beruhigend' bietet. Wenn wir die dabei relevanten Phänomene benennen wollen, so geht es nicht allein um die musikalischen Mittel. Der Blick richtet sich über das Material hinaus auf die Beziehung, vom ‚Werk' hin zur Situation – ohne dass dabei das Material, die musikalische Stofflichkeit aus den Augen verloren werden sollte: „Die gemeinsame Improvisation ist Material und Situation zugleich" (Grootaers 1996, 24)[5]

Zur Verbindung von Material und Situation sei hier nochmals Niedecken zitiert, die den Zusammenhang von musikalischem Material und Bedeutung um die Dimension der Beziehung erweitert: „Objektbestimmtheit des Mate-

---

[4] Der Materialaspekt kommt wiederum ins Spiel, wenn wir eine musikalische Beschaffenheit benennen, die es möglich macht, dass ein Musikstück beruhigend wirkt. Vgl. Decker-Voigt (1991, 70 ff; 81 ff) über die Wirkungen „trophotroper Musik".

[5] Vgl. Kap. 2.1 (S.19): Christopher Smalls Begriff des „Musicking", der ganz allgemein die Teilhabe an einer Situation benennt, die vom Ereignis der Musik bestimmt wird.

rials und seine Aneignung durch das Subjekt (...) sind Voraussetzungen für das Zustandekommen einer musikalischen Deutung. Das musikalische Material wird in der subjektiven Aneignung zum Bedeutungsträger: Es gewinnt Gestalt als Symbol der Auseinandersetzung zwischen Subjekt und Objekt der Beziehungssituation: und zwar ist das Symbol Produkt einer (...) gelungenen Auseinandersetzung." (Niedecken 1988, 101) Wir finden in diesem Gedanken eine weitere Variable im Zusammenhang von musikalischem Phänomen und Bedeutung: die musikalischen Formen gewinnen ihre Bedeutung erst in der Interaktion zwischen Patient und Therapeut; die entstehenden Symbolisierungen beziehen sich auf gemeinsam herausgebildete Bedeutungsmuster.

Auch Metzner bezieht sich bei der Beschreibung des Weges vom musikalischen Ausdruck zu den Bedingungen ihrer Versprachlichung auf Langer. Metzner sieht die musikalischen Ereignisse als Symbolisierungsformen an, die entweder in Sprache zu übertragen sind oder die „sich zu einem eigenständigen präsentativen Symbol [formen], das als bedeutungsvoll anerkannt wird, ohne dass seine Sinnhaftigkeit noch anders benannt werden könnte oder müsste. Auf diesem Niveau sind musikalische Gestaltungen dann nicht mehr nur Durchgangsstufen für die Verbindung von unbewussten Praxisfiguren mit Sprachsymbolen, sondern sie stehen für Bereiche der Erfahrung, die nicht in Worte gefasst werden können." (Metzner 1999, 27)

Hier scheint sich ein Widerspruch zu ergeben: Die Musik umfasst Erfahrungsbereiche, für die es keine Worte gibt; dem entgegen sind wir in der Behandlungssituation darum bemüht, die musikalischen Beziehungserfahrungen, so weit es das Setting erlaubt, in Sprache zu übertragen – wir versuchen mit dem Patienten darüber zu reden, was ‚die Musik bedeutet'. Der Widerspruch lässt sich auflösen, wenn wir unterscheiden, dass sich das Sprechen über die Improvisation auf die *Symbolisierungen* bezieht, die in der aktuellen Inszenierung in der Musik entstanden sind und nicht auf die *primäre Erfahrung*, die zu dieser Symbolisierung geführt haben.[6]

Das beinhaltet aber die Annahme, dass die primäre Erfahrung, die „unbewusste Praxisfigur", wie Metzner sie nennt, in der musikalischen Symbolisierung in hinreichend deutlicher, charakteristischer und eben musikalisch ausgeprägter Form enthalten ist. Metzner geht davon aus, dass es nur eine begrenzte Anzahl von gleichsam „protosymbolischen" Szenen sind (Metzner 1997, 135), die in den Reinszenierungen in der Musik auftauchen, „Ker-

[6] Vgl. Grootaers: Nicht zur „Erinnerung des Originalvorfalls", sondern zu dessen struktureller Symbolisierung, zu den „Grundfaktoren der Lebensmethode" verschafft die gemeinsamen Improvisation einen Zugang. (Grootaers 1994, 11)

nerfahrungen", die vermuten lassen, dass ihnen problematische Interaktionsformen der frühen Kindheit zugrunde liegen. Dabei sind es die „Materialeigenschaften der Musik", die dazu verhelfen, „Szenen der Verschmelzung, Verfolgung, Überwältigung, Verlassenheit und Unerreichbarkeit entstehen zu lassen", die einer sprachlichen Darstellung nicht zugänglich sind (Metzner 1997, 28). Die genannten Beziehungserfahrungen besitzen also eine charakteristische Dynamik, die sich in den Strukturmerkmalen der Improvisation wieder erkennen lässt. Gleichzeitig stellt die Musik mit ihren spezifischen Möglichkeiten ein Auswahlkriterium dar und bestimmt mit, „welcher unbewußte Konflikt Eingang in die therapeutische Inszenierung findet." (Metzner 1997, 28)

Dass sich die Musik in besonderer Weise dazu eignet, Symbolisierungen entstehen zu lassen, begründet Langer so: „Musikalische Formen [...] sind aus vielen trennbaren Einzelheiten zusammengesetzt, sie sind leicht zu produzieren und lassen sich auf sehr vielfache Weise kombinieren [...]; hinzukommt noch ein beachtliches Moment: dass sie in der Kombination eines des anderen Charakter wechselseitig modifizieren [...]." (Metzner 1997, 225) Dem letztgenannten Umstand, dass sich die einzelnen Elemente der Musik in ihrer jeweiligen Kombination gegenseitig verändern, kommt die Darstellung in Polaritäten entgegen. Bedeutung lässt sich nicht bereits aus dem Ausgangsmaterial ableiten, sondern erst aus dessen Kombinationen und Wechselwirkungen, mithin aus dem Austausch innerhalb der Polarität. Die Polarität stellt (neben der Kontextgebundenheit und der Herausbildung des Symbols im Austausch der Spieler) eine weitere Variable der möglichen Konnotationen des musikalischen Materials dar.

3.4 Wahrnehmung und Denken in Polaritäten

Zum Vorschein kommen heißt polar zum Vorschein kommen
Salomo Friedlaender

Dich im Unendlichen zu finden,
musst erst unterscheiden, dann verbinden.
Johann Wolfgang von Goethe

Das Denken in Polaritäten lässt sich nicht auf eine einzige Urheberschaft zurückführen. Es gibt im Laufe der Zeit die unterschiedlichsten Denksysteme, die sich mit der Ordnungsstruktur der Polarität beschäftigen und ihr jeweils neue Aspekte abgewinnen. Man könnte durchaus sagen, dass das Denken in Polaritäten so alt wie das Denken selbst ist und in unterschiedlichen Zusammenhängen immer neu entdeckt und wieder belebt wird.

Friedlaender: Polarität und „Schöpferische Indifferenz"

Unter den Denkern, für die die Vorstellung der Polarität zum Mittelpunkt ihrer Philosophie wird, ist der bisher weitgehend unbekannt gebliebene deutsche Philosoph und Schriftsteller Salomo Friedlaender zu nennen. Sein Werk ist für die vorliegende Untersuchung deshalb interessant, weil sich aus seinem Denkansatz praktische Anwendungen für die Polaritätsverhältnisse in der Improvisation ableiten lassen.

„Zum Vorschein kommen heißt polar zum Vorschein kommen", so benennt Friedlaender die Polarität als ein unabdingbares Grundprinzip der Welterkenntnis (Friedlaender 2001, 128). Alles was wir erkennen können in der uns umgebenden dinglichen Welt, aber auch in der Welt der Begriffe und Vorstellungen, erscheint im Doppelgesicht der Polarität. „Die oberste Bedingung der Möglichkeit der Erkenntnis ist das Unterscheiden. Das Unterscheiden [kann] nur polar vorgenommen [werden]: es hebt sich vom Ununterschiedenen nicht nur ab, sondern eben polar ab." (Friedlaender 2001, 111)

Durch sein gesamtes Œuvre hindurch begründet Friedlaender in zahlreichen Varianten und Beispielen seine Grundannahme einer polaren Verfasstheit der Phänomene. „Man lasse sich durch all die Fälle nicht bestechen, in denen es nicht gegenseitig zuzugehen scheint. Sehr oft treibt der eine Pol

Verstecken, [...] erscheint nur die eine Sache, während die andere so gut wie verschwindet. Nur in gewissen auserlesenen Fällen zeigt sich die Gegenseitigkeit in symmetrischer Drastik; in sehr vielen ist sie verschieft, unterdrückt, latent, und man entdeckt sie nicht leicht. Es gibt aber keinen einzigen Fall, bei dem es *nicht* gegenseitig zuginge. [...] Empirisch ist ein solcher Fall unmöglich, weil sonst überhaupt nichts zu *unterscheiden* wäre. (Friedlaender 2001,123; Hvbg. Friedlaender.)

Ein Denker der, wie es Friedlaender geschehen ist, in Vergessenheit geraten ist und einer Generation angehört, die nicht mehr unter den Lebenden ist, braucht Vermittler und Fürsprecher, die seinen Gedanken auch in der Gegenwart Gehör verschaffen. Im Falle von Friedlaender gibt es verschiedene Autoren, die sich seiner Ideen angenommen haben. Hier soll zunächst der Theologe und Psychotherapeut Ludwig Frambach genannt werden. Frambach geht es vor allem darum, die Zusammenhänge der Gedanken Friedlaenders zu Theorien der Identitätsbildung aus der Sicht der Gestalttherapie, des Zen und der christlichen Mystik aufzuzeigen (Frambach 1994, 1996, 1999).

Die Sinnhaltigkeit einer polaren Weltsicht, wie sie im Denken Friedlaenders besteht, begründet Frambach mit folgendem Gedanken: „Tatsächlich ist die polare Struktur der Realität in allen Wissenschaftsgebieten nachzuweisen, besonders grundlegend in der Physik, z.B. in der Komplementarität von Teilchen und Welle der Quantentheorie. [...] Pole sind nach Friedlaenders Definition exakt entgegengesetzt wie Plus und Minus. In polarer Gegensätzlichkeit tritt das als Phänomen in Erscheinung, was in seiner Identität, seiner Einheit und Ganzheit, nicht wahrnehmbar, da nicht unterscheidbar ist. Es ist z.B. immer relativ hell im unterscheidenden Verhältnis zum polaren Gegensatz dunkel. Die Einheit, Identität von hell und dunkel ist nicht als unterscheidbares Phänomen erkennbar. Die Einheit einer polaren Differenzierung ist gleichsam ihre Mitte, die Indifferenz." (Frambach 1996, 12; Hvbg. Frambach)

Aus der grundsätzlichen Gegebenheit der Wahrnehmung als Polarität leitet Friedlaender einen weiteren Begriff ab, der in der Übertragung auf das Verständnis des Improvisationsgeschehens von nicht zu unterschätzendem Wert ist: Der polaren Verfassung der Wahrnehmungsgegenstände stellt er den Begriff der „Schöpferischen Indifferenz" gegenüber. Damit ist ein Topos, ein gedanklicher Ort bezeichnet, von dem aus die Unterschiedlichkeit der beiden Pole in eine Verbindung gebracht wird; ein „Ort", von dem aus die Pole überschaut und in Balance zu bringen sind, ohne dass man sich in die eine oder die andere Richtung bewegt. „Schöpferisch" wird diese Haltung der Indifferenz dadurch, dass in ihr alle Möglichkeiten der Differenzierung enthalten sind, ohne dass es noch zu einer Identifizierung mit der einen oder der anderen Richtung kommt.[1]

Für Friedlaender ist dieser Ort jedoch nicht nur Voraussetzung, sich auf die Polarität der Welterscheinungen einzulassen; auch steht die Wahrnehmung aus der Schöpferischen Indifferenz heraus nicht chronologisch am Anfangspunkt einer zunehmenden und unumkehrbaren Differenzierung. Sie bildet vielmehr eine Instanz der „Schwebe", ist Bedingung und gleichzeitig Integration der Unterschiedlichkeit, mit dem uns alles Erscheinende begegnet und bleibt als Angelpunkt auch bei der sich in die eine oder die andere Richtung vollziehenden Differenzierung erhalten. Erfahrbar wird diese Instanz als das eigene Ich, im Verständnis Friedlaenders der Ort, an dem „alle Gegenseitigkeit", also die Polarität der Erscheinungen unterschieden und verbunden wird.

Friedlaender sieht in der Tätigkeit des Ich eine vermittelnde Funktion zwischen den polar entgegengesetzten Richtungen, in die sich jede Wahrnehmung trennt, zerteilt und differenziert.[2] Gleichzeitig erfährt das Ich sich selbst in dieser Tätigkeit als eine außerhalb der Differenzierungen liegende Größe, als Indifferenz zwischen den Differenzierungen der wahrnehmbaren Welt. „Ohne seine sammelnde Kraft würde das Ich in ein sinnliches Chaos geraten. [...] Das Ich ist gezwungen, auch objektiv eine Mitte zu bestimmen, indem es Extreme [...] kombiniert und verbindend scheidet, kurzum polarisiert." (Friedlaender 2001, 126)

Innerhalb dieser Anschauung ist es sinnvoll, jedwede Entwicklung nicht von ihrem Nullpunkt auf ein mögliches Extrem hin zu betrachten, sondern bei jedem Gegenstand, vom Nullpunkt ausgehend, in zwei Richtungen zu denken.

Den Zusammenhang polarer Gegebenheiten und vermittelnder Indifferenz erläutert Friedlaender unter anderem am Beispiel des Zeiterlebens. Für ihn ergibt die Sichtweise keinen Sinn, die Zukunft für die Fortführung der Vergangenheit zu halten. Er sieht Vergangenheit und Zukunft als zwei Pole an, die sich ergänzen. Das Gegenwartserleben verbindet den Pol *Früher* mit dem Pol *Später*. „...die Zeitfolge [...] entspringt einer polaren Koeffizienz, die auf der polarisierenden Indifferenz des Ich beruht, und die dafür sorgt,

---

[1] Zu Anwendungsmöglichkeiten dieser Idee in der Improvisation siehe Kap. 4.8 (S. 251)

[2] Was bei Friedlaender als „Ich" bezeichnet wird, ist nicht als präzise definierter Terminus im Sinne einer ausformulierten Ich-Psychologie aufzufassen. Es ist vielmehr „in einer tiefgehenden und umfassenden philosophischen Perspektive" als „der geistige Person- und Wesenskern des Menschen" zu verstehen (Frambach 1996, 7).

dass das Jetzt [...] nicht simpel auf das Früher folgt und vom Später gefolgt wird; sondern beide Pole immerfort mit sich mitnimmt." (Friedlaender 2001, 73)

Vergangenheit und Zukunft sind dem unmittelbaren Erleben gar nicht zugänglich. So vollzieht sich auch die Erinnerung an das, was gewesen ist, im momentanen Augenblick, wenn auch ihre Inhalte der Vergangenheit angehören. Desgleichen die Beschäftigung mit der Zukunft: auch der Gedanke an das, was sich ereignen wird, geschieht im gegenwärtigen Moment. Vergangenheit und Zukunft sind als gedankliche Größen nur über die Vermittlung der Gegenwart zugänglich. Gegenüber den Inhalten von Vergangenheit und Zukunft stellt also die Gegenwart eine indifferente Größe dar, innerhalb derer die beiden anderen Zeitebenen zugänglich werden.

„Die Pole Vergangenheit und Zukunft werden genau auf ihre Mitte, das Jetzt der Gegenwart bezogen und der Mensch dadurch in einer ‚indifferent zentralen Geistesgegenwart' zentriert. Die schöpferische Indifferenz ‚besorgt den *Magnetismus der Extreme,*' indem sie die Pole über ihr ununterscheidbares Zentrum harmonisierend aufeinander bezieht." (Friedlaender1926, 32, zit. n. Frambach 1999, 301)

Wir werden auf diese Sichtweise zurückkommen und, im Zusammenhang musikalischer Phänomene eine ähnliche Haltung einnehmen, indem wir versuchen, zu den polaren Qualitäten der musikalischen Mittel den jeweiligen „Ort" der Indifferenz zu bestimmen. Von dort aus lassen sich die beiden Pole in eine Gleichzeitigkeit des Erlebens bringen, auch wenn im aktuellen Erleben nur ein Pol wahrnehmbar ist und das Geschehen allein zu bestimmen scheint.

In Friedlaenders Verständnis ist eine „elastische, d.i. aber *polarisierende* Identität" die Voraussetzung, der Welt auf eine angemessene Weise begegnen zu können. Der Begriff, den wir uns von der Welt machen, muss geeignet sein, „seine unverbrüchliche Identität der Labilität des Sinnlichen ebenso geschmeidig anzubequemen, ohne sie jemals einzubüßen." (Friedlaender 2001, 127; Hvbg. Friedlaender) Ist der Mensch in der Lage, sich selbst und der Welt gegenüber eine solche Haltung einzunehmen, so kommt dem eine große therapeutische Bedeutung zu. Wenn auch Friedlaender selbst mit seiner Theorie keine therapeutischen Intentionen verfolgt, so geht es ihm doch darum, eine Art Lebenskunst zu entwerfen und der Tätigkeit des Philosophierens einen praktischen Wert zu geben. Für ihn ist „Philosophieren nicht eine Sache quantitativen Vielwissens, sondern ein Weg zu einer vertieften existenziellen Qualität." (Frambach 1996, 15)

Seelische Ausgeglichenheit, psychische Gesundheit als Folge einer so verstandenen philosophischen Betätigung beschreibt Friedlaender mit den folgenden Worten (die für uns ungewohnte Sprache wird hoffentlich den Blick auf den Inhalt nicht verstellen):

> „Man halte diese Ausbalancierung des Gemütes für keine Bagatelle; sondern sie ist Vorbedingung der sternartigen Schwebe, die das Leben als Ganzes erhalten kann. Verlernt das Gemüt jede Einseitigkeit, so wird es, anstatt von unregelmäßigen Exaltationen und Depressionen befallen zu werden, von rundem Leben gegenseitig durchdrungen, worin die sonst unverbundenen Extreme harmonisch liiert sind. Die diametralen Enden dieser peripherischen Extreme berühren einander im Zentrum mit ihren zartesten Minimis, und das so neutralisierte Gemüt ist weder hart noch weich, weder sanftmütig noch zornig, weder ungeduldig noch geduldig, weder heiß noch kalt, aber auch nicht mittelmäßig lau, sondern präzis zentriert in einem wundersamen Lebensgefühl, das auch auf die Schwankungen des Willens äquilibrierend wirkt." (Friedlaender 2001, 257)

Indem man sich selbst als die Instanz wahrnimmt, die unabhängig von den polaren Unterschiedlichkeiten existiert, gewinnt man die Möglichkeit, sich auf eben diese Geschiedenheit der Phänomene einzulassen. Zum Mittler wird dabei die eigene Leiblichkeit, durch die man „Welt" und sich selbst erfährt. Die Leiblichkeit ist einerseits Gegenstand der objektiven Welt, andererseits wird in der leiblichen Erfahrung des Ich diesem seine Integrationsfähigkeit erlebbar.

Die Welt erscheint dem Ich immer auseinanderfallend in die verschiedenen Aspekte der polaren Gegensätzlichkeiten. Sich selbst erfährt das Ich dabei als die Instanz, die diesem Doppelaspekt neutral gegenübersteht und in der Lage ist, die Gegensätzlichkeiten zu integrieren. Es wird zu einem Referenzpunkt der Wahrnehmungen: „Um alle Differenz harmonisch zu polarisieren, muss man selber indifferent sein. [...] Die Zunge muss, um feinste Differenzen zu schmecken, selber indifferent sein." (Friedlaender 1926, 355/360)

In Friedlaenders Entwurf wird so das Ich zur apriorischen Größe. Allerdings gewinnt für ihn das Ich diese Position nur durch die lebendige Verbindung und die Bezogenheit auf die polar differenzierten Phänomene der Welt. Das Ich erfährt seine Einheitlichkeit, seine Individualität dadurch, dass es die Welt als polar differenziert erkennt und sich selbst als Gegenüber dazu positioniert. Sich in der Indifferenz, der schöpferischen Mitte zwischen den Extremen zu befinden, bedeutet jedoch nicht, in eine Haltung der Weltabgewandtheit oder der Inaktivität zu geraten. „Die *Schöpferische Indifferenz* ist nicht die Verwischung der Gegensätze, sondern gleichsam der exakte Angelpunkt, an dem die polar differenzierten Gegensätze harmonisch gleichwertig aneinandergrenzen, ohne dass sie ineinanderfließen." (Frambach 1994, 46; Hvbg. Frambach) „Wer Differenzen, seien es optische, akustische, anthropologisch oder welche auch immer, miteinander harmonisieren will, soll keinen Mischmasch aus ihnen machen. Differenz bleibt Differenz; nicht sie, sondern ihre Missstimmigkeit, ihre Disproportionalität ist aufhebbar." (Friedlaender 1926, 415)

Die Haltung, die Friedlaender als Lebensideal vorschwebt, ist von Tatkraft und Entschiedenheit bestimmt, ohne sich dabei in oberflächlichen Identifikationen zu verlieren. Gelingen kann dies durch eine Ausgeglichenheit, das „Äquilibrieren" der Gegensätzlichkeit, in der sich die Welt nun einmal zeigt. Eine solche Haltung bezeichnet er als „Gleichgern-Bereitschaft", als Gleichmut gegenüber dem „weltschwangeren Nichts", dessen Grundgebot „nichts Bestimmtes [verbietet], nur das Fehlen des Gleichgewichts zwischen polar Bestimmtem." (Friedlaender 1926, 30; zitiert nach Frambach 1996, 14)

Entwicklungen, die im Sinne einer Optimierung, eines Fortschreitens hin zum Besseren möglich wären und nach denen ja allenthalben, auch in der Therapie gesucht wird, erscheinen so in ganz anderem Licht. „Es kann und soll ein Fortschritt in der *Harmonie* der Pole bewirkt werden, *nicht* aber ist ein Fortschritt von einem zum anderen möglich. Das wäre die Verkennung des Fortschritts." (Friedlaender 2001, 128; Hvbg. Friedlaender)

Hier nimmt Friedlaender eine Überlegung vorweg, die in gesellschaftlichen Wertsetzungen immer wieder aufs Neue verhandelt wird. Der Schritt z.B. von der autoritären Erziehung hin zur Libertinage könnte, so verstanden, nicht als der Fortschritt und die Befreiung gelten, als die er gefeiert wurde, wenn dabei gleichzeitig der Gegenpol dämonisiert und nicht mehr zum ergänzenden Maßstab der Bewertungen gemacht wird. Kennzeichen eines solchen Denkens ist das viel beschworene Pendel, das irgendwann wieder zurückschlägt, und in dessen Bewegung die gewonnenen Freiheiten einem neuen Fundamentalismus geopfert werden und zugleich auch die neuerliche Veränderung wieder als Forschritt verherrlicht wird.

Dass eine solche Pendelbewegung einmal grundsätzlich zum Stillstand kommen könnte, wird sich niemand erhoffen, würde es doch den Stillstand jeglicher Umgestaltung bedeuten. Es dürfte aber ein großer Unterschied sein, ob die Bewegung hin zu einem Pol als Fortschritt und als Überwindung der bisherigen Begrenzung angesehen wird oder ob man sie, im Sinne der Polarität, als eine Bewegung zwischen den Polen betrachtet, deren Bedeutung man nur aus einer übergeordneten Position bewerten kann, wie sie die schöpferische Indifferenz darstellt.

Dabei ist es von einigem Gewicht, mit welcher Begrifflichkeit man die jeweilige Qualität benennt. So ist es innerhalb der Polarität von Bindung und Freiheit zweifellos ein primärer Wert, wenn sich z.B. in gesellschaftlichen Verhältnissen eine Entwicklung vollzieht von der Unterdrückung hin zur Freiheit. Der in einem rigiden Ordnungssystem unkenntliche Gegenaspekt der Unterdrückung, der als Ergänzungsqualität wirken müsste, ist jedoch der Aspekt von Bindung und Struktur. Kann die Qualität der Bindung als Gegenpol zur Freiheit nicht wertgeschätzt werden, weil Bindung einseitig mit Unfreiheit und Unterdrückung identifiziert ist, so gerät die Befreiung zur Bindungslosigkeit und führt zur Beliebigkeit der Wertsetzungen.

Aus der Position der Indifferenz dagegen würde der ergänzende Aspekt erkennbar bleiben. Aus der „schöpferischen Mitte" wäre die jeweilige Neubewertung und Umbenennung der ergänzenden Qualität möglich. Womöglich grundsätzlich ein utopischer Gedanke, dass es gelingen könnte, diese Sichtweise zum Maßstab allgemeiner Bewertungen zu machen. Friedlaender war von dieser Idee erfüllt und glaubte an ihre Umsetzbarkeit. In seinem persönlichen Leben hat sie sich immerhin in soweit bewährt, als sie ihm dazu verholfen hat, die Gefahren und Entbehrungen des Pariser Exils eines aus Nazideutschland geflüchteten Juden in Würde zu überstehen.

Die Erkenntnis, dass es von einem Pol hin zum anderen keinen Fortschritt geben kann, sondern sich Entwicklung nur in einem umfassenderen und deutlicher differenzierten Zusammenspiel der Pole ergeben kann, begegnet uns auch dort, wo Friedlaenders Gedanken in der Gestalttherapie Fritz Perls' auftauchen.

„Die grundlegende Lehre der Gestalttherapie ist die der Wesensdifferenzierung und Integration.[3] Die Differenzierung als solche führt zu Polaritäten. Als Dualitäten werden diese Polaritäten leicht in Streit kommen und sich gegenseitig paralysieren. Indem wir gegensätzliche Züge integrieren, machen wir die Menschen wieder ganz und heil. Zum Beispiel Schwäche und tyrannisches Verhalten integrieren sich als ruhige Festigkeit." (Perls, 1980, 155; zitiert nach Frambach 1999)

Therapeutischer Fortschritt besteht, so verstanden, nicht allein in der Integration der disparaten psychischen Tendenzen, sondern auch in deren Umbenennung, beziehungsweise in der ergänzenden Benennung ihrer Aspekte, so dass, wie in Perls' Beispiel, hinter der Bewertung ‚Tyrannei' die Qualität der Festigkeit zum Vorschein kommt, während in dem, was sich als Schwäche und Zögerlichkeit zeigte, die darin verborgene Ruhe erkennbar wird. Das Denken in Polaritäten verhilft zu der Möglichkeit, den Doppelcharakter der einzelnen Qualitäten kenntlich zu machen. Eine bestimmte Strukturierung ist demnach nicht a priori negativ oder positiv zu bewerten,

---

[3] Man könnte ergänzen, dass Differenzierung und Integration seelischer Inhalte die Grundidee jeder tiefenpsychologisch orientieren Psychotherapiemethode ist.

sondern kann jeweils nur im Zusammenhang der Umstände und in Relation zu ihrem Gegenpol eingeschätzt werden.

Es ist also nicht verwunderlich, dass Friedlaenders Ideen von therapeutischen Denksystemen adaptiert werden. Bisher bezieht sich nur die Gestalttherapie Fritz Perls' auf Salomo Friedlaender und seinen Begriff der Schöpferischen Indifferenz. Zumindest in den Anfängen der Gestalttherapie wird dieser Bezug betont. In den späteren Entwürfen taucht der Begriff der Schöpferischen Indifferenz explizit allerdings nur noch selten auf. In einer durchaus übereinstimmenden Bedeutung ist bei Fritz Perls jedoch die Rede vom „Schöpferischen Nichts", bzw. der „Fruchtbaren Leere" (Portele 1992, 91).

Der Schweizer Psychotherapeut und Seelsorger Felix Branger stellt in einer unveröffentlichten Arbeit den Zusammenhang des biographischen und geistesgeschichtlichen Hintergrunds Friedlaenders mit dem Prozessverständnis des gestalttherapeutischen Ansatzes dar (vgl. Frambach 1999, 295; Branger 1981). Er bezeichnet eine Erweiterung, die das Ich in der Anwendung des Willens erfährt, wenn es sich in der Schöpferischen Mitte wahrnimmt. „Bei Friedlaender ist das Subjekt das schöpferische Ich, autonom und diesseitig. Es wirkt aus sich selber alle Differenzierungen in der objektiven Welt. [...]." (Branger 1981, 23)

Polarität – Gedankliche Hintergründe

Es gehört zu den gedanklichen Voraussetzungen der vorliegenden Arbeit, dass sich Vorstellungen wie die der Schöpferischen Indifferenz mit einigem Erkenntnisgewinn auch auf die Strukturierungsbedingungen der Improvisation anwenden lassen. Da wir bei diesen Strukturierungen von Polaritätsbeziehungen ausgehen, ist die Sichtweise eines dritten Ortes, den man als den Nullpunkt, die schöpferische Leere bezeichnen kann, eine logische und sinnvolle Ergänzung

Wie sich diese Vorstellung auf das konkrete musikalische Material übertragen lässt, ist in späteren Kapiteln dargestellt (vgl. Kap. 4.8). An dieser Stelle soll nun der Versuch unternommen werden, die Vorstellung der Schöpferischen Indifferenz (oder zumindest ihre Entsprechungen) in anderen Denkzusammenhängen und Theorien aufzufinden. Wenn der Begriff der Schöpferischen Indifferenz auch von Friedlaender geprägt wurde, so hat er doch den gedanklichen Topos, der dem Begriff zugrunde liegt, nicht gänzlich neu entdeckt. Es gibt Vorläufer und Entsprechungen in ganz unterschiedlichen Bereichen der Kultur- und Geistesgeschichte.

„Diese polare Sicht der Wirklichkeit [...] findet sich im westlichen Kulturkreis bereits bei Heraklit 500 Jahre vor Christus; dann besonders ausgeprägt bei Schelling, in der Dialektik Hegels und in den naturphilosophischen Betrachtungen Goethes – insbesondere der Farbenlehre – , auf den sich Friedlaender des Öfteren bezieht. Ganz zu schweigen von der grundlegenden Bedeutung des Polaritätsgedankens in der fernöstlichen Geistestradition, wie sie sich z.B. in der Yin-Yang-Konzeption des Taoismus in China ausgeprägt hat. [...] Polarität ist wahrlich kein origineller philosophischer Gedanke. Die Originalität Friedlaenders besteht darin, dass er den Akzent anders setzt – jedenfalls als die westliche Polaritäts-Tradition – und so zu einer neuen Sichtweise kommt." (Frambach 1994, 44)

Polarität im chinesischen „Buch der Wandlungen"

Lebendige Prozesse und Entwicklungen zu beobachten und zu beschreiben, setzt voraus, einen Bezugspunkt zu bestimmen, von dem aus die Beobachtung erfolgen soll. Dies ist eine Erkenntnis, die bereits vor dreitausend Jahren formuliert worden ist. Das chinesische „Buch der Wandlungen", das *I Ging*, beschreibt die Gesetzmäßigkeiten sich immerwährend wandelnder Bedingungen des menschlichen Lebens in einem System von Bildern. Dabei wird den, sich in ergänzenden Polaritäten vollziehenden Veränderungen eine feste Größe gegenübergestellt, von der aus die Veränderungen überhaupt erst wahrnehmbar werden. „Es muss bei allem Wandel ein Vergleichspunkt da sein, auf den der Wandel bezogen wird." (Wilhelm 1956, 260)

Im Buch der Wandlungen geht es um die Betrachtung menschlicher Verhältnisse. Da sich alle Bedingungen des Menschlichen, so das *I Ging*, zwischen Himmel und Erde abspielen, liegt der adäquate Bezugsrahmen in der Polarität von Himmel und Erde, und damit in der Polarität von Hell und Dunkel, von schöpferischem und empfangendem Prinzip, von Offenheit und Entschlossenheit.[4]

Mit der metaphorischen Benennung von Himmel und Erde ist der Rahmen benannt, innerhalb dessen die Veränderungen beobachtet werden. Den eigentlichen Bezugspunkt, der außerhalb dieser Bewegungen liegen muss, benennt das *I Ging* als einen Ort der „Nicht-Veränderung", des „Nicht-Wandeln", also einer apriorische Gegebenheit, die nicht den Bewegungen der Phänomene unterworfen ist, die man beobachten und beschreiben will.

„Das Nichtwandeln ist sozusagen der Hintergrund, auf dem aller Wandel erst möglich ist. Es muss bei allem Wandel ein Vergleichspunkt da sein, auf den der Wandel bezogen wird, sonst ist eine bestimmte Ordnung nicht

[4] Vgl. C. Keidel-Joura, 1999

möglich, sondern alles löst sich auf in chaotische Bewegung. Dieser Bezugspunkt muss festgelegt werden, bedarf jederzeit einer Wahl und einer Entscheidung. Er gibt das Koordinatensystem, in das alles Weitere eingereiht werden kann. Daher steht am Anfang der Welt wie am Anfang des Denkens die Entscheidung, die Festsetzung des Beziehungspunktes. [...] Selbstverständlich ist die Voraussetzung für diese Entscheidung der Glaube, daß die Welt im letzten Grunde ein Gefüge einheitlicher Beziehungen ist, daß sie ein Kosmos, kein Chaos ist. Dieser Glaube ist Grundlage der chinesischen Philosophie – wie aller Philosophie überhaupt. Dieser Beziehungspunkt höchster Ordnung ist eben das Nichtwandeln, das den Beziehungspunkt bildet für alles Wandelnde." (Wilhelm 1956, 261)

Schöpferische Indifferenz als Aspekt künstlerischer Tätigkeit

Zum Thema der Polarität und der Schöpferischen Mitte sollen nicht nur die Philosophen zu Wort kommen. Es hieße, die Zahl der Erkenntnisquellen doch sehr einzugrenzen, wenn wir nicht auch fragen, was die Künstler über das ‚Schöpferische Nichts' oder eine entsprechende Qualität wissen; schließlich beziehen wir uns in der Musiktherapie auf ein künstlerisches Medium und beschäftigen uns mit dem Beziehungsgeschehen in der Musik. Es lohnt sich also, danach zu schauen, was die Künstler dazu zu sagen haben, da es ja durchaus sein kann, dass, um mit Novalis zu sprechen, „die, so singen oder küssen" (also die, die sich in der Kunst und im Beziehungsgeschehen auskennen) „mehr als die Tiefgelehrten wissen".

So beschreibt der Schriftsteller Peter Handke an verschiedenen Stellen seiner Werke eine Wahrnehmungsqualität, die sich mit der Schöpferischen Indifferenz vergleichen lässt (Handke 1982, 178).

> „Der Zug raste an einem leeren Bahnhof vorbei,
> wo gerade ein Herbstblatt langsam
> in der Sonne zu Boden sank."

In dieser, einem japanischen Haiku ähnlichen, aphoristischen Beobachtung finden sich die Elemente wieder, mit denen die Indifferenz als der ‚dritte Ort' zur Polarität hinzugefügt wird. Es sind hier Bewegungsvorstellungen, die in einen Zusammenhang geraten und den beiläufigen Moment verdichten: das Rasen des Zuges und, in der ergänzenden Qualität, das langsam zu Boden sinkende Herbstblatt. Dem gegenüber steht als indifferente Größe der leere Bahnhof, und allerdings auch der (nicht erwähnte) Beobachter, in dessen Wahrnehmung die Dynamik der unterschiedlichen Geschwindigkeiten von rasendem Zug und langsam sinkendem Blatt erst zur Geltung kommt. Fühlt man sich in die Situation ein, so wird spürbar, wie durch die Spannung zwischen den beiden gegensätzlichen Bewegungsqualitäten der Augenblick und die darin liegende Selbstwahrnehmung eine Intensivierung erfährt. Eine Linie zwischen der Schnelligkeit des Zuges und dem gemächlichen Sinken des Blattes markiert den Ort der eigenen Anwesenheit (für den metaphorisch der leere Bahnhof steht). Dieser Ort liegt außerhalb der Differenzierung von *schnell* und *langsam*.

An anderer Stelle berichtet Handke von einer besonderen Wahrnehmungsqualität, die an Merkmale der Schöpferischen Indifferenz erinnert und die ihm wie ein Bestandteil seines schriftstellerischen Handwerkszeugs erscheint. Er schildert eine Art Leersein, das zur Voraussetzung des Schreibens wird und das er in einer Situation der Überfülle und des Bedrängtwerdens erlebt hat. Auf dem überfüllten Markusplatz in Venedig gelingt es ihm, in den Zwischenräumen der Menschenmenge eine Leere zu entdecken, die die Gestalt der einzelnen Menschen erst konturiert.

> „Und mit dem Blick auf den Boden, mit den Füßen der Gehenden und Stehenden, wurde mir auf einmal bewusst, wie viel Leere da noch übrig ist. In diesem Gedränge der Boden ist mir leer erschienen, also viel, viel Platz. Und dann kam mir eben so wie ein Orakelspruch in den Sinn: ›Schau auf den leeren Boden im Gedränge.‹ Vor mir war eine gesichts- und gestaltlose Masse, und aus dem seltsam leeren Boden entstanden dann die Gestalten erst." (Handke 1990, 130)

Was in der Menschenmenge als Notlösung aus dem Bedrängtwerden seine Wirksamkeit zeigen muss, wird als „Leere" zur Metapher des schöpferischen Ausgangspunktes beim Schreiben.

> „Das ist wie eine Furt vielleicht, so als sähe man plötzlich den Durchgang. [...] Diese Momente, wo die Leere sich auftut, das sind Dauermomente, mit denen man – wie man in der Umgangssprache sagt – etwas anfangen kann. Man kann sich hinsetzen und damit arbeiten." (Handke 1990, 130)

Wenn Handke die Ruhe und das Geltenlassen der Gegebenheiten als Voraussetzung und als Referenzpunkt der schöpferischen Aktivität betont, so finden sich auch hier Anklänge an Friedlaenders Haltung der unvoreingenommen „Gleichgernbereitschaft", aus der heraus man in der Position der Indifferenz den Dingen begegnet (Friedlaender 1926, 340). Dass es bei einer so beschriebenen Haltung nicht um eine aktivitätsferne und statische Ruhe geht sondern um den Beweggrund, aus dem heraus Handlung und Differenzierung möglich werden, ist in Friedlaenders Denken Bedingung. Im „Wahrnehmen schon das Epos" (Handke) zu sehen, könnte Ähnliches bedeuten. Aus der Schöpferischen Mitte wird das Werk als Entwurf und mit seinen Differenzierungen vorausgesehen. In der Schöpferischen Indifferenz ist man bereits in Berührung mit der Bewegung zwischen den Polen.

Wenden wir uns von den Künstlern zu den künstlerischen Therapeuten. Der Musiktherapeut Johannes Oehlmann bezieht sich auf Friedlaender, wenn er die Wirkung beschreibt, die das Spiel des Therapeuten auf einer Klangschale während eines Gesprächs mit dem Klienten hat. Die vom Patienten bestimmte Szene erweitert sich mit den Klängen zu einem größeren, neutralen Ort. Der Therapeut spielt auf der Klangschale und erfährt dabei „Halt und Sicherheit", er schützt sich „angesichts des Teilens großen Leids vor allzu tiefem Miterleben", das ihn in seiner Aktivität lähmen könnte. Das wie beiläufige Spiel erfordert nur gelegentliche Aufmerksamkeit und gestattet so eine doppelte Ausrichtung der Wahrnehmung: zum Klienten und zu sich selbst. „Und so bin ich beim Spielen weniger konfluent mit dem Geschehen im Klienten, bin mehr da und dadurch fähig für Interventionen aus meinem eigenen System und Grund. Eine Klangschale wirklich zu spielen, [...] setzt eine gewisse aufmerksame Balance der eigenen Mitte voraus, und umgekehrt fördert das Spiel diesen Bezug zur eigenen Mitte." (Oehlmann 2004, 51)

In der gleichzeitigen Aufmerksamkeit auf die Mitteilung des Patienten und auf die Klänge entsteht eine zusätzliche Position der Wahrnehmung. Sie trägt Eigenschaften der Schöpferischen Indifferenz. Den leidvollen Spannungen in der Patientenerzählung wird ein neutraler, aber bezogener Ort gegenübergestellt, aus dem heraus der Therapeut seine Handlungsfähigkeit stützt. „Meine Kapazität, schlimme Erfahrungen wahrzunehmen, zu hören und zu ertragen, wächst dadurch – und das kommt natürlich auch dem Klienten zugute – der Therapeut geht innerlich nicht weg, sondern bleibt da. Genau das heilt: wenn es schlimm ist, dass jemand anderer da ist." (Oehlmann, 2004, 51.)

Friedlaender und Plessner: „Schöpferische Indifferenz" und „Zwischenraum"

Auch im Polaritätskonzept der „Philosophischen Anthropologie" Helmuth Plessners (2003) geht es um eine „Gleichzeitigkeit von Gegensätzen" in lebendigen Prozessen. Dem Ergänzungsgedanken der Polarität entspricht es, dass die Gegensätze trotz dieser Gleichzeitigkeit „nicht ineinander aufgehen oder sich gegenseitig aufheben". (Nawe 2008, 86)

Das dritte Element, das neben den beiden Polen wirksam ist, hat bei Plessner eine mehr dynamische Qualität als sie in Friedlaenders Indifferenz zu finden ist. In der Schöpferischen Indifferenz entsteht die Vorstellung eines Ortes, der außerhalb der Bewegungen zwischen den polaren Eigenschaften liegt; so wie das Auge eines Zyklons ist dies ein Ort der Ruhe, von dem aus die Bewegungen in ihrer Unterschiedlichkeit erst kenntlich werden.

Plessner dagegen geht von einem Grenz*raum* aus, der, zwischen den Polaritäten gelegen, eine eigene Dynamik aufweist. Er weist Elemente des einen sowie des anderen Pols auf und ermöglicht eine Vermittlung und einen Richtungswechsel. „Diesen Übergangsraum erfasst Plessner als etwas Drittes, es ist die eigentliche Dynamik zwischen den polaren Sinnbereichen, die Art und Weise, wie die Bezogenheit realisiert wird. Die flexible Grenze zwischen den Polaritäten steigert sich zu einem (wie auch immer gedachten) Raum mit einer speziellen Eigendynamik". (Nawe 2008, 87)

Um die Unterschiede der Pole benennen zu können, hält auch Plessner die Existenz eines indifferenten Bezugspunktes für notwendig. Es muss „etwas gegeben sein, welches gegen den Richtungsunterschied selber neutral ist und den Ansatz in der einen oder anderen Richtung erlaubt. In dieser neutralen Zone stoßen […] beide Richtungen gegeneinander, von ihr gehen beide aus. Durch sie kommt man von dem einen Gebiet in das andere." (Plessner 2003, 150)

Die Extreme treffen sich auf ihrer gemeinsamen Grenze, die die unterschiedlichen Eigenschaften „trennend verbindet, verbindend trennt". (Friedlaender, Tagebuch 8, 921; zit. n. Thiel 2001, 78) Bei Friedlaender findet sich nun allerdings gleichfalls die Vorstellung eines *Zwischenraums*, oder doch zumindest eine Ähnlichkeit zu Plessners Bild, und zwar dort, wo Friedlaender von der Notwendigkeit eines Mediums spricht, die es der Polarität erst ermöglicht, in Erscheinung zu treten: „Pole beziehen sich nicht unmittelbar, sondern immer nur um eines Mediums willen aufeinander. […] Immer gibt es eine Drittes, um dessentwillen die Gegenseitigkeit besteht. […] Zahllosen objektiven Achsen antwortet subjektiv das alleinige Ich." (Friedlaender 2001, 126)

Bei Friedlaender feiert sich das Ich im Nullpunkt zwischen den Extremen als eine Art Schöpfer mit einem Höchstmaß an Autonomie: „Man ging so weit, Gott Zéro zu nennen." (Friedlaender, Tagebuch 8, 92; zit. n. Thiel, 2001, 78). „Hier also allein gibt es innerste ursprüngliche Schwungkraft, die Gewissheit, das Gefühl, den Willen, selbst nicht Geringeres zu sein als das schöpferische Weltprinzip in eigener Person […]" (Friedlaender, zit. n. Hauff 2001, 28)

Bei Plessner wird solche Euphorik gedämpft. Er stellt der Freiheit der schöpferischen Möglichkeiten die Verpflichtung entgegen, die sich daraus ergibt, dass man es immer mit einer nicht vollständig zu kontrollierenden Stofflichkeit des Mediums und der Situation zu tun hat.

> „Die Selbstermächtigung des Menschen zum Schöpfer seiner Wirklichkeit, an die er sich auch verlieren kann, an der sich wiederum seine Macht bricht (und von daher Konsequenzen und Verpflichtungen schafft), bindet ihn zugleich an die Einsicht, dass er nicht der geometrische Ort aller Perspektiven sein kann. Der absolute Standort als göttliche Perspektive bleibt als imaginäre Bezugsgröße eine offene, vom Menschen uneinnehmbare Stelle. Plessners Kritik an der „Selbstvergötterung des Menschen", die er in vielen Aufsätzen äußert, trifft also diejenige Haltung, die die Selbstermächtigung nicht auch als Verpflichtung begreift, an der sich die Macht des Menschen bricht." (Kämpf 2001, 77)

Der eigene Standpunkt muss sich wieder an der Erfahrung mit der (unbekannten) Welt relativieren. Plessner fordert einen Verzicht auf die Verabsolutierung selbst der eigenen gedanklichen Position, im Sinne einer Selbstrelativierung, die er „schöpferischen Verzicht" nennt, und die der „Unergründlichkeit" der menschlichen Natur geschuldet ist.

Wie bereits erwähnt, betont auch Friedlaender die Bedeutung des jeweiligen Mediums, auf das sich eine Erfahrung bezieht; nur so können die Polaritäten überhaupt erkennbar werden. Bei Plessner erhält das Medium allerdings eine andere Gewichtung, indem seine Mitwirkung und sein Einfluss auf die Absichten des Menschen stärker betont werden. „Realisierung und Erfüllung einer Intention heißt Brechung ihres Strahls in einem ihr fremden Medium." (Plessner 1980, 85, 340 zit. n. Kämpf 2001, 69)

Bringt man diesen Gedanken in Verbindung mit einer entsprechenden Haltung in der Improvisation, so ergibt sich aus der „Unergründlichkeit" nicht nur eine Einschränkung der Handlungs- und Erkenntnismöglichkeiten: die Konsequenz der konkreten musikalischen Aktion kann „nicht errechnet werden", sie ist in der aktuellen Spielsituation niemals ganz vorauszusehen. Dadurch erhält sich die Improvisation, (trotz der Herausbildung von Gewohnheiten und einer persönlichen Idiomatik) ihre Offenheit und Einmaligkeit. Zumal dort, wo mehrere Spieler beteiligt sind, wird auch der Mitspieler zu einem „Medium" im Sinne der von Plessner formulierten „Unergründlichkeit", da wir nicht vorhersehen können, wie der Mitspieler im Zusammenwirken von Situation und musikalischem Material reagieren wird.

Plessner begreift die Freiheit der Gestaltungsmöglichkeiten auch als eine Verpflichtung. In der Improvisation bezieht sich diese Verpflichtung gleichermaßen auf den musikalischen Stoff wie auch auf die Mitspieler, also auf *Verlauf* und *Beziehung*. Es ist dabei im Sinne der Polarität, wenn man der

Freiheit, die in der Indifferenz liegt, die Verpflichtung und die Gebundenheit an die Unabsehbarkeiten des Mediums gegenüber stellt. Freiheit und Gebundenheit werden so zu einem Polaritätspaar und sind nicht linear im Sinne einer fortschreitenden Entwicklung zu denken.[5] Dies entspricht auch der Haltung Friedlaenders, wenn er davon spricht, dass es Fortschritt nur in einer sich vervollkommnenden Harmonisierung zwischen den Polen geben kann und nicht in der Bewegung von einem Pol hin zum anderen.[6]

Die beiden Aspekte einer solchen Intensivierung des Austausches benennt Salber mit den Begriffen *Belastung* und *Steigerung*.[7] Auch Friedlaenders Verständnis einer Harmonisierung der Polarität zielt in diese Richtung. Unter Harmonisierung versteht er keine Reduktion der Spannung zwischen den Polen, sondern nur die Aufhebung ihrer „Disproportionalität" (Friedlaender 1926, 415).

Aufschlussreich sind in diesem Zusammenhang die Untersuchungen von Sebastian Leikert zum Verlauf von Improvisationen (Leikert 1990, 27 f). Seine Beobachtungen von Duo-Improvisationen zeigen, dass das gemeinsame Spiel in seinem Verlauf keinen Spannungsausgleich, keine „goldene Mitte" anstrebt, sondern die Bewegungsmöglichkeiten erprobt in einem Feld zwischen den Polen „Rahmung und Experiment", zwischen sicheren Strukturen und Wagnissen, die den Kontakt zwischen den Spielern und den Zusammenhalt des Verlaufs mal absichern, mal gefährden. „Es kommt zu einem sich aufschaukelnden Wechsel zwischen immer prägnanteren Werkpassagen und immer freieren, aber auch belastenderen Entwicklungsexperimenten." (Leikert 1990, 39) Die Improvisation findet nach Leikerts Beobachtungen dann ihren Schluss, wenn sie sich dem Punkt der größtmöglichen Gefährdung des Zusammenhaltes so weit wie möglich angenähert hat. Dies hat mit der Ahnung eines „Zuviel" zu tun, in dessen Nähe man gerät. „Ein Zuviel an Angst, an Genießen, an Nähe, an Gewalt. Diesen Punkt will die Improvisation erreichen, vorher hört sie nicht freiwillig auf; offenbar ist es diese *Lust am Zuviel*, die sie bewegt und begrenzt." (Leikert 1990, 37; Hvbg. Leikert)

In der Vorstellung eines Grenzraumes zwischen den Polaritäten und des Ortes der Schöpferischen Indifferenz haben wir zwei Ideen, die sich auf die

[5] Vgl. Kap. 4.6.2

[6] Vgl. Friedlaender 2001, 128

[7] Zur Anwendung dieser Begrifflichkeit auf die Improvisation in der musiktherapeutischen Behandlung siehe Kapitel 4.6.1

Improvisation beziehen lassen und eine ganz bestimmte Wahrnehmungseinstellung bedingen. Die Formulierungen einiger Improvisationsaufgaben, die ich verwende, entsprechen der Idee einer neutralen Mitte, der Indifferenz im Sinne Friedlaenders. So gibt es zum Beispiel in einer didaktischen Anleitung zur therapeutischen Improvisation die Aufgabe, sich im dialogischen Spiel mit dem Patienten auf einen imaginären, gemeinsamen Hintergrund zu beziehen und das eigene Spiel als Resonanz auf diesen Hintergrund anzusehen, in welchem man dann dem Anderen, vermittelt über den gemeinsamen Bezug begegnet.[8]

In anderen Improvisationsanleitungen geht es darum, neben zwei unterschiedlichen Spielmöglichkeiten, zwischen denen man wechselt, eine dritte ‚Spielweise' zu integrieren: die des *Nicht-Spielens*. Das *Nicht-Spielen* zielt nicht allein auf das musikalische Phänomen der Stille, sondern konstituiert einen dritten Ort, von dem aus die beiden anderen Qualitäten erkennbar werden. Vom Ort des Nicht-Spielens aus wird auch die Richtung spürbar, in die man sich bewegen wird, wenn man das Spiel wieder aufnimmt.[9]

In dieser Bewegung ergibt sich eine Entsprechung zu Plessners Vorstellung, für den die charakteristische Dynamik des Raumes zwischen den Polaritäten im „Vollziehen des Richtungswechsels" liegt (Nawe, 2008, 86). „Die polaren Sinnbereiche konstituieren sich gegenseitig in ihrer Unterschiedlichkeit und bringen einander hervor. [...] Polares Geschehen als Doppelsinn lässt sich erfassen als Kontinuum zwischen zwei einander ergänzenden und wechselseitig bedingenden Wirkeinheiten, als ‚mehr oder weniger' der einen oder anderen Ausprägung ohne Hierarchisierung der Pole." (Nawe über Plessner; Nawe 2008, 86) [10]

Friedlaender, Plessner, Salber

Wahrnehmen und Denken in Polaritäten führt in der Konsequenz dazu, sich über den Bereich Gedanken zu machen, in dem sich die Extreme begegnen. Bei Plessner wird ein solcher Bereich eher als Zone des Austauschs angesehen; bei Friedlaender steht der außerhalb der Bewegungen liegende Ort der Indifferenz im Mittelpunkt der Aufmerksamkeit, von dem aus die Extreme überschaubar werden.

Vergleichen wir damit das Austauschmodell der Gestaltfaktoren von Salber, so finden wir den Bereich zwischen den Polen und ihren jeweiligen

[8] Vgl. Deuter 1996, 55; 2005, 224

[9] ...ausführlicher dargestellt in Kap. 4.8

[10] Vgl. hierzu Gebsers Formulierung zur Polarität: Polarität „ahnt" noch den Gegenpol, „...weiß noch um das Ganze." (S. 61)

Eigenschaften noch auf eine andere Weise beschrieben. Bei Salber wird der Zwischen- und Übergangsbereich nicht allein als Mischung zwischen den Polaritäten angesehen. Der Übergangsbereich ist vielmehr selbst im Sinne einer Austauschbewegung in sich mehrfach gegliedert. Dieser Austausch wird in den Salber'schen Gestaltfaktoren, auf die sich die Systematik der Polaritätsverhältnisse in der Improvisation bezieht, mit den beiden Polaritätsachsen von *Abstützung* und *Relativierung* einer genaueren Beobachtung zugänglich. „Um mit einer paradoxen Wirklichkeit umgehen zu können, reicht die Benennung zweier Pole nicht aus, sondern wir müssen die jeweils konkrete Erscheinung in einem Hin und Her zwischen diesen Polen zu verstehen und zu beschreiben suchen." (Tüpker 1996, 39) In den Bewegungen innerhalb der Achse *Abstützung* und *Relativierung* geschieht der Austausch der beiden Pole, hier werden die Extreme „trennend verbunden, verbindend getrennt" (Plessner 2003, 150).[11]

Es dürfte deutlich geworden sein, dass es in der vorliegenden Arbeit um eine Darstellung der *praktischen Anwendungsmöglichkeiten* gedanklicher Systeme auf die Improvisation geht. Friedlaenders Auffassung, seine Sichtweise der Polarität, hauptsächlich aber auch die Vorstellung der Schöpferischen Indifferenz ist dafür ein Beispiel.[12] Der Versuch einer Übertragung der Ideen auf eine praktische Anwendung wie die Improvisation ist durchaus in Friedlaenders Sinne. Für ihn ist das Philosophieren „nicht eine Sache des quantitativen Vielwissens", sondern hat in erster Linie die Aufgabe, zu einer Vertiefung der „existenziellen Qualität" zu verhelfen (Frambach 1996, 15).

Die Autoren, die sich eingehender mit Friedlaender beschäftigen, bedauern es durchweg, dass er so weitgehend unbekannt geblieben ist und wünschen sich eine Renaissance (oder besser: eine *Naissance*) seiner Ideen. Für das Anliegen, die Handlungsformen der Musiktherapie zu begründen und darstellbar zu machen, erscheint es mir lohnend, sich auf Friedlaenders Begrifflichkeit zu beziehen. Wenn es darum geht, das Improvisationsgeschehen im Sinne der Polarität zu verdeutlichen, liefert uns die Vorstellung der Indifferenten Mitte so etwas wie den Schlussstein zu dem Bogen, der die zwei Pfeiler überwölbt, als die sich die gegensätzlichen Phänomene gegenüberstehen.

---

[11] Vgl. Kap. 4.6

[12] Eine Bewertung und Einordnung seiner Begrifflichkeit unter philosophisch historischen Gesichtspunkten kann hier nicht geleistet werden; sie müsste innerhalb eines primär philosophisch ausgerichteten Diskurses stattfinden. Zum Terminus der Schöpferischen Indifferenz vgl. Kap. 3.4, zu seiner Anwendung in der Improvisation Kap. 4.8

Dich im Unendlichen zu finden, musst erst unterscheiden, dann verbinden. In dem Aphorismus zu Beginn dieses Kapitels wird eine solche Architektur benannt. In Goethes Schriften zur Morphologie werden lebendige Prozesse als Gestaltbildung und Gestaltverwandlung beschrieben. Diesem Verständnis folgend, dürfte es angemessen sein, sich das „Unendliche" hier nicht im Sinne einer Transzendenz oder als Ort Nirwana-ähnlicher Auflösung vorzustellen. Als eine Bewegung in *Unendlichkeit* können wir vielmehr die Veränderungen ansehen, in denen sich lebendige Formenbildungen abspielen. Um sich in dieser Unendlichkeit der Verwandlungen (zurecht) zu finden, benötigt man zweierlei Fähigkeiten sowie die entsprechenden Begrifflichkeiten: Man muss Unterschiedliches erkennen können, und man muss ein übergeordnetes System zur Verfügung haben, einen Referenzpunkt, um in den Verbindungen Ordnungsprinzipien erkennen zu können. Der Forderung *„...musst erst unterscheiden"* kommen wir in der Unterscheidung der Pole nach; *„... dann verbinden"* ergibt sich in dem Blick, den wir auf das Zusammenwirken der Polaritäten haben[13] oder in der Position der Schöpferischen Indifferenz, von der aus die Unterschiedlichkeit der Phänomene überschaubar wird.

Busemann: Polarität als Verhältnis „komplementativer Strukturen"

Ein weiterer Vordenker psychologischer Polaritätssysteme ist Adolf Busemann, der sich in seiner Tätigkeit als Professor der Psychologie vor allem mit psychologischer Pädagogik befasst hat. In seiner Schrift „Die Einheit der Psychologie" entwirft er ein Modell, mit dem er die Strukturierungen psychischer Vorgänge beschreiben will, die der direkten Beobachtung nicht zugänglich sind, weil ihre Differenzierungen zu verborgen und so subtil sind, dass sie nur an ihren Folgeerscheinungen (im „Makropsychischen") abzulesen sind. Er nennt sie „mikropsychische" Vorgänge (Busemann 1948). Wiewohl beachtenswert, soll dieses Modell hier nicht im Einzelnen dargestellt werden.

Interessant ist im Zusammenhang der vorliegenden Arbeit die Argumentation, mit der Busemann die Notwendigkeit einer polaren Sichtweise psychischer Vorgänge begründet. Er beschreibt die Uneinheitlichkeit psychologischer Begriffsbildungen, die je nach Schule und Herkunft den Gegenstand anders auffasst und bezeichnet. Dabei weist er darauf hin, dass zwei unterschiedliche Begriffe zwar gegensätzlich sein können und unver-

[13] Vgl. Kap. 4.6

einbar scheinen, aber eigentlich beide notwendig wären, um die Komplexität seelischer Vorgänge zu beschreiben. „Wir stehen vor der erstaunlichen aber bislang fast unbeachtet gebliebenen Tatsache, dass wir Psychologen mit Begriffen arbeiten, die sich gegenseitig kontradiktorisch ausschließen, aber dabei doch zur vollständigen Erfassung des Vorgefundenen unentbehrlich sind und sich komplementativ benötigen und ergänzen." (Busemann 1948, 8) Die Begriffe „schließen sich paarweise aus und ergänzen sich andererseits dadurch, dass sie nur gemeinsam die Fülle der wirklichen komplexen Erlebnisse bewältigen." (Busemann 1948, 33)

Busemann entwirft ein Modell mit sechs verschiedenen „Dimensionen", das sich in zwölf Begriffspaare gliedert. „Grundlage dieses Systems ist die Kontradiktion innerhalb jedes Begriffspaares. Auf keine andere Weise sind die für eine alle psychologische Erfahrung umspannende Psychologie unentbehrlichen Begriffe in eine logische Ordnung zueinander zu bringen. Die antitypischen Begriffe schließen sich kontradiktorisch aus wie die beiden divergierenden Richtungen einer Geraden. Kein Begriff ist seinem Partner unterzuordnen, alle sind irreduzibel. Obwohl jeder Begriff unverträglich (incompatibel) ist mit seinem Gegenbegriff, sind beide erst miteinander imstande, das Psychische einzufangen (komplementativ)." (Busemann 1948, 43)

Die Paradoxie seelischer Strukturierungen wird hier im Begriff der *komplementativen* Struktur gefasst, was wir als eine analoge Bezeichnung für die Polaritätsbeziehungen ansehen können. Erst wenn sie in ein Ergänzungsverhältnis gebracht worden sind, ergibt sich aus den Gegensätzlichkeiten ein Gefüge, mit dem psychische Strukturierungen erfassbar werden. *„Psyche, als Gegenstand der empirischen Psychologie* [...] *verwirklicht sich im Sinne einer inneren Gegensätzlichkeit,* einer polaren Spannung, die ihrerseits zum Bestande unseres allgemeinsten Erlebens gehört und [...] in der Alternative allen Wertens und Stellungnehmens zum Ausdruck und zur Auswirkung kommt." (Busemann 1948, 43; Hvbg. Busemann)

Innerhalb von polaren Ergänzungsverhältnissen werden *Zusammenhänge* benennbar. An diese muss sich die Begrifflichkeit anpassen. „In Ganzheiten gewissen Umfangs wird Psychisches beschreibbar. Unter Umfang ist hier nicht zeitliche Dauer, sondern Komplexität verstanden. [...] Durch einseitige Verwendung einzelner Begriffe entstehen bloße Teilansichten des Psychischen." (Busemann 1948, 47)

Busemann plädiert dabei entschieden für eine *„Psychologica psychologice"*, eine ‚psychologische' Psychologie, die sich eigene, dem psychischen Gegenstand angemessene Begriffe bildet; er kritisiert die Tendenz, sich in anderen Wissenschaftsbereichen Begriffe und damit auch das entsprechende Denken auszuleihen. (Busemann 1948, 51) Stattdessen seien Begriffe erforderlich, „mit denen die Psychologie das Ganze ihres Gegenstandes" benennen kann: „Gegliederte Ganzheit, regelhafte Einmaligkeit, antinomische Ordnung, das sind in sich spannungsreiche, aber immerhin das Beschreibbare umklammernde *Ideen*. (Busemann 1948, 50; Hvbg. Busemann)

In der Systematik der Polaritätsverhältnisse ist es ein zentrales Anliegen, musikologische und psychologische Terminologie zu verbinden. Die verwendeten Begriffe sollen dazu geeignet sein, musikalisches Erleben und psychologische Bedeutung in einen Zusammenhang zu bringen. Die Begriffe, mit denen dies gelingen kann, beziehen sich, wie zuvor dargestellt, auf Vorgänge, die durchaus auch in Alltagstätigkeiten aufzufinden sind. Eine ähnliche Überlegung findet sich bei Busemann; er fragt sich, „ob nicht Begriffe zu finden sind, die […] die beschriebenen Sachverhalte doch unter allgemeineren Gesichtspunkten zu sehen erlauben. […] Es wird nicht gegen die Brauchbarkeit eines Begriffes sprechen, wenn er auch außerhalb der Psychologie richtige Verwendung finden kann. Es wäre ja möglich, dass beispielsweise die Lebenstatsachen nicht anders zusammengefasst sind als unter Annahme einer Analogie zum Psychischen." (Busemann 1948, 47)

Was hier eher vorsichtig in Betracht gezogen wird, ist im Konzept der Polaritätsverhältnisse ein bestimmendes Axiom: Seelische Wirklichkeit lässt sich in den „Lebenstatsachen", in den Alltagserfahrungen auffinden; die verwendetete Begrifflichkeit soll sich für alle hierbei relevanten Bereiche eignen: für die Beziehungserfahrung in der Improvisation, für die Aspekte des musikalischen Materials, für die Alltagserfahrungen und die psychologische Ausdeutung des Erlebens.

4. Darstellung der Systematik

In der Tat ist mir Musik weniger Gegenstand
aufklärerischer Rede als vielmehr
einer des oft unerklärbaren Handelns.
Wolfgang Rihm

Letztlich soll dieses ganze Gliedern, Proportionieren und
Ordnen nicht beschränken und einengen, vielmehr
wird es dadurch erst möglich, Dinge zu entdecken.
Isabel Mundry

Wie in Kapitel 3.2 dargestellt wurde, bezieht sich die Systematik der Polaritätsverhältnisse auf ein Strukturmodell Wilhelm Salbers. Salber benennt einzelne „Faktoren", die die psychischen Erscheinungsformen bestimmen, sie zusammenhalten und für ihre Bewegung sorgen: die Gestaltfaktoren. Mit der Darstellung der Polaritätsverhältnisse wird die Struktur der Salber'schen Gestaltfaktoren auf die musikalische Improvisation angewendet. Die Benennung der Faktoren ist hier eine andere; sie ist dem Gegenstand der Improvisation angepasst.

Die Begrifflichkeit, mit der Salber das seelische Geschehen beschreibt, ist innerhalb seines umfangreichen Werkes nicht einheitlich und gleichbleibend. Ausgehend von bestimmten Grundannahmen, verwendet er vielmehr unterschiedliche Benennungen, abhängig davon, unter welchem Blickwinkel und in welchem Zusammenhang die Phänomene jeweils betrachtet werden. Die Offenheit, eine der jeweiligen Gegenstandsbildung adäquate Begrifflichkeit zu verwenden, ist also innerhalb des Morphologischen Denkens angelegt. Wenn wir die Polaritätsbenennungen auf das musikalische Material beziehen, folgen wir dieser beweglichen und gegenstandsbezogenen Verwendung der Begriffe. Die Grundannahme innerhalb der Morphologischen Psychologie besteht in der Vorstellung des beständigen Wechsels von Form und Verwandlung innerhalb seelischer Vorgänge. „Gestaltbildung und Verwandlungen [sind] das ‚Erste' (Phänomenebene) und das ‚Letzte' (Erklärungsebene) im Seelischen [...], welches nicht weiter auf anderes zurückgeführt werden muß oder kann." (Tüpker 1996, 37)

Der Zusammenhang von Gestalt und Verwandlung gilt in der Morphologischen Psychologie als Erklärungsletztheit, während z.B. in der Psychoanalyse das Triebgeschehen als ursächliche Bedingung der seelischen Vorgänge und als Erklärungsletztheit angesehen wird.[1] In der Systematik der Polaritätsverhältnisse wird der Zusammenhang von Gestalt und Verwandlung auf die musikalische Strukturierungen in der Improvisation bezogen. Die Systematik stellt damit dem Musiktherapeuten eine Begrifflichkeit zur Verfügung, mit der er seine aus der künstlerischen Empfindung erwachsenen Wahrnehmungen über Entwicklungsrichtungen der Musik im Sinne eines therapeutischen Handlungsmodells bewahrheiten kann.

[1] Vgl. hierzu auch Kap. 3.4 : Das „Nicht-Wandeln" in der Vorstellungswelt des *I Ging* (S. 91 f)

Kapitel 4.1 Polaritätsbenennungen in der Improvisation – Überblick

Dem Pol-Charakter entsprechend ist das jeweils Anwesende nur die andere Form des Abwesenden, wobei sie einander ergänzen.
Jean Gebser

Sie hörte ihr Ideal von Musik: das schlagende Herz des anderen.
Peter Handke

Mit der Systematik der Polaritätsverhältnisse werden Ideen und Auffassungen der Morphologischen Psychologie auf die musikalische Improvisation angewendet. Damit wird es möglich, musikalische Stofflichkeit mit dem Erleben in der Improvisation in Zusammenhang zu bringen.[1] Es bedarf hierzu einer Bestimmung der unterschiedlichen Bereiche innerhalb des musikalischen Materials, mit denen wir umgehen wollen. Es stellt sich die Frage, wie wir den musikalischen „Stoff" gliedern wollen – von welchen einzelnen Bestandteilen müssen wir ausgehen, welches Element ist unverzichtbar, welches ist entbehrlich bei dem Vorhaben, die Improvisation zu verstehen?

Zwei unterschiedliche Bewegungen sind dabei miteinander in Einklang zu bringen. Es sollen einzelne, voneinander abgrenzbare Bereiche des musikalischen Materials unterschieden werden, gleichzeitig soll das Zusammenwirken dieser Elemente beschrieben werden. Als geeignete Begrifflichkeit für die Unterscheidung musikalischer Materialbereiche mag sich die Verwendung der musikalischen Parameter anbieten. Bei näherer Betrachtung stellt sich jedoch heraus, dass eine Benennung nach Parametern für unsere Absichten zu sehr einer Sichtweise verhaftet ist, die die Beschaffenheit der Musik als *Werk* betont und zu wenig den Prozess und die in der Musik wirksam werdenden Beziehungsverhältnisse erfassen kann. Die klassische Einteilung der musikalischen Parameter in *Tonhöhe, Tondauer, Klangfarbe* und *Lautstärke* bezieht sich zudem auf nicht weiter reduzierbare Grundelemente. Für die Absicht, musikalische Ereignisse und das damit verbundene Erleben zu beschreiben, sind die umfassenderen Begriffe in der Aufreihung

---

[1] Vgl. Kapitel 2.2.1 (S. 38) „Objektbestimmtheit des Materials" (Niedecken)

Harmonie, Melodie, Rhythmus, Dynamik und Klang besser geeignet, weil sie sich bereits auf eine gestalthafte Dimension beziehen.

Angebracht erscheint noch der Hinweis, dass die Systematik der Polaritätsverhältnisse auf die Improvisation zielt, also auf eine abgegrenzte Form musikalischer Praxis – und nicht auf die Musik insgesamt in der Vielfalt ihrer unterschiedlichen Erscheinungsformen.

Grundlegend für die Bestimmung einer geeigneten Begrifflichkeit ist die Auffassung, dass lebendiges Geschehen sinnvollerweise in Polaritäten beschrieben wird.[2] Wenn wir also im musikalischen Material nach abgrenzbaren Bereichen suchen, so geht es grundsätzlich um die Polarität unterschiedlicher Qualitäten, die den einzelnen Materialbereich bestimmen.

Die Materialbereiche, die in der Systematik der Polaritätsverhältnisse unterschieden werden und die in den nachfolgenden Kapiteln eingehender dargestellt werden, bezeichne ich als *musikalische Dimensionen*. So wie wir es gewohnt sind, Parameter der Musik getrennt voneinander zu betrachten, obwohl sie nur im Zusammenhang ihre Wirkung entfalten, so können wir einzelne Dimensionen des musikalischen Geschehens benennen, wohl wissend, dass sie sich genauso durchdringen wir die drei Dimensionen des Raumes.

Wir unterscheiden

- die Klangliche Dimension
- die Melodische Dimension
- die Rhythmische Dimension

Den Dimensionen Klang, Melos, Rhythmus werden nun unmittelbar keine spezifischen Eigenschaften zugeordnet; vielmehr wird in jeder Dimension eine Polarität benannt, die das Geschehen bestimmt. Erst aus der Beobachtung des Austauschgeschehens in der einzelnen Polarität kommen wir zu inhaltlichen Benennungen.

Da die Systematik neben der Charakterisierung des musikalischen Geschehens auch dazu dienen soll, das *Erleben* in der Improvisation zu beschreiben, werden der musikologischen Terminologie weitere Benennungsebenen hinzugefügt; aus diesen ergibt sich die Verbindung zur psychologischen Dimension und zum Alltagserleben. Im Umfeld der einzelnen Begriffe entsteht zusätzlich, je nach Zusammenhang, eine Art „Begriffstraube“, mit

[2] Vgl. Kap. 2.2.2

deren Benennungen der jeweilige Bedeutungskontext näher umschrieben wird.[3]

Die Polarität in der **Klanglichen Dimension** ist die zwischen *Klang* und *Stille*. Der Klang wird an dieser Stelle nicht im Sinne eines Parameters als Klangfarbe aufgefasst, sondern als alles, was hörbar in Erscheinung tritt. Den Gegenpol dazu bildet die Stille, als die ergänzende und mitbedingende Funktion.

Die Polarität der **Rhythmischen Dimension** findet sich in der Gegenüberstellung von *Struktur* und *Impuls*. Aus dem Wechselspiel einer in sich gleich bleibenden Struktur und den Einzelereignissen unterschiedlicher, einzelner Impulse ergibt sich der Austausch, in dem das rhythmische Geschehen lebt.

Die **Melodische Dimension** schließlich stützt sich auf den Austausch des Pols von melodischer bzw. motivischer Figurationen und des Pols einer ungestalteten Gesamtheit der musikalischen Erscheinungen; bezeichnet in der Polarität von *Motiv* und *Kontinuum*.

In diesen drei Polaritätspaaren sind also musikalische Inhalte bezeichnet, die aber bereits auf andere Benennungsebenen verweisen. Als wichtiges Bindeglied zwischen Phänomen und Bedeutung fungieren dabei *Bewegungs-* und *Handlungsbegriffe*. Sie schaffen eine Verbindung zwischen dem musikalischen Geschehen und der Alltagswirklichkeit des seelischen Erlebens, zu der die Musik uns in der musiktherapeutischen Behandlung einen Zugang ermöglicht. In der Musik erleben wir uns als Handelnde in ganz spezifischen Gesten der Äußerung. Gleichzeitig werden wir durch die Musik, durch die Mitspieler und den Verlauf der Improvisation selbst „behandelt". Wir geraten in etwas hinein, wir gewinnen, wir verlieren (irgendeine Form, oder uns selbst), wir tauchen auf und gehen wieder unter, wir nehmen Anteil und distanzieren uns, wir werden ausgestoßen oder vereinnahmt, wir werden angegriffen oder unterstützt, fühlen uns gelangweilt oder belebt, und dergleichen mehr.[4]

Die Handlungs- bzw. Bewegungsbegriffe, die in der Klanglichen Dimension die Polarität von Klang und Stille ergänzen, sind mit dem Begriffspaar *erscheinen* und *vergehen* benannt. In der Rhythmischen Dimension ist es die Polarität von *verbinden* und *lösen*, und in der Melodischen Dimension gestaltet die Polarität von *verdeutlichen* und *vereinheitlichen* das Geschehen.

---

[3] Vgl. Kap. 4.6.1, Belastung und Steigerung bzw. 4.6.2, Handlung und Widerfahrnis

[4] Vgl. Kap. 4.6.2, Handlung und Widerfahrnis

Zusammen mit den musikalischen Benennungen ergibt sich die folgende Aufstellung:[5]

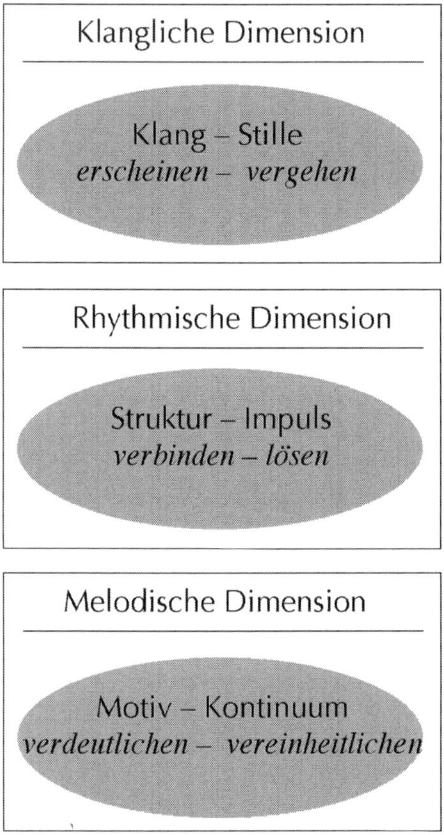

Abb. 3: Die drei musikalischen Dimensionen. Die erste Ebene benennt die musikalische Dimension; die zweite bezeichnet deren Polarität. Die dritte Ebene benennt den entsprechenden Handlungs- bzw. Bewegungsbegriff.

---

[5] Eine nähere Erläuterung der einzelnen Begriffe findet sich in den nachfolgenden Kapiteln; dort wird die einzelne musikalische Dimension ausführlich dargestellt (4.2, 4.3, 4.4).

Form und Dynamik

Die Elemente der *Form* und der *Dynamik*, die in der Musik eine wichtige Funktion haben, bleiben in der Systematik der Polaritätsverhältnisse nicht unberücksichtigt, auch wenn ihnen keine eigene Polaritäts-Achse zugeordnet ist. Formaspekte und dynamische Strukturierungen ergeben sich aus der Spannung der jeweiligen Polarität und aus dem Zusammenspiel der drei Dimensionen Klang, Rhythmus und Melodie. Formelemente werden erkennbar in den Bewegungen zwischen den Polen *erscheinen* und *vergehen;* Abschnitte, Phrasierungen, Wiederholungen und Neuentwicklungen werden als größere Zusammenhänge im Erscheinen und Vergehen einzelner Gestaltungselemente deutlich. Die Dynamik entfaltet sich zwischen allen Polen, und zwar sowohl allgemein verstanden als das Verhältnis unterschiedlicher Kräfte, als auch im engeren musikalischen Sinne in den Relationen von *laut* und *leise,* von *schnell* und *langsam,* von *crescendo* und *decrescendo, accelerando* und *rallentando.* Veränderungen in der Lautstärke und im Tempo sind dabei immer an einen bestimmten musikalischen Inhalt gebunden: es ist ein Klang, der lauter wird, es ist eine rhythmische Figur, die schneller wird, ein Motiv, das sich verlangsamt, eine Pause, die sich dehnt etc. Die Dynamik einer Improvisation im Ganzen, sowohl den Verlauf als auch die Beziehung der Spieler betreffend, ist davon abhängig, wie lebendig sich der Austausch in der Polarität von *erscheinen* und *vergehen,* von *verbinden* und *lösen,* von *verdeutlichen* und *vereinheitlichen* gestaltet.[6]

In den folgenden Kapiteln werden die musikalischen Dimensionen im Hinblick auf ihre jeweilige Polarität behandelt. Danach geht es um die zweite Bewegung, die in Goethes Postulat[7] *„musst erst unterscheiden, dann verbinden"* enthalten ist: Die drei musikalischen Dimensionen werden in ihrem Zusammenwirken beschrieben; die Darstellung geht auf ein Modell Wilhelm Salbers zurück, in dem der Zusammenhang der Gestaltfaktoren veranschaulicht wird.

Die nachstehende Skizze gibt einen ersten Überblick; die verschiedenen Versionen, die Begriffe „Abstützung" und „Relativierung" und die musikalisch-therapeutischen Implikationen dieses Modells werden im Kapitel 4.6 (Zusammenwirken der Polaritätsachsen) ausführlich dargestellt.[8]

---

[6] Die Handlungs- und Bewegungsbegriffe werden in der Folge jeweils klein und kursiv geschrieben (*erscheinen – vergehen, verbinden – lösen* etc.), unabhängig davon, ob sie je nach Satzzusammenhang dekliniert und in Großschreibung erscheinen müssten.

[7] Siehe das Motto zu Kap. 3.4: Dich im Unendlichen zu finden… (S.83)

[8] Eine Übersicht der Abbildungen zur Systematik findet sich im Anhang (S. 261)

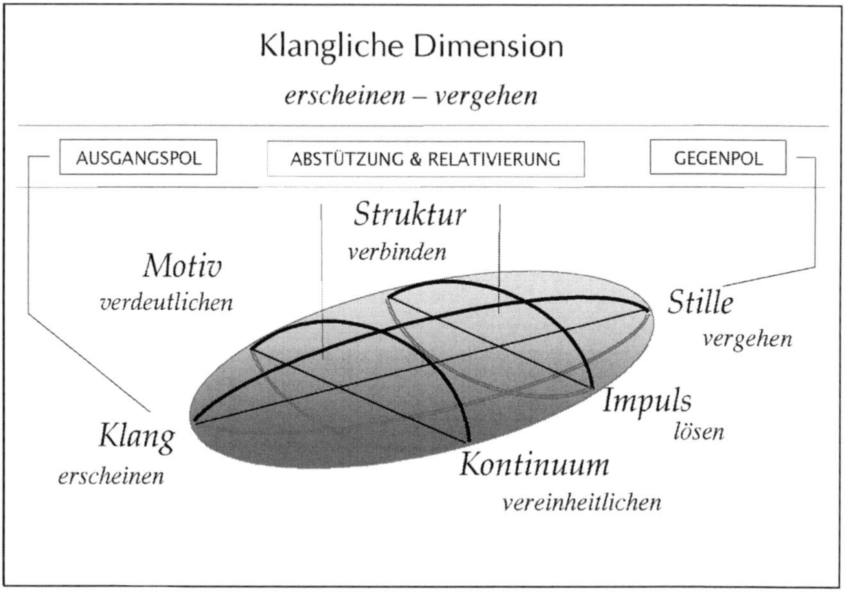

Abb. 4: Zusammenwirken der Polaritäts-Achsen (Klang - Stille, *erscheinen* - *vergehen*)

4.2 Klangliche Dimension: Klang – Stille
erscheinen – vergehen

Gib uns außerhalb des Schlafes die Stille.
Giorgos Seferis

Das Schweigen ist für das Wort wie ein Netz,
das unter dem Seiltänzer gespannt ist.
Max Picard

Es wird süß sein zu schweigen.
Cesare Pavese

In den musikalischen Dimensionen, die wir in der Systematik unterscheiden, ist es bei der Polarität von Klang und Stille wohl am schwierigsten, sich einen Zusammenhang der beiden Pole vorzustellen, der darüber hinausgeht, dass sich Klang und Stille gegenseitig ablösen. Zwar lässt sich eine gedankliche Vorstellung eines weitergehenden Bedingungsverhältnis von Klang und Stille entwerfen, wie aber verhält es sich damit in der musikalischen Praxis? Hier ist es zunächst einmal eine Tatsache unwiderlegbarer Erfahrung, dass jeder erklingende Ton die Stille beendet, die erst dann wieder in Erscheinung tritt, wenn wiederum der letzte Ton verklungen ist; wir hätten es also mit einer Situation zu tun, in der Klang und Stille in einem Gegensatzverhältnis stehen, sich in ihrer Existenz wechselseitig ausschließen.

Dem Denken und Wahrnehmen in Polaritäten entspricht es jedoch, sich die beiden Positionen Klang und Stille als einander bedingende Größen vorzustellen; die „Ahnung um das Ganze" (Gebser) soll erhalten bleiben, auch wenn der momentanen Wahrnehmung nur jeweils einer der beiden Pole zugänglich ist.

Praktische Erfahrungen im Zusammenhang von Klang und Stille gibt es gleichwohl. Eine Improvisation aus der Stille zu beginnen, ist eine bewährte Spielform, die sicherstellt, dass die Stille als mitwirkender Faktor wahrgenommen werden kann, bevor die Klangfülle und Vielfalt der Formen ihre Wirkung vergessen machen. Sofern es sich um eine Improvisation mehrerer Spieler handelt, ermöglicht die Wahrnehmung der Stille auch eine initiale Erfahrung der Gemeinsamkeit im (akustisch) Ungestalteten, bevor sich die

Klänge dann, den unterschiedlichen Intentionen der einzelnen Spieler folgend, auseinanderbewegen. Auch die Stille *nach* einer Improvisation wird in ihrer besonderen Qualität oft sehr eindrücklich wahrnehmbar. Hier kann es sein, dass sich die Stille noch eine Weile ausdehnt, und es wird zu einer unverrückbaren Forderung des Augenblicks, dass noch nichts gesagt wird, dass noch keine Bewegung entsteht, die die Stille stören könnte, solange, bis sich ein Bogen geschlossen hat, bis die Dynamik ausgeschwungen ist, die als lautloser Nachhall im Raum zu spüren ist.

Auch in dieser Perspektive halten wir uns jedoch noch an eine zeitliche Auseinanderfaltung, an ein Nacheinander von Klang und Stille, während die Polarität ein gleichzeitiges, sich im Fluss des Spiels einander bedingendes Zusammenwirken beider Pole beinhaltet. Die Stille (als Gegenpol des Erklingenden) muss also im musikalischen Erleben als ein Gegenüber kenntlich werden, das auch im Verlauf der Musik die entstehenden Formen mitgestaltet; die Stille muss als ein Wirkfaktor erlebbar sein, der auch im akustischen Getümmel seine Gestaltungskraft nicht verliert.[1]

Beim Sprechen über die Musik findet sich oftmals eine Überschneidung der Begriffe *Stille* und *Pause.* Ist die Stille die Rahmung der Musik in zeitlicher Hinsicht, so tritt sie innerhalb des Musikstücks als Pause auf, als Unterbrechung der hörbaren Ereignisse. Die Vorstellung der Pause als einer Unterbrechung der Aktivität führt uns aus dem musikalischen Erleben in die Alltagswirklichkeit. Hier ist es nun von einiger Bedeutung, wie Pausen konnotiert werden: als bloße Unterbrechung des Geschehens oder als eigene Qualität, die der Tätigkeit als ergänzender Pol gegenübersteht. Im Sinne der Polarität werden wir Pause und Stille nicht nur von der Abwesenheit der Aktivität bzw. des Klanges her auffassen, sondern wir interessieren uns für die Wirksamkeiten, die in ihren Eigenschaften selbst liegen.

Die Bedeutung der Pause in unseren Alltagstätigkeiten behandelt Thomas Macho in einem Essay über die „Kunst der Pause" und erwähnt zunächst die gängige Vorstellung, bei der die Pause nur eine unterstützende, untergeordnete Funktion innehat. „Pausen empfangen offenbar ihren Sinn, ihre Wesensbestimmung, nicht aus sich selbst, sondern aus dem paradoxen Versprechen, daß sie die Effizienz der unterbrochenen Tätigkeiten steigern werden. Pausen sind also negativ definiert: als Zeitspannen, die *zwischen* den relevanten Ereignissen liegen und sich ihren Reiz nur von ihnen borgen." (Macho 1991, 136; Hvbg. Macho)

---

[1] Vgl. Kap. 4.5.1

Dem gegenüber steht die Auffassung einer polaren, rhythmisch abwechselnden Entsprechung unterschiedlicher Qualitäten innerhalb der menschlichen Tätigkeiten. Die Pause ist nicht lediglich Unterbrechung des Geschehens, sondern wird Gegenpol und mitbedingendes Element.

> „Wie selbstverständlich begleitet uns das Metrum der Atmung, des Pulsschlags, der Nahrungsaufnahme und -ausscheidens; wie selbstverständlich erleben wir unsere täglichen Weltuntergänge im Schlaf. Jedem Augenblick folgt ein unmerklicher Moment der Verdunkelung. Unser Sehen verlangt offenbar regelmäßige *Sehpausen.* [...] Unser Leben ist als Frequenz, als Kollusion von Polaritäten, verfaßt: als Rhythmus von *Da-sein* und *Weg-sein,* von Präsenz und Absenz, Zuwendung und Abwendung." (Macho 1991, 139)

Im Hören, als einer besonderen Form des Weltbezugs, liegt für Macho nun noch einmal eine besondere Erfahrungsmöglichkeit der Polarität von „Präsenz und Absenz", von *erscheinen* und *vergehen.* Hier versinnbildlicht sich für ihn die Gleichwertigkeit der Erfahrung von Geschehnis und Unterbrechung, die auch den Zusammenhang von Klang und Stille bestimmt

> „Vielleicht läßt sich diese Polarität unseres 'In-der-Welt-seins' nirgendwo und niemals deutlicher erfahren als im *Hören.* Denn hörend leben wir ständig zwischen zwei Welten, ohne daß uns dieser fundamentale Dualismus besonders aufzufallen scheint. Ununterbrochen hören wir nach innen und nach außen zugleich: Während wir unsere Ohren einem beliebigen Schallereignis leihen, vollziehen sich Dialoge und Gespräche in unseren Köpfen. Im Hören vollzieht sich der Wechsel zwischen Da-sein und Weg-sein beinahe unmerklich und übergangslos. Eben waren wir noch da, schon sind wir wieder fort. Gerade haben wir noch dem Straßenverkehr gelauscht, schon sind wir wieder hinter unserer inneren Geräuschkulisse verschwunden. [...] Aber auch das innere Hören wird permanent unterbrochen, etwa durch Stimmen und Geräusche, die von außen einfallen." (Macho 1991, 140)

Diesem Ineinander zweier unterschiedlicher Richtungen würde es entsprechen, wenn wir uns Stille und Klang als Kräfte vorstellen, die im musikalischen Geschehen zusammen und andauernd formgebend sind: Stille als ein dem Klang gleichwertiger Gestaltungsfaktor. Die Wirkung der Stille wäre „konstitutiv anwesend und eben nicht als bloße Verzögerung einer linearen Entwicklung ausgetilgt. Die Pause müsste positiv bestimmt werden, ohne jemals ihrer Gegenseite dauerhaft subordiniert werden zu können." (Macho 1991, 137)

Eine Improvisation, die solcherart die Stille mit in ihr Gestaltungsspektrum einbezieht, wird sich in ihrer Erlebensqualität wesentlich unterscheiden von einem Spiel, bei dem die Stille nur vor und nach den Klängen eine Rolle spielt. Beispiele hierzu im Kapitel 4.5.1.

Macho zitiert in dem erwähnten Text zur „Kunst der Pause"[2] Martin Heidegger, der die Polarität von ‚Da-sein' und ‚Weg-sein' als eine „Rhythmik des Existierens" auffasst.

„Heidegger votierte also für einen Umsturz der Werte jener produktions- und aktivitätsorientierten Epoche, die er als Epoche der ‚Seinsvergessenheit' wahrnahm. Was wir nämlich vordergründig als ‚Weg-sein' erfahren – die Pause, die Abwendung von allen möglichen Objekten der Konzentration und aktiven Beschäftigung, die Angst und die Langeweile –, beschrieb er als Formen des ‚eigentlichen' Daseins, als ‚Sein zum Tode' und als ‚Hineingehaltenheit ins Nichts'". (Macho 1991, 139)

Im Sinne der Polarität müssten wir uns mit der Frage, welche der beiden Qualitäten nun die „eigentliche" sein soll, gar nicht länger aufhalten. Dass wir die Seite der Zuwendung zu den Dingen als die eigentliche und hauptsächliche ansehen, entspricht zunächst der Blickrichtung unserer Wahrnehmung. In Polaritäten zu denken impliziert darüber hinaus die Beweglichkeit zwischen den Polen Klang und Stille, zwischen Da-sein und Weg-sein, *erscheinen* und *vergehen* etc., bei der wir auf eine Gewichtung von *eigentlich* und *nicht-eigentlich* verzichten.

Es liegt an den besonderen Möglichkeiten der Musik, dass wir im Spiel die Antinomie von Klang und Stille, von *erscheinen* und *vergehen*, zumindest zeitweise aufheben können und zu einer Gleichzeitigkeit des Erlebens beider Qualitäten kommen. Für den Kulturphilosophen Max Picard ist „der Ton der Musik [...] nicht wie der Ton des Wortes dem Schweigen entgegengesetzt, er ist dem Schweigen parallel. Es ist, als führen die Töne hin über das Schweigen, als würden sie geschoben vom Schweigen auf seiner Fläche. Musik ist Schweigen, das, träumend anfängt zu tönen." (Picard, zitiert nach Macho 1991, 146)

Picard bringt seine kulturkritische Haltung in einer Apologie des Schweigens zum Ausdruck. Für ihn ist der zunehmende Verlust der Fähigkeit, im Schweigen Wesentliches menschlicher Existenz zu erfahren, Hinweis auf einen grundlegenden Mangel, der in der Kultur unserer Zeit zu verzeichnen ist. „Schweigen gibt es heute fast nur noch so: als Unfähigkeit, daß einer nicht mehr reden kann, als etwas Reduziertes, Negatives, nur in dieser Form erscheint es noch. Es ist nur noch wie ein Konstruktionsfehler im andauernden Ablauf des Lärms." (Picard 1950, 232)

Das Schweigen als ergänzende Qualität zur Rede wird ihm dagegen zum Garant der Sinns, der die Rede erst rechtfertigt. Setzen wir diesen Gedankengang in Analogie zur Beziehungserfahrung in der Improvisation, so trifft

[2] Untertitel: „Eine musikontologische Meditation"

er sich mit dem Erleben, dass das Spiel beziehungsvoller wird, wenn die Spieler nicht nur auf die wechselseitig produzierten Klänge bezogen sind, sondern auch auf die Stille als Element der gemeinsamen Präsenz. Ersetzen wir im folgenden Textabschnitt von Picard die Benennung, die sich auf das Sprechen bezieht, jeweils mit einer, die den musikalischen Dialog bezeichnet, so wird dieser Zusammenhang offenkundig:

> „Wenn aber zwei Menschen miteinander reden, so ist immer ein Dritter dabei: Das Schweigen, es hört zu. Das macht das Gespräch weit, daß die Worte sich nicht im engen Raum der Redenden bewegen, sondern daß sie von weither kommen, dorther, wo das Schweigen zuhört, - dadurch werden sie voller. Aber nicht nur das: die Worte sind vom Schweigen her geredet, von jenem Dritten her, es wird dem Zuhörenden mehr gegeben, als vom Redenden selber kommen kann. Der dritte Redende in einem solchen Gespräch also ist das Schweigen. Am Schlusse der platonischen Dialoge ist es jedesmal, als ob das Schweigen selbst redet - die Menschen, die geredet haben, sind Zuhörer des Schweigens geworden." (Picard 1950, 19)

Ein musikwissenschaftlicher Zugang zum Phänomen von Klang und Stille, der das Verständnis dieser Polarität erweitern kann, findet sich bei Zofia Lissa in ihren „Aufsätzen zur Musikästhetik" (Lissa 1969). Für sie ist die Stille, durchaus im Sinne des Polaritätsdenkens, „konstruktiver Faktor des musikalischen Gewebes, obwohl sie im Prinzip nichts anders ist als die Negation der klanglichen Materie." (Lissa 1969, 164) Hier finden sich in ein und demselben Satz zwei unterschiedliche Auffassungen über die Zusammenwirkung von Gegensätzen oder eben Polaritäten. Als „konstruktiver Faktor" angesehen, wird die Stille zu einem Pol innerhalb einer Polarität, während sie als „Negation der klanglichen Materie" aus der Polarität herausgenommen wird und sich Klang und Stille als Gegensätze gegenüberstehen. In der weiteren Darstellung der Stille bzw. der Pause in ihrer Bedeutung für den musikalischen Verlauf bekennt sich Lissa zumindest implizit zu einer Auffassung, die dem Polaritätsdenken durchaus entspricht. Der Unterschied zwischen Klang und Stille wird zunächst so charakterisiert, dass das Klanggeschehen im Verlauf eines Musikstücks einer kontinuierlichen Veränderung und Entwicklung unterworfen ist, während die Stille „im Prinzip ein und dieselbe" ist. Unterschiedliche Wirkung habe sie aber dennoch, da sie innerhalb eines Werkes verschiedene Funktionen erfüllt – und die jeweilige Funktion der Stille hängt mit dem Charakter des sie umgebenden musikalischen Geschehens zusammen.

Für die musiktherapeutische Perspektive von großem Interesse ist Lissas Darstellung der unterschiedlichen Funktionen der Stille resp. der Pause sowohl innerhalb eines Musikstücks als auch in musikgeschichtlicher Hinsicht – verstanden als Entwicklung der Pause von einer Gliederungsfunktion einzelner Formabschnitte hin zu einem eigenen Ausdrucksmittel. In der neueren Musik ist die Pause (in ihrer akustischen Erscheinungsform als Stille) ein „grundlegender formschöpferischer, strukturierender Faktor." Sie ist „direkt in das Klanggewebe eingeschaltet und, was das Wichtigste ist, in ihren Ausmaßen seiner Agogik, Rhythmik und seinem Metrum unterworfen. [...] Ihre ästhetische Funktion, ja selbst – wie seltsam das erscheinen mag – ihr ‚Ausdruck' [kann] recht verschieden sein." (Lissa 1991, 167)

Was hier als seltsam apostrophiert wird, erscheint uns im Sinne der Polarität einleuchtend: die Stille besitzt als ergänzende Funktion eine eigene Qualität, die sich auf die Eigenschaften des Klangs bezieht, diese aber nicht nur von dort, gleichsam als Resonanz und Nachhall geliehen bekommt. Die Stille wird vielmehr zu einem „Faktor, der der architektonischen Strukturierung des musikalischen Ablaufs hilft, sich herauszuheben. [...] Die energetische Rolle einer solchen Pause kann sehr *verschieden* sein, je nach dem Charakter der Klangstrukturen, von denen die Pause umgeben ist, und je nach dem Gesamtbild des Spannungsverlaufs, in den sie einbezogen ist." (Lissa 1969, 168, Hvbg. Lissa).

Innerhalb des einzelnen Musikstücks benennt Lissa verschiedene Funktionen der Stille, deren Differenzierungen uns auch in der Improvisation hilfreich sein können. Sie unterscheidet die Pause mit der Funktion einer „Interpunktion" (also zur Unterscheidung von Abschnitten) von Pausen mit „energetischer Funktion", die dem „Aufbau und Entladung von Spannung" dienen. Pausen können zur „Hervorhebung eines Kontrastes" verwendet werden, die „Aufschiebung einer Konsequenz" bedeuten oder als „Nachhall" den Hörer bei der Verarbeitung eines klanglichen Eindrucks unterstützen (Lissa 1991, 168 ff). „Der Hörer braucht" die Pause, „vor allem in der impressionistischen Musik, damit sich der komplizierte statische Klang in ihm entladen kann, damit er seine Qualität begreifen und sich an ihr sättigen kann, ohne den Klang direkt mit den vergangenen und den erwarteten Klängen zu verbinden." (Lissa 1991, 175) In der Neuen Musik sieht sie „fragmentarische Klangstrukturen [...] sozusagen in Stille ‚gewickelt'". Bei diesen Klangstrukturen ist es besonders wichtig, Stille nicht nur als Abwesenheit von Klang aufzufassen, sondern als ein eigenes Gestaltungselement zu werten.

Die Funktion der Stille, die Lissa für die Neue Musik beschreibt, hat auch Gültigkeit für die Formenbildungen, mit denen wir in der Musiktherapie zu tun haben. Pausen ermöglichen es, sich in Formen zurechtzufinden, die unseren Hörerwartungen entgegenlaufen. Fragmentarische, für sich stehende Klangereignisse sind für den Hörer bzw. den Mitspieler weniger verstörend, wenn zwischen den einzelnen Bestandteilen Stille entsteht und diese Stille nicht nur als Abwesenheit des Klangs erlebt wird, sondern als eigenwertiges musikalisches Element wahrgenommen werden kann. „Die Pausen kommen […] in einer gewissen Art dem Hörer entgegen, sie sind eine Chance für den Hörer dieser Musik: Sie gestatten ihm, subjektive Verbindungen zwischen den klanglichen Strukturen vorzunehmen, die anscheinend aus der Perspektive früherer Hörgewohnheiten völlig desintegriert sind." (Lissa 1991, 176)

Auf die Stille hören, um den Sinn des Klanggeschehens zu verstehen – was hier aus musikologischer Sicht auf die Komposition bezogen formuliert wird, lässt sich auf die Improvisation übertragen. Die Ausrichtung auf beide Pole, auf Klang *und* Stille, ergibt eine musikalische Intervention des Musiktherapeuten, der sich im Spiel des Patienten mit einer ‚gestörten' Polarität von Klange und Stille, von *erscheinen* und *vergehen* konfrontiert sieht. In Spiel des Therapeuten wird die Polarität von Klang und Stille wirksam, die in der Musik des Patienten nicht zustande kommt.

Die Beispiele aus der Arbeit von Zofia Lissa machen auch deutlich, dass die Polarität von Klang und Stille von grundsätzlicher Bedeutung ist für die Entwicklung von Formverhältnissen. Ein lebendiger Austausch der beiden Pole Klang und Stille ist die Voraussetzung für die Bildung einzelner Abschnitte innerhalb eines musikalischen Verlaufs. Abschnitte wiederum stellen eine Möglichkeit dar, Verschiedenes, auch Gegensätzliches zu repräsentieren und gleichzeitig ihren Zusammenhang aufrechtzuerhalten. Abschnitte sind zudem Voraussetzung dafür, Konsequenz und Geschichtlichkeit darzustellen und überschaubar zu halten. Der Beobachtung, in welchem Verhältnis die Fähigkeit der Phrasierung, also der musikalischen Abschnittbildung, zur Entwicklung innerhalb einer musiktherapeutischen Behandlung steht, widmet Peter Hoffmann eine vollständige Arbeit; sie trägt den Titel „Zur (Wieder-)Entdeckung der Zeit. Die Bedeutung des Phrasierens in Improvisationen der Musiktherapie" (Hoffmann 2002).

Nicht nur im Hinblick auf größere Formabschnitte, auch in musikalischen Mikrostrukturen ist ein funktionierender Austausch zwischen den Polen *erscheinen* und *vergehen* die Voraussetzung für die Erkennbarkeit der Form. So ist beispielsweise die kleine Unterbrechung zwischen Schlag und Gegenschlag notwendig, um (neben der unterschiedlichen Taktzeit) eine rhythmische Figur kenntlich zu machen. Ähnlich bei der Synkope; hier fällt eine Pause auf die betonte Taktzeit und ermöglicht so erst die Verschiebung des Akzentes, der als rhythmische Variante für Belebung und Spannung sorgt. Melodische Abschnitte und Motive müssen sich (durch Pausen) voneinander abheben, damit eine sinnvolle Gliederung erkennbar werden kann. „Wir lauschen einer Stille, die durch hörbare Erscheinungen repräsentiert wird." (Lissa 1969, 181)

In einem Konzert mit Neuer Musik übernimmt der Hörer im Hinblick auf die Polarität von Klang und Stille eine besondere Rolle. Indem er auf die Stille hört, trägt er dazu bei, einen Raum zu manifestieren, in dem die Stille sich bewahrheiten kann; diesen Raum erzeugt der Hörer zusammen mit den Musikern als Gegenpol zu den klanglichen Ereignissen. Zwar ist es auch in einem klassischen Konzert eine Voraussetzung für die Wirksamkeit der Musik, dass sich die Hörer der eigenen Äußerung enthalten, innerhalb der Klangstrukturen Neuer Musik kommt dem Hören auf die Stille aber noch eine gesteigerte Bedeutung zu. Jedes Stuhlknarren, jedes Fußscharren und Räuspern mischt sich hier in denselben Klangraum, in dem sich auch die komponierten, absichtlich erzeugten Klänge ausbreiten.

Dabei darf das Hören auf die Stille eben nicht nur ein Abwarten auf das nächste Klangereignis sein, sondern erfordert eine aktive Haltung, ein *Raumschöpfen*, das der Abfolge von Klang und Stille erst den Sinn verleiht.[3]

Was für die minimalen und offenen Strukturierungen der Neuen Musik zutrifft, hat Implikationen für das Verständnis der Improvisation. In der Behandlungssituation ist es der Therapeut, der seine Wahrnehmungsausrichtung über die hörbaren, akustisch manifesten Ereignisse hinaus auf die Stille hin erweitert. Die Wahrnehmung der vollständigen Polarität ergibt sich dann, wenn die Stille als Topos erkennbar bleibt, auch wenn man sich inmitten großer Klangfülle und -vielfalt befindet, wenn also Stille im akustisch-physikalischen Sinne momentan eigentlich nicht existent ist.

Das ist eine paradoxe Vorstellung – aber sie ist praktikabel, und im Sinne einer therapeutisch relevanten Wahrnehmungseinstellung ist es zudem eine überaus nutzbringende Vorstellung. Wie daraus wirksame musikalische Interventionen erwachsen können, wird an anderer Stelle eingehender erörtert.[4] Die Auswirkungen, die ein gestörtes Verhältnis in der Polarität von *erscheinen – vergehen* auf das seelische Erleben, auf die Beziehungs- und Gestaltungsfähigkeiten haben kann, werden uns in ihrer Implikation für das musikalische Beziehungsgeschehen ebenfalls später noch beschäftigen.

---

[3] Einen entsprechenden Gedanken formulierte Wolfgang Rihm in einem Podiumsgespräch über seine Kompositionen. Er verdeutlichte die Einmischung der Hörer durch deren eigene Lautäußerungen während eines Konzertes sinngemäß so: „...als ginge jemand im Museum herum und bringe kleine Anmerkungen und Veränderungen an den Bildern an." (Tage für Neue Musik Stuttgart 1994)

[4] Vgl. Kap. 4.5.1

Das Verhältnis von Klang und Stille im Sinne der Aktivität und Inaktivität, von Geschehnis und Unterbrechung, taucht in einer weiteren Version in einem philosophischen Text von Martin Seel auf. Seel sieht die Musik insgesamt in der Funktion einer Unterbrechung im Ablauf unserer Alltagsaktivitäten, in denen wir den Gegensatz zwischen Selbstbezug und Objektorientierung oft als unauflösbare Spannung erleben.

„In ausgezeichneten Fällen schafft Musik die Möglichkeit, in der Aufmerksamkeit für ihre Vollzüge, ganz bei diesen und hierin zugleich ganz bei sich zu sein. Zur Idee der Musik gehört das Innehalten in einer ekstatischen Zeit – ein alles Abwägen aufgebendes Dabeisein bei und Aufgehen in einer Sache. […] Musik ist Berührtsein durch die Welt im Zustand eines kurzzeitigen und oft kurzweiligen Herausgehobenseins aus ihr – eine Bindung ans Ungebundene im Zustand von Leib und Leben." (Seel 2007, 184)

In diesen Gedanken scheint die Ansicht auf, dass es in der Musik gelingen kann, zwei Verfassungen zusammenzubinden, ohne dabei deren Unterschiedlichkeit aufzuheben – mithin Polarität zu erfahren: Da-Sein und Weg-Sein, Erscheinen und Vergehen, „Berührtsein" und „Herausgehobensein" als Qualitäten, die in der Musik trotz ihrer Gegensätzlichkeit aufeinander bezogen bleiben.

Eine Improvisation, bei der die Stille im Sinne der in diesem Kapitel geschilderten Weise in den Gestaltungshorizont mit einbezogen ist, wird sich im Erleben wesentlich von einem Spiel unterscheiden, bei dem die Stille nur als Rahmung, vor und nach den hörbaren Klängen, zur Geltung kommt. Im Kapitel 4.5.1 werden hierzu Beispiele geschildert; die musikalischen Erfahrungen in der Polarität von Klang und Stille berühren dabei zuweilen eine Dimension, in der das Erleben von *erscheinen – vergehen* die Rahmung von Leben und Tod berührt.

Abschließend die verschiedenen Benennungsebenen der Klanglichen Dimension noch einmal im Überblick:

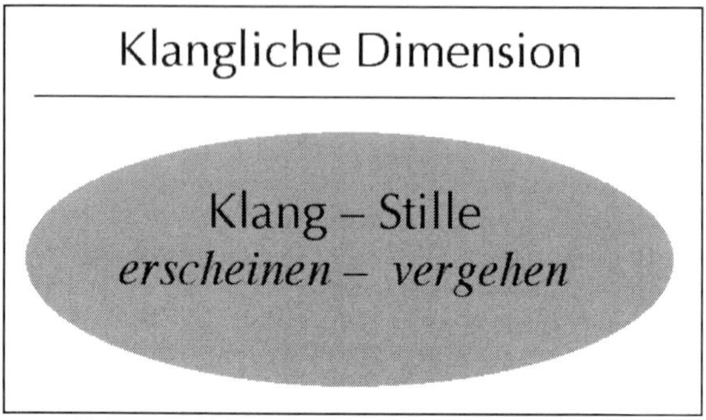

Abb. 5: Klangliche Dimension

4.3 Rhythmische Dimension: Struktur – Impuls *verbinden – lösen*

Strukturen überall, der Gegentraum gegen die Zerstörung.
Elias Canetti

Die Tröstung ist die Verwandlung.
Heiner Müller

In der Improvisation sind die musikalischen Dimensionen von Klang, Rhythmus und Melos alle gleichzeitig wirksam, bedingen und beeinflussen sich gegenseitig. In einer Textform wie der vorliegenden kommen wir dagegen nicht umhin, die unterschiedlichen Eigenschaften im Nacheinander zu entwickeln; Systematisierungen, die sich auf eine sprachliche Darstellungsform stützen, machen die Entscheidung notwendig, in welcher Reihenfolge die einzelnen Dimensionen präsentiert werden. Die Abfolge, die gewählt wurde (klangliche, rhythmische, melodische Dimension), stellt allerdings keine Hierarchie dar. Mit der klanglichen Dimension zu beginnen, ist nahe liegend, da das In-Erscheinung-Treten der Ausgangspunkt sämtlicher Geschehnisse ist. Das, was musikalisch erscheint, hat dabei vom ersten Augenblick an eine besondere, bestimmbare Qualität, die auch von den beiden anderen Polaritäts-Achsen beeinflusst wird.

Die konkrete musikalische Erscheinungsform des Rhythmus unterscheiden wir vom Rhythmus als allgemeinem Aspekt lebendiger Vorgänge.[1] Auch im Zusammenhang des Rhythmus geht es darum, die Eigenschaften der Polarität zu benennen, die das Geschehen bewegen. Was in der jeweiligen musikalischen Dimension als die bestimmende Polarität anzusehen ist, hängt von der Perspektive ab, aus der wir das Geschehen betrachten. Aus dem Material selbst ergibt sich die Polaritätsbenennung nicht zwingend; es bedarf einer ausdrücklichen Gegenstandsbildung.

---

[1] In der Bezeichnung eines „Rhythmischen Prinzips", wie es Isabelle Frohne (Frohne 1981) in ihrem grundlegenden gleichnamigen Werk dargestellt hat, entspricht der Terminus „rhythmisch" im Grunde dem hier verwendeten Begriff der Polarität. Bezeichnet wird damit eine Verfassung, die allem Lebendigen zueigen ist und die auf dem Austausch unterschiedlicher, sich ergänzender Qualitäten beruht.

Unser Ziel ist es, die Improvisation zu beschreiben und den Zusammenhang vom musikalischen Phänomen und Erleben näher zu charakterisieren. Die Frage stellt sich also, was es für eine Improvisation bedeutet, wenn ein Rhythmus auftaucht (bzw. auch, was es bedeutet, wenn dies nicht geschieht): Welche Strukturierungen ergeben sich im Hinblick auf den Verlauf des Spiels und auf die Beziehungserfahrung der Spieler? Dabei ergeben sich aus „Verlauf und Beziehung" die beiden Blickrichtungen, aus denen wir die Improvisation betrachten.

Mit der Betrachtung des Rhythmus zielen wir vor allem auf eine Erfahrung zeitlicher Strukturierung. „Töne folgen nicht einfach zeitlich aufeinander, sondern ihre zeitliche Folge weist eine bestimmte Gliederung, eine bestimmte Ordnung auf, die wir nach ihrer Gestalt und Wirkung als rhythmisch bezeichnen." (Zuckerkandl 1963, 150)

Anders ausgedrückt, schafft die rhythmische Ordnung einen Zusammenhang im Ablauf der Musik, der auf spezifische Weise das Erleben beeinflusst. Ein durchgehender Grundschlag verbindet den zeitlichen Verlauf zu regelmäßigen Einheiten, auf deren Wiederholung man sich einstellen und auf deren Gleichmaß man sich verlassen kann. Gleichzeitig beinhaltet ein solches Gleichmaß eine Einladung, sich auf die Struktur zu beziehen. Der Grundschlag einer rhythmischen Figur stellt ein Beziehungsangebot dar, mehr noch, eine Aufforderung, sich im eigenen Spiel auf irgendeine Weise dazu in Beziehung zu setzen, sei es durch Unterstützung und „Zustimmung", sei es durch die Einnahme einer Gegenposition. Das Element der *Verbindung* ergibt sich also sowohl im Hinblick auf den Verlauf der Spiels, als auch im Hinblick auf die Beziehung der Spieler untereinander. Der Handlungs- bzw. Bewegungsbegriff, der den ersten Pol benennt, lautet demnach *verbinden*; die ergänzende Bewegung findet sich im *lösen*. Mit der Austauschbewegung von *verbinden – lösen* lässt sich also die Polarität in der rhythmischen Dimension benennen. Die Benennung auf der musikologischen Begriffsebene lautet *Struktur* und *Impuls*.

Ist die *Struktur* der Ausgangspol dieser Polarität, so findet sich im *Impuls* der ergänzende Gegenpol. Den Impuls verstehen wir als die Einwirkung, die dazu verhilft, sich aus bestehenden Verhältnissen herauszulösen; das kann ein Impuls sein, der die gesamte bisher bestehende Struktur in Veränderung oder Auflösung bringt, oder es ist ein Impuls, der den gleichmäßigen Grundschlag durch den Gegenschlag ergänzt, und dadurch zur Belebung des Gleichmaßes beiträgt. Im Impuls liegen damit zweierlei Eigenschaften: indem er das entsprechende Maß an „Lösungsmitteln" ins Geschehen mischt, erhält er diesem die Beweglichkeit und bewahrt es vor Erstarrung und Eintönigkeit. Gleichzeitig steckt im Impuls das Potential, eine Struktur soweit aufzulösen, dass ihr Zusammenhalt verlorengeht.

Impulse können auch neue Strukturen in Gang setzen; außerdem kann das plötzliche Ende einer zuvor etablierten musikalischen Figur zum Impuls werden, der eine Veränderung initiiert oder den Schluss der Improvisation einleitet.

Ergänzende Umschreibungen sind *Gleichmaß* und *Vielfalt*. Zusammenhalt und Dynamik des Geschehens sollen gleichermaßen gewährleistet sein; daher muss das Gleichmaß beweglich und plastizierbar sein im Hinblick auf die Veränderungen, die Vielfalt muss bezogen sein auf die Regelmäßigkeit des Pulses. Die Austauschbewegung der Pole ereignet sich zwischen *beweglichem Gleichmaß* und *bezogener Vielfalt*.

Die Rhythmische Dimension in der Improvisation zeigt sich also im Austausch von strukturierten Zusammenhängen und einzelnen, für sich stehenden musikalischen Ereignissen; konkret in den rhythmischen Gestaltungen im Verhältnis von Gleichmaß und Vielfalt, von Schlag und Gegenschlag; im erweiterten Sinne in allen Prozessen, die mit Bindung und Lösung zu tun haben, mit Tendenzen zur Erstarrung oder Auflösung und deren Zwischenformen. Erst im Erleben der Musik wird unterscheidbar, ob die rhythmische Struktur zur Konsolidierung verhilft oder ob sie zu einer Verfestigung und Einengung führt; dementsprechend lässt es sich nur im Erleben von Verlauf und Beziehung ablesen, ob die Impulse zur Belebung beitragen oder einen Zerfall der Zusammenhänge bewirken.[2]

Im Überblick ergibt sich für die Rhythmische Dimension der Improvisation die folgende Polaritätsbenennung:

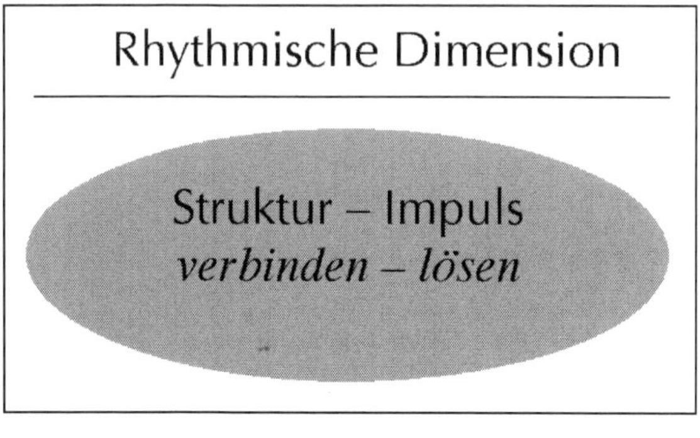

Abb. 6: Rhythmische Dimension

[2] Vgl. in Kap. 4.6.3 die Tabellen zu Austausch und Extremisierung (S. 232/233)

4.4 Melodische Dimension: Motiv – Kontinuum *verdeutlichen – vereinheitlichen*

Dann hob die Orgel an. Es klang im Sinne von:
Zusammenfassend läßt sich sagen…
Gerhard Meier

Die Bedeutung, die der Melodie innerhalb der musikalischen Möglichkeiten zukommt, lässt sich u.a. daran ablesen, dass das Erscheinen einer Melodie oftmals, besonders bei Patienten, mit Sinnhaltigkeit schlechthin gleichgesetzt wird: wird in einer Improvisation eine Melodie erkennbar, so gilt dies als sicherer Hinweis darauf, dass das Spiel gelingt, dass es Sinn und Bedeutung hat und dass die Spieler auf dem richtigen Weg sind.

In einer solchen Bewertung der Melodie scheint ein Widerspruch auf zu der Absicht, mithilfe der Systematik der Polaritätsverhältnisse vor allem Strukturierungen der Improvisation, also einem abgegrenzten Bereich musikalischer Gestaltung, zu beschreiben. Es gehört nämlich zur Eigenart vieler Improvisationen, dass die Melodie im engeren musikologischen Sinne keine so bedeutende Rolle spielt, bzw. dass Melodien im Verlauf einer Improvisation erst gar nicht auftauchen, die Improvisation sich in ihrem Verlauf vielmehr auf klangliche und rhythmische Strukturierungen stützt.

Wie ist dieser Widerspruch einzuschätzen? Wir gehen nicht davon aus, dass in derartigen Improvisationen die Melodische Dimension nicht vorkommt oder ohne Bedeutung ist. Vielmehr geht es darum, unsere Vorstellung von dem, was „Melodie", besser gesagt, was „melodisches Geschehen" im Sinne der Polarität beinhaltet, zu erweitern.

In musikologischer Definition ist ein Motiv die „kleinste, meist melodische Sinneinheit, ein typisches und einprägsames Gebilde, definiert durch die Kraft zur Verselbständigung: es kann wiederholt werden, auch auf anderer Tonstufe erscheinen […] oder sich verändern." (Michels, 1981, 107) Eine Melodie entsteht aus dem Zusammenhang mehrerer Motive, der wiederum größere Einheiten in einer Phrase oder einem Thema bindet.

Innerhalb der Polaritätsverhältnisse interessieren uns in erster Linie die *Bedingungen,* die notwendig sind, um erkennbare, abgegrenzte musikalische Gestalten (wie sie Motiv und Melodie darstellen) möglich zu machen. Es geht also ein weiteres Mal darum, wo wir die Pole bestimmen und welches Feld wir in den Blick nehmen wollen, um das melodische Geschehen und seine polaren Austauschbewegungen überschauen zu können.[1] Nahe liegend könnte es erscheinen, hierzu die verschiedenen Intervalle in ihrem Verhältnis zum Grundton als die maßgebliche Polarität zu benennen. Damit wäre zwar ein Spannungsverhältnis, wie es jeder Polarität zugrunde liegt bezeichnet, wir würden uns aber noch innerhalb der melodischen Bewegung befinden; wir hätten damit den Kreis nicht genügend groß geschlagen, um das Erleben zu erfassen, das mit dem Auftauchen von Motiv und Melodie einhergeht. Fassen wir den Kreis also größer und schauen wir danach, was das Auftauchen einer Melodie im Verlauf einer Improvisation für eine Bedeutung hat und von welchen Bedingungen dies abhängig ist.

Um als besondere Gestalt erkennbar zu werden, muss sich die Melodie von der Umgebung *abheben*. Sie muss für sich allein stehen, um gehört und in ihrer Sinnhaltigkeit erkannt werden zu können. Im Unterschied zu den anderen musikalischen Dimensionen besitzt die melodische Äußerung ein größeres Maß an Individualität, an Vereinzelung und Differenzierung. Die Melodie zeigt sich mit dem Charakter einer persönlichen Aussage; sie erscheint in ihrer klar abgegrenzten Gestalt, oft als eine sprachähnliche Figur.[2]

Neben der Abhebung benötigt die Melodie Gliederungen, einen deutlichen Anfang und einen erkennbaren Schluss. Sie muss in Phrasen gegliedert sein; die Dauer ist unterteilt in Abschnitte, die oft, wie bei der Sprache, auf die Frequenz des Atems bezogen sind. Die Melodie benötigt einen Hintergrund, vor dem sie sich abheben und konturieren kann; sie konstituiert dabei eben diesen Hintergrund, sobald sie erkennbar wird. Abheben kann sich die Melodie dabei mit den verschiedenen musikalischen Möglichkeiten: in Klangfarbe, Lautstärke, Register etc.; Dauer und Wiederholung haben im melodischen Geschehen eine wesentlich andere Bedeutung als es im Bereich des Rhythmus oder des Klang der Fall ist.

Das zentrale Moment für die Festlegung der Pole ist demnach die Eigenschaft der *Abhebung*. Die erkennbare Differenzierung, die Individualität der Aussage, die Sprachähnlichkeit des Vortrags, die Verdeutlichung eines Anliegens oder einer Haltung sind die Merkmale, die den Ausgangspol charakterisieren. Den Gegenpol können wir benennen, wenn wir die entgegengesetzten und ergänzenden Qualitäten in den Blick nehmen; dies nicht allein in musikalisch-formaler Hinsicht, wir berücksichtigen vielmehr die see-

[1] Dass in der angeführten musikwissenschaftlichen Definition dem Motiv die „Kraft zur Verselbständigung" zugeschrieben wird, dass es, auch bereits in formaler Hinsicht um das Verhältnis von Wiederholung (als einer Form der Identität) und Veränderung geht, wird uns in seinen psychologischen Implikationen später noch beschäftigen.

[2] Zur Verwandtschaft von Melodie und Sprache und zum Verhältnis von Figur und Hintergrund im Bedeutungsfeld der Melodie vergleiche Hegi 1998, 171f

lischen Inhalte und Erlebensqualitäten, die dem Komplex der *Abhebung* gegenüberstehen.

Als Gegenpol zur abgegrenzten melodischen Figur sehen wir demnach ein *Kontinuum*, das, in sich undifferenziert, aber resonanzfähig, als Gesamtheit aller musikalischen Möglichkeiten, als „unentfaltete Totalität" (Hegel), zu denken ist.[3] Wesentliche Eigenschaft dieses Kontinuums ist eine vereinheitlichte Erscheinung; auch wenn diese aus einer potenziell unbegrenzten Vielfalt einzelner Ereignisse bestehen mag, wahrnehmbar wird der Fluss der Geschehnisse in seiner ununterbrochenen Gesamtheit, in seiner Dauer, im „Währen". Der Handlungs- und Bewegungsbegriff, mit dem wir die Polarität ergänzend bezeichnen, lautet demnach *vereinheitlichen.*

Die Aktivität, die zur Herausbildung eines Motivs notwendig ist, hat mit der Abhebung und der Verdeutlichung erkennbarer Einzelheiten zu tun. Die Polaritätsbenennung lautet hier also *verdeutlichen – vereinheitlichen.* Im Verlauf des Gedankengangs, den wir zur Bestimmung der Polarität von Motiv und Kontinuum unternommen haben, dürfte deutlich geworden sein, dass wir auch hier die Polaritätsbenennung gegenstandsbezogen vornehmen. Das heißt, wenn es unser Ziel ist, mit der Benennung der Polarität den Zusammenhang von Phänomen und Bedeutung verständlich zu machen, so ist es notwendig, beide Dimensionen (die des musikalischen Materials und die der erlebensmäßigen Bedeutung) in der Festlegung der Pole zu berücksichtigen. Bei einer anderen Gegenstandsbildung würde sich eine entsprechende, abweichende Auswahl der Pole ergeben.[4]

---

3 Dabei wird mit dem Topos „Kontinuum" zunächst eine gedankliche Festlegung unternommen, und damit der Gegenpol zum Motiv bezeichnet; musikalisch konkret und lebendig wird dies in der entsprechenden Spielweise: siehe Kap. 4.5.3 (S. 186)

4 Vgl. Kap. 3.4 (S. 91) zum Zusammenhang des *I Ging*: „Es muss bei allem Wandel ein Vergleichspunkt da sein, auf den der Wandel bezogen wird [...]. Dieser Bezugspunkt muss festgelegt werden, bedarf jederzeit einer Wahl und einer Entscheidung. [...] Daher steht am Anfang der Welt wie am Anfang des Denkens die Entscheidung, die Festsetzung des Beziehungspunktes." (Wilhelm, 1956, 260)

In Ergänzung zu den bereits genannten Begriffen Motiv und Kontinuum ergibt sich für die Melodische Dimension diese Zusammenfassung:

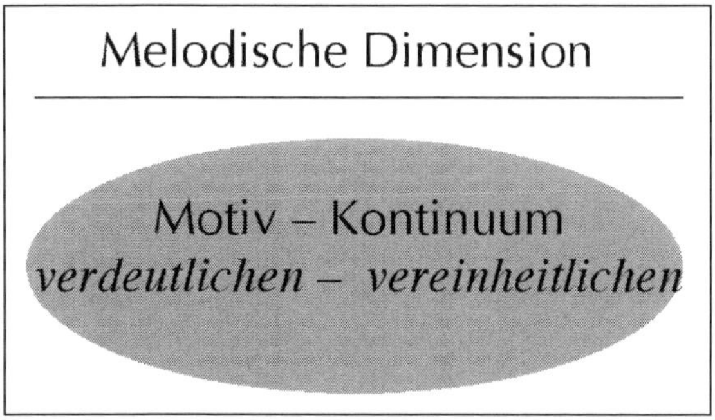

Abb. 7: Melodische Dimension

Zur Übersicht die Benennungen der beiden anderen musikalischen Dimensionen:

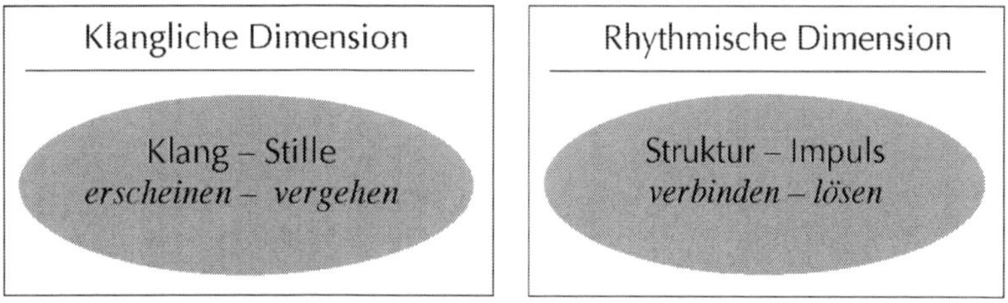

Abb 8. Klangliche und rhythmische Dimension

Aus dem Zusammenhang dieser drei Polaritäts-Paare ergibt sich der Austausch, der die Improvisation strukturiert (Siehe Kap. 4.6. Zusammenwirken der Polaritäts-Achsen).

In Ergänzung zu definitorischen Festlegung der Polarität, die in den Kapiteln 4.2. bis 4.4 erfolgt ist, werden im Weiteren die drei musikalischen Dimensionen in ihren Bezügen zur Kunst, zu Alltagssituationen und Behandlungszusammenhängen erläutert. Die Ergänzungen zu den hier begonnenen Ausführungen über die Polarität *Motiv – Kontinuum* findet sich im Kapitel 4.5.3.

4.5 Beispiele und Anwendungen Kunst, Alltag, Behandlung

Man hatte Ideen, Meinungen, Theorien und entdeckte,
dass das Tägliche und Konkrete die besten Auskünfte bereithält.
Jean Rudolf von Salis

Die Kunst bildet Gegenstände nicht einfach ab, sondern
charakterisiert sie als etwas. Sie stellt bislang
unbemerkte Beziehungen heraus, wirft einen frischen
Blick auf die Welt und entwirft sie so aufs Neue.
Michael Hauskeller

Im Kapitel 3.1.2 wurde dargestellt, auf welche Weise die therapeutische Behandlung in Zusammenhang mit der Kunst und dem Erleben des Alltags steht. In der Morphologischen Psychologie wird seelisches Geschehen in kunstanaloger Weise aufgefasst, d.h. wir begegnen den seelischen Strukturierungen in einer Weise, in der wir uns mit Kunstwerken auseinandersetzen. Die Wahrnehmungseinstellungen, die wir gegenüber einem Kunstwerk einnehmen, helfen dabei, die seelischen Produktionen der Patienten zu verstehen. Dies beinhaltet, dass wir Paradoxien und Mehrdeutigkeiten bestehen lassen, dass wir uns auf ein bewegliches Gefüge von Formen und Veränderungen einstellen, und dass wir uns auf eine Mitbewegung zu den Phänomenen einlassen.

Wir versuchen von den Kunstwerken zu lernen und das Gelernte in der Behandlung wieder aufzufinden. „Behandlung wird durch Einsicht in die Konstruktion von Kunstwerken über Seelisches *belehrt*, das ist die eine Seite; klinische Behandlung ist zugleich aber auch als ein psychologisches Werk zu verstehen, das seelische Selbstbehandlung in der Art *weiterführt, wie es Kunstwerke tun* […]." (Salber 2001, 85; Hvbg. Salber)

Das geht über die bloße Werkbetrachtung hinaus. In dem Postulat, „Einsicht in die Konstruktion" zu gewinnen, wird etwas von der notwendigen-Bemühung deutlich. Das Kunstwerk ist dem Alltag entrückt, geht über ihn hinaus und steht dennoch im Zusammenhang zu all dem, was uns auch im Alltagsgeschehen in Bewegung hält. „Kunstwerke rücken den Alltag unserer Werke ins Bild, sie sind Steigerungsformen dieses Alltags, und die stehen im Übergang zu den Formen der Neurose, in denen sich unsere Produktionsmöglichkeiten verkehren." (Salber 2001, 84)

In den folgenden Kapiteln (4.5.1 – 4.5.3) wird nun die Darstellung der Polaritäts-Achsen weitergeführt; das heißt, die drei musikalischen Dimensionen werden erläutert und es werden inhaltliche Bezüge aus dem Bereich der Kunst, aus Alltagszusammenhängen, aus Behandlungssituationen und aus Improvisationssequenzen aufgezeigt. Dabei sind die gewählten Bezüge keinem Anspruch der Vollständigkeit verpflichtet. Es geht in diesen Kapitel vielmehr darum, Analogien und Erklärungsmöglichkeiten aus den genannten Bereichen zusammenzutragen. Es entsteht dabei ein Fundus der Bedeutungen und Verknüpfungen, auf den sich der Musiktherapeut bei seiner Auslegungsarbeit der musikalisch-psychologischen Phänomene stützen kann. Gleichzeitig soll die vorgestellte Auswahl den Entdeckergeist der musiktherapeutisch tätigen Leser und Leserinnen anregen. Als hilfreiche Assoziationen stellen sich in der Behandlungssituation vor allem die Bedeutungsverknüpfungen ein, die sich aus der eigenen Umschau ergeben haben und die man sich selbst zueigen gemacht hat.

Die Spielvorgaben der musikalischen Experimente, die vorgestellt werden, beziehen sich nicht auf Behandlungssituationen. Sie dienen der Erforschung von Improvisationszusammenhängen und sind nicht dazu geeignet, ohne Abwandlung als Spielvorschlag in einer Therapiesituation verwendet zu werden. Aus den Improvisationserfahrungen mit den Polaritätsverhältnissen lassen sich jedoch Spielvorgaben (sofern Vorgaben zur jeweiligen Methode gehören) für die Behandlungssituation entwickeln beziehungsweise erweitern und präzisieren.

4.5.1 Klangliche Dimension
Beispiele und Anwendungen. Klang – Stille
erscheinen – vergehen

Ich spürte einen kleinen Ast, den ich vom Boden aufgehoben hatte, rau an meinem Handinnern. Zum ersten Mal dachte ich an meinen Tod als etwas Wirkliches und Gewisses. Die laue, fächelnde Luft, die Sonne, der Schatten der Blätter auf meinen Händen, all das, so schien mir, sprach von nichts anderem; nur hatte ich es bis zu diesem Moment nicht begriffen.
Julien Green

Die Pause braucht mich / um sich zu sammeln
Verstohlen / hol ich aus ihrer /
entzündlichen Stille / den Funken
Rose Ausländer

… wir werden sie die Stille lehren.
Giorgos Seferis

In der klanglichen Dimension fassen wir alles, was wir an musikalischen Ereignissen wahrnehmen, in der Polarität von Klang und Stille auf. Kann man sich aber ein Erleben wirklich vorstellen, bei dem im gerade erklingenden Ton die vergehende Stille gleichzeitig wahrnehmbar wird? Dies entspricht zumindest nicht einer alltäglichen Wahrnehmungseinstellung, bei der das Musikstück mit eben dem ersten Ton beginnt; zuvor war Stille, jetzt ist Klang.

Betrachten wir den selben Zusammenhang vom Erleben her, lässt sich diese Anschauung so absolut nicht aufrechterhalten. So durchlebt ein Musiker in den Augenblicken, bevor er mit dem Vortrag eines Musikstücks beginnt, in der Konzentration auf den Anfang und auf das gesamte Stück eben nicht nur eine Zeitspanne der Stille, die frei ist von Inhalten, sondern der Moment vor dem Beginn steht in einem großen Spannungsverhältnis zur nachfolgenden Musik. In der Stille ist ein noch unentfalteter Entwurf des ganzen Stücks enthalten. Die Polarität von Stille und Klang ist bereits aufgespannt.

Ähnlich beim Beginn einer Improvisation. Der Anfangsimpuls ergibt sich nicht aus einem leeren, inhaltsneutralen Raum, sondern ist bereits Niederschlag, Resonanz auf ein ‚Zuvor', das noch nicht klanglich-musikalisch gestaltet war. Fasst man das Verhältnis zwischen Klang und Stille als Polarität auf, so fällt der Beginn des Geschehens also nicht mit dem ersten Ton zusammen, der zu hören ist, sondern findet sich, unerreichbar für die rein akustisch ausgerichtete Wahrnehmung, irgendwo in der gegenseitigen ‚Belauerung' der beiden Pole. Der eigentliche Anfang kann demnach auch in der Stille liegen; damit ist er aber nicht festzumachen an einem bestimmten Moment des ‚Jetzt'. Der einsetzende Ton dagegen ist für unser Ohr mit einem eindeutigen Anfangsmoment verbunden: dann, wenn wir ihn hören, beginnt der Klang.

Es bedeutet, auf diese pragmatische Sichtweise zu verzichten, wenn wir, im Sinne der Polarität, den Anfangspunkt im Austausch der Pole *erscheinen – vergehen* nicht mit dem Moment des Erklingens ineins setzen. Zum Ausgleich dazu erweitert sich unser Hören über den Anfangspunkt hinaus hin in einen größeren Raum, der sich in der Polarität eröffnet. Die Erweiterung unserer Wahrnehmung ergibt sich daraus, dass wir die klanglichen Geschehnisse, die einen Improvisationsverlauf bestimmen, nicht nur allein von der Dynamik der hörbaren Phänomene auffassen, sondern das Wechselspiel zwischen Klang und Nicht-Klang, zwischen *erscheinen – vergehen* mit einbeziehen. Der Anfang ist nicht der Anfang. Die Beschaffenheit der Stille vor dem ersten Ton hat einen Einfluss darauf, wie wir den auftauchenden Klang wahrnehmen und in welche Richtung sich die Musik entwickelt.

In der Wahrnehmung der Polarität von Klang – Stille erweitern wir also unsere Wahrnehmung über die klanglichen Ereignisse hinaus auf die Umgebung; zunächst zeitlich verstanden, auf die Stille vor, nach und während der Musik; darüber hinaus aber durchaus auch im räumlichen Sinne gemeint: die Stille als voraussetzende, umgebende Sphäre; die Stille, die den Raum wahrnehmbar macht, in dem man sich befindet und der durch die erklingende Musik verändert wird. Hier wird die Stille als Merkmal des umgebenden Raums zum Bezugspunkt zwischen Hörer und Werk.

Gernot Böhme äußert sich über den Zusammenhang von Musik-Erleben und Raumwahrnehmung und betont dabei die Leiblichkeit des Hörers. Gemeint ist damit, „dass der Mensch durch sein leibliches Spüren in den Raum gewissermaßen auslangt […]. Der leibliche Raum, der sich durch dieses Außer-sich-Sein, das Draußen-Sein, konstituiert, wird durch die Musik modifiziert." (Böhme 2005, 311) Das „Auslangen in den Raum", wie Böhme es nennt, das leibliche Ausgebreitetsein in die Umgebung, in der sich die Klänge ereignen, befördert beim Hören der Musik eine Wahrnehmungseinstellung, die auch die Stille mit einbezieht.

Dass die Stille als Kompositionselement von jeher von Bedeutung ist, wurde bereits im Kapitel 4.2 dargestellt. Eine besondere kompositorische Zuspitzung, mit der die Stille in ihrer Bedeutungsvielfalt ohrenfällig wird, findet sich bekanntermaßen in der Komposition 4'33" von John Cage, die hier nicht unerwähnt bleiben kann.[1] In 4'33" geht es nicht allein um die Abwesenheit von Klang und Geräusch, sondern zum einen um eine Raumwahrnehmung, zum anderen um die Wahrnehmung der Polarität von Klang und Stille, die sich allerdings auf eine ganz ungewohnte Weise entfaltet. Der Augenblick der Stille, der zu Beginn jedes Musikstücks steht, wird nicht abgelöst durch den ersten Klang, sondern dehnt sich aus und dauert. Der Pol der Stille wird sozusagen extremisiert und lenkt in der Folge die Aufmerksamkeit auf eine andere Ausprägung der Polarität von Klang und Stille: „Wichtig bei 4'33" ist, daß es sich nicht lediglich um ein ‚stilles Stück' handelt, das heißt, ein Stück ohne auskomponierte Klänge. Da in 4'33" Stille und Geräusch zu ein und derselben Sache verschmelzen, ist die Musik nun mehr gezwungen, ihren Aktivitätsspielraum zwischen diesen beiden Extremen abzustecken." (Sonnenschein 2007, 32[2]) Nicht die Klavierklänge repräsentieren den Pol des Klangs, die Polarität entfaltet sich vielmehr zwischen dem Stummbleiben des Klaviers und den Geräuschen, die den Raum und seine Umgebung im aktuellen Moment der Aufführung prägen.

Damit wird die Polarität von Klang und Stille nicht außer Kraft gesetzt, allerdings ergibt sie sich nicht auf die vertraute Weise; das Werk ist gleichsam vom Gegenpol, von der Stille, vom Ausbleiben der Klänge her konzipiert. Mag 4'33" auch das erste Werk gewesen sein, das die Stille in solch verstörender Eindeutigkeit in den Vordergrund des Hörens gerückt hat, so gibt es in den Jahren, die seit seiner Uraufführung vergangen sind, zahlreiche andere Kompositionen, die unter der Bezeichnung *silent music* das Verhältnis von Klang und Stille auf außergewöhnliche und überraschende Wei-

---

[1] Für die Leser, die dieses Werk nicht kennen, hier eine kurze Darstellung. Das Stück besteht aus drei Sätzen, die alle mit der Bezeichnung ‚tacet' überschrieben sind. Es erklingt also kein einziger Ton. Die Zeitangabe von 4 Minuten und 33 Sekunden bezieht sich auf die Dauer, die das Stück bei seiner Uraufführung im Jahr 1952 hatte. Das Stück ist für ein oder mehrere, beliebige Instrumente konzipiert. Meistens wird, wie in der Uraufführung, ein Flügel verwendet. Der Spieler ist während dieser Zeit der Stille an seinem Instrument anwesend; die Gliederung der drei Teile, sowie Anfang und Schluss werden gestisch verdeutlicht – wie, bleibt dem Ausführenden überlassen. Für Aufführungen mit Orchester und Dirigent gilt dies entsprechend. Allen Aufführungsarten gemeinsam ist die starke Ausrichtung auf die Stille, bzw. auf die Geräusche, die anstelle einer erklingenden Musik im Raum zu hören sind.

[2] Sonnenschein zitiert den Komponisten Erik de Visscher

se thematisieren. „Der Erhabenheit des Nachklingens wird das Groteske der unerwarteten Stille, dem kontrollierten Verklingen wird das Unvermögen, laut spielen zu *können* entgegengesetzt." (Kretzschmar et al. 2008, Hvbg. v. d. Autoren) [3]

Vergleichbare Ansätze gibt es auch in der bildenden Kunst. Hier wird der Gegenpol zum dargestellten Gegenstand in den Vordergrund gerückt, der Blick richtet sich auf das *Nichts*. „Stille, Leere, Schweigen – in der heutigen Bildergesellschaft gewinnt die Pause, die Lücke, die Auslassung an Bedeutung. Die Avantgardekünstler der 1960er und 1970er Jahre [...] reagieren mit gesteigerter Skepsis und Verweigerungsstrategien auf die Abbildbarkeit einer Wirklichkeit, die in ihrer Komplexität immer ungreifbarer wird. Den täglichen Mengen visueller Information antwortet die Kunst mit der Entleerung des Bildes. [...] Die Zurückgenommenheit der Effekte und Sensationen erzeugt dabei eine besondere Aufmerksamkeit gegenüber Dingen und Phänomenen, die auf den ersten Blick nicht sichtbar sind. So enthüllt der Blick ins Nichts das Periphere. Das Ephemere und das Latente eröffnen sich."[4]

Die Betonung des Gegenpols in der Auslegung der Leere, des Nichts, tritt als Verweigerung auf und versteht sich als Gegenbewegung zu einer Sinnentleerung, die aus der zunehmenden Fülle der Informationen und Ereignisse erwächst. Der „Blick ins Nichts" lässt Anderes sichtbar werden – hier können wir den Bogen zurück zur Musiktherapie schlagen: Unsere Aufmerksamkeit richtet sich auf Klang *und* Stille und wir erweitern damit unsere Wahrnehmung auf das „Periphere", „das Ephemere und das Latente" – damit geraten Ereignisse in den Bereich unserer Beobachtung, die am Rand liegen, Ereignisse die so veränderlich sind, dass wir sie kaum als Zustand bemerken und Ereignisse, die sich gerade erst als Tendenz und kommende Möglichkeit abzeichnen.

Die Stille als Träger von Bedeutung und als Voraussetzung zur Entwicklung für die Musiktherapie nutzbar zu machen, ist auch der leitende Gedanke in einer Arbeit der Musiktherapeutin Monika Lagler. Sie beschreibt ein Modell, in dem unterschiedliche „Arten von Stille im Wechsel von Musik- und Wortsprache" unterschieden werden (Lagler 2003). Dabei werden die verschiedenen Phasen innerhalb einer Behandlungsstunde defi-

---

3 Zitat aus dem Programmheft eines Konzerts mit dem Titel *Silent Music* in der Fachhochschule Frankfurt a.M. am Main im Juni 2008. Veranstaltet vom Masterstudiengang Musiktherapie in der Konzertreihe „Chiffren" in Kooperation mit der „Frankfurter Gesellschaft für Neue Musik". Kuratiert von Hermann Kretzschmar, Hannes Seidl, Thomas Stiegler

4 Zitat aus dem Begleittext zur Ausstellung „Nichts" der Kunsthalle Schirn, Frankfurt a.M. 2006

niert, in denen Stille eine jeweils andere Funktion bekommt, abhängig davon, in welchem Verhältnis die Stille zu den anderen Kommunikationsmodi steht – ob sie sich nach einem Spiel ergibt oder als Vorbereitung einer zu erwartenden Improvisation dient, ob sie als Bestandteil der Sprache oder der Musik auftritt. Wie andere Autoren auch, beschreibt Lagler darüber hinaus die Möglichkeit des Evidenzerlebens in der Stille. Die Stille erscheint mit der Konnotation des gelungenen Kontaktes, als Bekräftigung des Einverständnisses. „Es sind Momente der Therapie, in denen in der Nähe des gleichzeitigen Erlebens von sehr intensiven Gefühlen Begegnung möglich wird." (Lagler 2003, 317)

Unter dem Aspekt der Polarität von Klang und Stille setzt ein solches Evidenzerleben, in dem keine Benennung mehr nötig ist, eben gerade den gelingenden Austausch der beiden Pole voraus. Nur da, wo der jeweilige andere Pol (also der Klang, der Ausdruck, die Benennung) als Bestandteil der Kommunikation zugänglich bleibt, kann sich die Stille als Bedeutungsträger der Übereinstimmung und der wortlosen Nähe entfalten. Ist die Polarität dagegen eingeschränkt oder unerreichbar, zerreißt der Zusammenhang und die Stille füllt sich mit dem Erleben von Unsicherheit, Leere und Isolation. Dass Stille und Schweigen ambivalente Bedeutung haben können, liest sich bei Hölderlin so: [5]

> Es gibt ein Vergessen alles Daseins, ein Verstummen unseres Wesens,
> wo uns ist, als hätten wir alles gefunden.
>
> Es gibt ein Verstummen, ein Vergessen alles Daseins,
> wo uns ist, als hätten wir alles verloren.

Bei dem Versuch, die Stille gegenüber dem Klang in ihrer Bedeutung für die Beziehungsgestaltung zu emanzipieren, kann es also nicht darum gehen, die Stille grundsätzlich als Träger willkommener Erlebensinhalte zu idealisieren. Lebendigkeit zu fördern, Entwicklungen zu ermöglichen, Beziehungen zu gestalten setzt immer den gelingenden Austausch zwischen den Polen voraus; Stille und Klang, Erscheinen und Vergehen müssen sich gegenseitig ergänzen und dabei auch mit den jeweils adäquaten Inhalten resp. Situationen verbunden sein.

In der Schubertschen Liedvertonung des Goethe-Gedichtes „Meeres Stille"[6] begegnen wir einer Art von Stille, die sich in der Abwesenheit von

---

[5] Friedrich Hölderlin, Hyperion

[6] Tiefe Stille herrscht im Wasser, ohne Regung ruht das Meer, / und bekümmert sieht der Schiffer glatte Fläche rings umher. / Keine Luft von keiner Seite! Todesstille fürchterlich! / In der ungeheuren Weite, reget keine Welle sich. (Meeres Stille. J.W. v. Goethe)

Leben und Veränderung als „Todesstille" fühlbar macht; musikalisch präsentiert in einem „Klaviersatz, der aus stehenden, leise, fast unmerklich eintretenden Klängen besteht. [Schubert] verzichtet gänzlich auf eine metrische Taktbewegung, den Faktor, dem die neuzeitliche Musik ihre lebhafte Bewegung verdankt. Er gewinnt so einen Klaviersatz, der Stille und grenzenlose Ruhe zum ästhetischen Ereignis werden läßt." (Seidel 1993, 246) In der Liedvertonung ist die Stille thematisch vorgegeben. Die Anmutung der Todesstille ist im Liedtext präsentiert und wird mit klanglichen Mitteln dargestellt. Davon zu unterscheiden sind die Kompositionen, die mit dem Mittel der Stille arbeiten, die also die Stille als musikalisches Ausdruckselement verwenden.[7]

Kehren wir von der künstlerischen Gestaltung der Stille zurück zur Behandlungssituation. Auf welche Weise sich das Erleben der Stille mit Vernichtungsängsten verbinden kann, darüber berichtet Maria Becker in ihrem Aufsatz zu einem „Konzept des fehlenden Selbst" (Becker 2006). Während eines Liedes, das die Therapeutin für den Patienten anstimmt, kann sie plötzlich nicht mehr weitersingen. Die unvermutet auftretende Stille zerreißt den Zusammenhang der musikalischen Gestalt wie auch der Beziehungssituation.

> „Es war eine Stille besonderer Art, in die die Melodie hinein zerfaserte und zerfranste. [...] Durch die Stille, die nicht mehr als musikalisches Stilelement - Pause - hörbar war, fiel das ganze Lied aus dem Rahmen und verlor seine Halt gebende Funktion. Die Form des Liedes verlor die Kraft ihres gestaltenden Rahmens, der akustische Ereignisse in der Zeit musikalisch sinnvoll organisiert. [...] Die Stille schien das Scheitern des Versuchs der Beruhigung und die damit drohende Gefahr der ‚namenlosen Angst' vorwegnehmend zu bestätigen." (Becker 2006, 1239)

Sich in einem *erweiterten* Sinne auf die Polarität von Klang und Stille einzulassen, wird in dem geschilderten Fallbeispiel zur Voraussetzung dafür, dass die musikalischen Formen, die in der Arbeit mit einem schwer mehrfach Behinderten entstehen, doch noch zum Symbol des Beziehungsgeschehens werden können. Das Verstummen während des Liedes hatte zur Folge, „daß die Stille zwar die Liedform zerstörte, nicht jedoch die Möglichkeit des musikalischen Bezugs." (Becker 2006, 1239)

Als hilfreich bei dem Versuch, sich in solcherart Strukturen zurechtzufinden, schildert Becker die Orientierung an Kompositionen der Neuen Musik, besonders an der Musik von Morton Feldman. Der ‚andere', ungewohnte Umgang mit dem Zusammenhang der einzelnen musikalischen Ab-

---

[7] Vgl. unten in diesem Kapitel: Unterschiedliche Qualitäten der Stille

schnitte in der Musik Feldmans wird zu einem Modell für die eigentümliche Beziehung, die sich in den musikalischen Strukturen der Behandlung ergibt. Der Verzicht auf erkennbare Entwicklungen, das Komponieren in „richtungslosen Klangflächen" (Feldman) führt den Hörer zu einem durchaus verstörenden Verhältnis dem Verlauf des Werks gegenüber und damit auch zu einer veränderten Selbstwahrnehmung. Das Erscheinen und Vergehen, das *Da-Sein* und *Weg-Sein* der einzelnen Formteile kann nicht auf gewohnte Weise beobachtet und mitverfolgt werden. „‚Richtungslose Klangflächen' und ‚Klänge isolierter Dauer' sind musikalische Phänomene, die ein Paradox herstellen. Sie entziehen sich subjektiver Aneignung, erscheinen fremd und rätselhaft, wiewohl sie die HörerIn tief beeindrucken können und unmittelbar-subjektiv erlebt werden." (Becker 2006, 1243)

Um sich in solchen Strukturen zurecht zu finden, muss der Hörer eine besondere Form des Hörens entwickeln, er muss „ins Leere hören" (Becker 2006, 1247). Im Sinne der Polaritätsverhältnisse gesprochen, richtet sich das Hören auf die Gesamtheit von Klängen und Stille, während wir in unserer gewohnten Wahrnehmungseinstellung auf einem erkennbaren Zusammenhang der einzelnen *klanglichen* Ereignisse bestehen.

Unterschiedliche Qualitäten der Stille

Wenn wir Merkmale der Stille unterscheiden wollen, so ist wohl vor allem die Unterscheidung aufschlussreich zwischen einem Erleben der Stille, das mit Übereinstimmung, Vertrautheit und Nähe zu tun hat und einer Stille, die Distanz, Isolation, Leere, Verweigerung beinhaltet. Beziehen wir uns auf die Polaritäten im Verlauf der Improvisation, werden diese Qualitäten unterscheidbar.

Luigi Nono, für den die Stille ein wichtiges Kompositionselement ist, unterscheidet zwischen verschiedenen Ausdrucksmöglichkeiten, die der Stille innewohnen können. In einigen seiner Werke vertont Nono Texte des Dichters Cesare Pavese. Aus einem dieser Gedichte stammt die Textzeile „Sarà dolce tacere" (*Es wird süß sein zu schweigen),* das Nono zum Titel einer Komposition macht.[8] Hier findet sich die Ambivalenz, die in der Stille und im Schweigen liegt; einerseits in der Gegenwärtigung der friedlichen Ruhe, die sich in der Betrachtung der Natur vermittelt. Daneben aber, und zwar durchaus nicht klar abgrenzbar, breitet sich das Schweigen aus „in der Konnotation mißglückter Kommunikation" (Breuning 1999, 139).

[8] Luigi Nono: Sarà dolce tacere. Für acht Solostimmen, 1960. Textvertonung des Gedichtes „Anche tu sei collina" von Cesare Pavese (1945). Uraufführung 1961 (Vgl. Breuning 1999, 316)

Nono ist jedoch auch um die gleichwertige Verwendung der Stille neben den klanglichen Ausdrucksmitteln bemüht, um damit einen Weg aufzuzeigen, der aus dem Schweigen in der Isolation hin zur Kommunikation führt. „In der Überwindung der Unfähigkeit menschlicher Mitteilung wird das ‚Wiederfinden der Sprache' (Nono) in *Sarà dolce tacere* über den Text hinaus musikalisch realisiert." (Breuning 1999, 139) In Nonos eigenen Worten liest sich das so:

„Für mich dagegen ist das Schweigen – die musikalische Pause – vielmehr wirklich intensiv: man lebt dort gerade wie in einem Kreuzpunkt: dort schweigt man, man sieht, man muß wach sein, nach allen Richtungen, aus denen etwas kommt. [...] Dabei passiert es mir, daß ich dem Sprechen nach-höre, nach-denke. Dadurch folgt dem Sprechen so etwas wie ein beweglicher Spiegel, ein Prisma der Pause – beides aber erfährt man dadurch ‚gleichzeitig'." (Nono zitiert nach Breuning 1999, 140)

Aspekte der Stille: Ausbreitung und Fragmentierung

Einen weiteren Aspekt, der sich im Bedeutungsspektrum der Stille zwischen vertrauensvoller Ruhe und Auflösung im Nichts findet, thematisiert Nono in seinem Streichquartett „Fragmente – Stille. An Diotima". Eine eindrucksvolle Darstellung dieses Werkes findet sich bei Seidel (1993, 248f). Ich beschränke mich hier auf die Formulierungen zur Bedeutung der Stille und ihrer kompositorischen Umsetzung, die uns im Hinblick auf die Hör-Einstellung in der Improvisation besonders interessieren.

Kann der Hörer in den Abschnitten der Stille die Verbindung zum Gegenpol des Klangs nicht mehr nachvollziehen, wird er mit Fragmentierungen konfrontiert. Diese Thematik wird im Titel des Werks bereits benannt. „Nichts – so scheint es – ergibt sich aus dem Vorausgehenden, und nichts weist aufs Kommende. [...] Fragmente sind die Tonansammlungen nicht nur, weil sie von unüberbrückbaren Phasen der Stille umgeben sind, sondern weil sie zudem innerlich zutiefst bis in den einzelnen Ton fragmentiert sind. Jeder Klang, jedes elementare Motiv steht für sich, ist durch eine Pause vom nächsten getrennt [...]." (Seidel 1993, 253) Um sich dem Werk annähern zu können, empfiehlt Seidel eine Umkehrung der Hörrichtung. „Bedeutsamer wird das Quartett und leichter zu hören ist es [...], wenn man nicht die vermeintlichen Geschehnisse, die Fragmente, sondern die tönenden und nicht-tönenden Ausdrücke der Stille als das Proprium des Werks versteht. Das setzt nicht weniger als einen neuen Modus des Hörens voraus: den Übertritt von einem progressions- und zielorientierten Hören zu einem Hören aus der Stille." (Seidel 1993, 253) Aus dieser Umkehrung ergibt sich eine andere Bewertung der musikalischen Ereignisse. Sie erscheinen nicht mehr auseinandergerissen und ohne Bezug, sondern als Unterbrechung eines Kontinuums, das sich in der Stille begründet. „Die Fragmente rücken ferner. Sie werden nurmehr zu Durchgängen, zu Gebilden, die die Stille meist sanft und leise, gelegentlich auch unsanft unterbrechen [...]. Wer so hört, der sagt nicht: lange Klänge und Pausen zerteilen die Musik in Fragmente. Er sagt: Phasen der Stille umgeben und verbinden fragmentarische Ereignisgruppen." (Seidel 1993, 254)

Musikalische Verläufe, die auf erkennbare rhythmische und motivische Entwicklungsformen verzichten, die sich also vor allem auf klangliche Strukturen stützen, repräsentieren nach Seidel eine besondere Nähe zur Stille. Die Musik schreitet nicht fort, sondern breitet sich aus. „Und wo sie sich ausbreitet, geht sie in Stille über, macht sie dadurch, daß sie sich ausbreitet, auch im Klingen noch die unendliche Stille fühlbar, an die sie grenzt. Deshalb hören wir lange Klänge als Analogie der Stille. Sie teilen mit der Stille den Bewegungsmodus, den der Ausbreitung." (Seidel 1993, 255)

Ausbreitung der Klänge, Ausbreitung der Stille – davon kann man sich umschlossen fühlen, wie es Hölderlin in seinem Gedicht „Die Stille" ausdrückt. Dem „Ich" dieser Zeilen dient die Stille zur Selbstvergewisserung, zur Abgrenzung gegen die Überfülle, gegen den „Lärm der Toren". In den verwendeten Bildern spannt sich ein Bogen von der Geburt bis zum Tod, dazwischen liegen Momente und Orte der Stille, aus denen sich Ruhe und Stärkung ergeben.[9]

Aspekte der Stille: Verstummen als Ausdruck der Scham

Die Stille begegnet uns hier als Variante unterschiedlicher Ausdrucksmöglichkeiten, als Verstummen infolge einer Beschämung oder als der Versuch, Beschämung zu vermeiden. Bei der Überlegung, welche Rolle der Scham im Verhaltensrepertoire zukommt, ist es sinnvoll, zwischen verschiedenen sozialen bzw. innerpsychischen Funktionen der Scham zu unterscheiden. Spychiger (2007) beschreibt die sozial nützliche Funktion, bei der die betroffene Person sich in ihrem Gefühl der Scham einer Regelverletzung bewusst wird und, unter günstigen Bedingungen, daraus lernen kann. „In dieser Art also kann man sich die Scham als Meldesystem des Gewissens

---

9 ...die du früh dem Lärm der Toren mich entrücktest, / Besser mich zu bilden, nahmst in Mutterschoß. [...] O! wie schweigtest du oft ungestüme Schmerzen, / Stärktest du den Schwachen oft mit neuem Mut. [...] O! in deinen Schatten, Teure! wohnt der Himmel, / Ruhig wird's bei ihnen unter Stürmen sein. [...] Bis in dem willkommnen, ruhevollen Grabe / Aller Sturm, und aller Lärm der Toren schweigt. (Das angesprochene Gegenüber im „Du" dieser Gedichtausschnitte ist die Stille, die dem Gedicht auch den Titel gibt.)

vorstellen, als personales Schutz- oder Hütesystem sozialer Normen. [...] Wenn meine Arbeit ein Pfusch ist, nicht nach meinem Wissen und Können ausgeführt ist, keine guten Folgen hat, dann schäme ich mich, [...] oder ich schäme mich, wenn ich meine Verpflichtungen nicht einhalte, die Erwartungen meiner Bezugsgruppe nicht erfülle [...]." (Spychiger 2007, 82)

Davon zu unterscheiden wäre eine andere Art Scham, eine „dysfunktionale" oder „existenzielle" Scham, die als Hemmung und Hinderung auftritt und nicht als Regulativ. „Etwas davon spüren wir auch bei Kindern, die bereits im Alter von 3 Jahren Scham entwickeln, wenn sie gewahr werden, dass ihnen beim Singen jemand zuhört. Sie realisieren ihre Tätigkeit als Selbstausdruck und reagieren mit einem Gefühl der Scham; sie schämen sich, grundlos, ihrer selber." (Spychiger 2007, 83)

Wenn wir versuchen, von dieser Szene eine Verbindung zum Verstummen (also zum Nicht-Spielen, zum Selbstausdruck mithilfe der Stille) in der musiktherapeutischen Behandlungssituation herzustellen, ist es sicherlich von Belang, dass im Gesang des Kindes eine Äußerung zu sehen ist, die mit einem bestimmten Maß an Selbstvergessenheit einhergeht. Aus dieser wird das Kind herausgerissen, wenn es bemerkt, dass ihm jemand zugehört hat. Die Scham bezieht sich wohl nicht eigentlich auf das Singen allein, sondern auf das Entdecktwerden, auf das Gefälle zwischen dem Schutz im (vermeintlichen) Alleinsein und der Tatsache, doch der Beobachtung ausgesetzt zu sein. Dieser Konstellation ähnelt die Szene in der Musiktherapie, in der ein Patient stumm bleibt, sich nicht dazu überwinden kann, ein Instrument zu nehmen und zu spielen. Der Grund dafür liegt in der Regel wohl in der Unmöglichkeit, abschätzen zu können, zu welcher Art von Selbstäußerung ihn das Spiel in der Improvisation verleiten wird und wie ein Zuhörer darauf reagieren wird. Hier wird es zunächst die Aufgabe sein, in der Musik durch ein ausgewogenes Verhältnis von Klang und Stille einen Raum zur Verfügung zu stellen, der eine Balance zwischen Selbstvergessenheit und Äußerung ermöglicht. Es gilt, einen beweglichen Übergangsbereich zwischen Verstummen und Sich-Äußern, zwischen Stille und Klang zu etablieren, um dann schließlich den Versuch zu machen, auch die Gründe für die Hemmung in den Bereich der Äußerung zu heben. Die Erfahrung des Musiktherapeuten im Umgang mit der Polarität von Klang und Stille, von *erscheinen* und *vergehen* wird dies erleichtern.

Klang und Stille – Erfahrungsmöglichkeiten in der Improvisation. Praktische Umsetzung: *Auf die Stille hören*

Das Hören auf den Zusammenhang von Klang und Stille wird in der Erfahrung mit den Polaritätsverhältnissen zu einem pragmatischen Ansatz erweitert. In der Improvisation, die sich mit der Polarität von Klang und Stille beschäftigt, ist die Stille anwesend; dies nicht nur in der Vorstellung der Spielerinnen und Spieler oder als Appell an ihre Wahrnehmung, sondern ganz konkret, als Person.

> An einer für alle Spieler sichtbaren Stelle im Raum befindet sich eine Person, die die Stille repräsentiert. Die übrigen Spieler mit ihren Instrumenten haben dadurch einen gemeinsamen Bezugspunkt; die Stille als Gegenpol zum Klang wird anschaulich, sie wird als Gegenkraft, als mitgestaltendes Element sichtbar und einschätzbar.

Für die Absicht, das Bedingungsverhältnis von beiden Polen erleben zu können, ist es dabei von Bedeutung, dass die Person, die die Stille darstellt, nicht in die Rolle eines Dirigenten gerät oder pantomimisch ihre Befindlichkeiten und Intentionen zu vermitteln sucht. Selbstredend geht es auch nicht um eine bloße Regulation im Ablauf von *laut* und *leise*. Das gelungene Experiment ist davon gekennzeichnet, dass das Bedingungsverhältnis beider Tendenzen erlebbar wird: Klang und Stille, Erscheinen und Vergehen sind als gegenseitige Ergänzung, als gleichberechtigte Elemente am Spiel beteiligt.

In der Anwesenheit einer Person, die die Stille repräsentiert, wird für die Spieler neben dem bereits erwähnten gemeinsamen Bezugspunkt spürbar, dass die Stille nicht als Negation des Klangs fungiert, sondern eine unterstützende Funktion einnehmen kann. Die Ausrichtung auf die Stille entlastet den Spieler von der unausgesetzten Verpflichtung zur Gestaltung; vorausgesetzt, man verliert die Stille im Verlauf des Spiels nicht aus den Augen, übernimmt sie einen Teil der Verantwortung für das Geschehen.

In musikalischen Experimenten werden Erfahrungen mit der Polarität von Klang und Stille möglich;[10] nach der Improvisation bringen die Spieler zum Ausdruck, wie sie die Stille während des Spiels wahrgenommen haben. Die Spielvereinbarung lautet z.B. so:

---

[10] Die Teilnehmerinnen und Teilnehmer haben dabei einen ganz unterschiedlichen professionellen Hintergrund. Es handelt sich um in der Praxis tätige MusiktherapeutInnen, um Studierende und um Teilnehmer an Improvisations-Workshops mit unterschiedlicher musikalischer Vorbildung und, last but noch least, um Patienten – hauptsächlich in der Psychosomatik, wo derartige Spielformen (mit den entsprechenden Modifikationen) verwendet werden können.

Die Stille als Person bewegt sich im Raum und sucht den Ort, der jeweils passend erscheint für ihre Position der Musik gegenüber. Die Aufmerksamkeit der Spieler sollte nicht nur auf die Stille gerichtet sein, sondern (wie bei einer ‚normalen' Improvisation) auch die anderen Mitspieler, die eigenen Impulse und den Verlauf des Spiels mit einbeziehen.

In den Kommentaren der Spieler vermittelt sich, wie die Stille erlebt wird. In jedem Fall wird sie zu einem Gegenüber mit erlebbaren Eigenschaften; es werden ihr *Absichten* zugesprochen. Die Formulierungen, die dabei auftauchen, machen teils auf metaphorische, teils auf ganz konkrete Weise deutlich, wie sich das Ergänzungsverhältnis von Klang und Stille gestaltet. Der Spieler erlebt das *Verhältnis*, in dem die Stille sich zu ihm befindet – ein Verhältnis, das von beiden Beteiligten bestimmt und verändert werden kann. [11]

die Stille lacht
die Stille hat die Hände in den Hosentaschen
die Stille ist wie ein unerwünschter Gast
die Stille trotzt
die Stille ist wie eine Mutter, die nur dann kommt, wenn sie es will
die Stille bewegt sich im Alleingang
die Stille ist wie ein ersehnter Gast
ich habe die Stille gesucht, mich nach ihr gesehnt

Eine besonders eindrückliche Beschreibung findet sich in den Äußerungen *Die Stille schaut mich an* – und: *Die Stille steht hinter mir.* Hier wird ein subtiles Verhältnis zwischen der eigenen Aktivität und der Anwesenheit des Anderen erlebt und ausgedrückt.

Das Wechselverhältnis von Stille und Spielaktion ist auf eindrückliche Weise auch in dem Gedicht von Rose Ausländer ausgedrückt, das am Anfang dieses Kapitels zitiert ist (Ausländer 1992, 88). Die Zeile „Die Pause braucht mich / um sich zu sammeln" benennt die Abhängigkeit der Stille vom Spieler; er muss ihr den nötigen Raum zugestehen, damit sie ihre Kraft entfalten kann. In den Zeilen „Verstohlen / hol ich aus ihrer / entzündlichen Stille / den Funken" wird deutlich, dass in der Stille der Impuls enthalten sein kann, der den Fortgang des Geschehens bestimmt.

[11] In der Folge sind die Äußerungen der Teilnehmer aus den Improvisationsexperimenten jeweils kursiv wiedergegeben.

In der Äußerung eines Spielers *Die Stille steht hinter mir,* wird angesprochen, dass die Ausrichtung auf den Gegenpol nicht an eine primäre Sinneswahrnehmung gebunden ist, sondern eher ein Erspüren von Tendenzen und eines dynamischen Potenzials ist, das womöglich besser ‚mit dem Rücken' als mit dem Gesichtssinn wahrzunehmen ist. Das eigene Spiel zu unterbrechen, während das Spiel der anderen weitergeht, verhilft dazu, die ‚eigene' Stille wahrzunehmen. Das Innehalten wird *wie die körperliche Anwesenheit der Stille* empfunden; als wäre man *umgeben von Stille.* In der Unterbrechung des eigenen Spiels spürt man die *Spannung zum Spiel der anderen, als Spannung hin zu dem Zeitpunkt, an dem man wieder einsetzen wird.*

Aus der Wahrnehmung der Stille als Gegenüber entsteht nicht zufällig die Assoziation zur Polarität von Leben und Tod. Dass die Stille eine unterstützende Kraft ist für den Fall, dass dem Spieler die Einfälle ausgehen, dass er sich der Stille überlassen kann, die seinen Part übernehmen wird – dies zu erkennen, lässt eine Sichtweise aufscheinen, in der sich Leben und Tod in entsprechender Positionierung gegenüberstehen: der Tod nicht als Negation des Lebens, sondern als die Ergänzung eines Lebenslaufs, der sich im Tod erfüllt. Die allegorische Darstellung einer solchen Vorstellung findet sich dem Holzschnitt „Der Tod als Freund". Der alte Mann legt die Hände in den Schoß, der Tod läutet die Abendglocke und übernimmt die Aufgabe, die der Mensch am Ende seines Lebens nicht mehr erfüllen kann.

Abb. 9: Der Tod als Freund [12]

Die Bedeutung einer Improvisation, die kein Ende findet, obwohl die Musik mehr und mehr an Gehalt verliert, spiegelt sich in einer Szene, in der die „Stille" während eines Experiments den Raum verlässt und die Spieler allein zurückbleiben – eine eigenartige Erfahrung. Was hat man falsch gemacht, wenn die Stille es nicht mehr im selben Raum mit den Klängen aushält? Oder ist sich die Stille so sicher, dass mit der Musik alles gut laufen wird, und ihre Anwesenheit daher gar nicht mehr notwendig zu sein scheint?

Eine solche Situation kann in jedem Fall als Sinnbild einer verloren gegangenen Verbindung innerhalb der Polarität angesehen werden: Klang und Stille sind nicht mehr in wahrnehmbarem Kontakt miteinander. Das Spiel ist, sofern sich die Verbindung nicht wieder einstellt, zu endloser Aktion verurteilt. Keine Erholung in der Pause, im Rückgang der Aktivität,

---

[12] Der Tod als Freund. Holzschnitt von Alfred Rethel (1851)

keine Erfüllung in einem gelungenen Schluss – ein Eindruck der Hölle, zumindest aber ein Zerrbild von Kontinuität und Dauer.

Dagegen beinhaltet die Erfahrung, dass dem Spiel und der Aktion in der Stille ein Gegenüber zur Verfügung steht, eine Entlastung vom Handlungsdruck. *Die Stille kommt zur Hilfe* – dann, wenn sich abzeichnet, dass die Ideen ausgehen, dass der Kontakt zu den Mitspielern nicht mehr trägt. Dann ermöglicht das Nicht-Spielen, die Übergabe der Verantwortung an die Stille einen Zwischenraum, erlaubt, sich auszuruhen von der Verpflichtung zur Aktion, solange, bis der Impuls spürbar wird, sich wieder ins Spiel einzumischen.

In der Realität musiktherapeutischer Behandlungssituationen kennen wir die Improvisationen, die kein Ende finden können, obwohl man das Gefühl hat, dass die Kraft längst zu Ende ist und dass das Weiterspielen keine Entwicklung und Veränderung mehr bringen wird. Innerhalb psychopathologischer Strukturen steht ein solches Verhalten oft mit der Angst in Verbindung, dass jegliches Beenden, Aufhören, Abschließen einer auch nur momentanen Gestalt zu einem endgültigen Verlust führen könnte, zum Nichtwiederfinden des Gegenübers, zur Unmöglichkeit, einen neuen Anfang zu finden. So wird die Aktivität beibehalten, obwohl sie sich längst sinnlos anfühlt. Dies bringt die Gefahr mit sich, dass die Inhalte, die im Verlauf der Improvisation zunächst noch Ausdrucksgehalt hatten, durch das Nichtaufhören-Können in ihrer Bedeutung nachträglich zerstört werden.

Die Unaufhörlichkeit des Geschehens, die in einer solchen Szene als *Belastung* die Kommunikation erschwert, zeigt sich auf ganz andere Weise in der Geschichtensammlung von „Tausendundeiner Nacht“. Bekannterweise gelingt es der Prinzessin Scheherezade durch ihre Unermüdlichkeit, jede Nacht aufs Neue die zuvor begonnene Geschichte auf eine Weise weiter zu erzählen, dass im Gemüt des Königs schließlich eine Veränderung bewirkt wird. In jeder weiteren Nacht ist er neugierig auf den Fortgang der begonnenen Geschichte, so dass er sein Vorhaben, jede Frau zu töten, mit der er die Nacht verbracht hat, zuerst immer wieder aufschiebt, um es am Schluss ganz aufzugeben.

Hier führt die Dauer, die große Geduld, Kreativität und Mut verlangt, schließlich zu einer Entwicklung und zur lebenserhaltenden Veränderung. Zunächst würde die Beendigung auch hier, wie in den erwähnten Phantasien, den Tod bedeuten; deshalb muss sich aus einer Geschichte die nächste ergeben, solange bis Aufhören und Innehalten wieder in lebbaren Formen zu fassen sind. Was in einer nicht enden wollenden Improvisation zur *Belastung* wird, zeigt sich in „Tausendundeiner Nacht“ als *Steigerung*, als Anwachsen der Fülle, die einer ganzen Sammlung von Geschichten den Rahmen bietet.[13]

In einer anderen Sequenz der musikalischen Experimente zur Polarität von Klang und Stille stellt sich zu Beginn einer Improvisation das Verhältnis von *erscheinen – vergehen* so dar, dass es lange unklar bleibt, ob das Spiel in Gang kommt oder nicht. Die die Stille repräsentierende Person verdeutlicht durch ihre Haltung, dass ihre entschiedene Anwesenheit noch gebraucht wird, um den Zusammenhalt der Spieler zu gewährleisten und sie von musikalischer Aktivität zu entlasten, die sich noch nicht genügend konsolidieren konnte; in so einem Fall braucht die Musik eine Rückversicherung in der Möglichkeit des Verstummens. Wenn das Spiel dann an Kontur gewinnt, kann sich die Stille zurückziehen und markiert damit den Beginn einer stabilen Phase des Zusammenspiels und des Verlaufs.

Eine Improvisation mit Entschiedenheit zu beginnen, setzt ein bewegliches Verhältnis der beiden Pole Klang und Stille voraus. Sich dem Pol *erscheinen* zu überlassen (und das ist ein entschiedener Anfang), kann nur in dem Vertrauen darauf gelingen, den Gegenpol (*vergehen*) dabei nicht aufgeben zu müssen. Die seelische Situation, nicht anfangen zu können, in quälender Uneindeutigkeit zwischen Zögern und Beginn zu verharren, hat mit einer gestörten Polarität zu tun. Wenn der Zusammenhang von *erscheinen – vergehen* zerrissen ist, kann es sein, dass bei der Aufgabe, beginnen zu sollen, die Vorstellung darüber fehlt, wie man aus der Sache wieder herauskommen wird. Im Erscheinen des Klangs geht die Ahnung der Stille verloren. Dann lieber gar nicht beginnen, als sich so gänzlich auf den Pol *erscheinen* einlassen; man könnte in einen Irrgarten der Klänge geraten, aus dem kein Weg zurück in die Stille zu finden ist.

Manche Spieler beschreiben ein Gefühl der *Verantwortung* und des *Respekts*, das sie gegenüber der Stille, und damit aber auch gegenüber dem gesamten Spiel empfinden. Jemand fühlt sich *gebannt von der Stille,* erlebt *die Musik wie eine Insel in der Stille.* An den prägnantesten Stellen der Improvisation sei *die Musik wie von der Stille eingeschlossen* gewesen.

Auch die „Stille" kommt nach Beendigung des Experiments zu Wort und beschreibt ihr Erleben während der Musik. Aus ihrer Position ergibt sich eine meist sehr treffende Beschreibung der Musik; die Stille weiß einiges über den Charakter der Musik. So fühlt sie sich *angezogen von einzelnen Tönen,* empfindet das Bedürfnis, *dem Ganzen nahe zu kommen,* hat aber auch das *Erlebnis von Macht*. Die atemähnlichen Geräusche eines Akkordeons, bei dem nur der Balg bewegt wird, gefallen der Stille: da habe sie *Platz drin.*

[13] Zum Verhältnis von Belastung und Steigerung siehe Kap. 4.6.1 (S. 207 ff)

Auf eine solche Erfahrung zielt im Übrigen die Beschäftigung mit der Polarität ganz grundsätzlich: die Äußerung, dass in den Klängen und Geräuschen die Stille ihren Platz findet, charakterisiert den Zusammenhang, um den es geht – im Geschehen sind beide Pole erlebbar; im Klang hat die Stille Platz, in der Stille kann sich der Klang ausbreiten.

In einer weiteren Version der Spielvereinbarung hat die Person, die die Stille repräsentiert, die Aufgabe, lediglich im Raum anwesend zu sein. Es sollen keine unterschiedlichen Positionen eingenommen werden; vor dem Spiel bleibt es offen, ob sich überhaupt irgendwelche erkennbaren Zeichen ergeben, die den Bezug zwischen den Spielern und der „Stille" verdeutlichen.

Für die Spieler ergibt sich als eindrücklichste Erfahrung eine Erweiterung ihrer Wahrnehmung. Man achtet nicht nur auf die Mitspieler und ihre Spielaktionen, sondern gewinnt, indem man sich der Stille zuwendet, eine zusätzliche Orientierung über die Tendenzen des Spiels, hat einen deutlicheren Eindruck davon, *wohin die Musik will.*

Sich der Stille zuwenden – als Metapher geeignet, um eine besondere Sorgfalt und Aufmerksamkeit zu beschreiben, bedingt dabei aber nicht ein Spiel am Rande der Hörbarkeit. Vielmehr verträgt sich die Orientierung an der Stille durchaus mit entschiedener, kräftiger und auch lautstarker Musik, in der aber die Gestaltungsqualität der Stille nicht außer Acht gelassen wird. Eine solche Musik kann sich, wiewohl kräftig und laut, der ‚Zustimmung' durch die Stille gewiss sein, da auch die Stille, personifiziert gesprochen, damit rechnen kann, gehört zu werden und wieder Einfluss zu gewinnen, wenn die Zeit dazu gekommen ist. Dass hier in Bezug auf die Stille Begriffe wie Bedürfnis, Zustimmung etc. verwendet werden, gleichsam als hätten wir es mit einem personalen Gegenüber zu tun, ergibt sich aus der Erfahrung dieses Experiments, in dem ja der Gegenpol in seinen Tendenzen tatsächlich als Person mit wahrnehmbaren oder zumindest empathisch einfühlbaren Befindlichkeiten erlebt wird. Die einzelnen Elemente der Musik mit ihren Tendenzen so aufzufassen, als hätten sie (zumindest im Sinne einer Metapher) Persönlichkeit und Eigenleben, ist einer differenzierten und sensiblen Wahrnehmung in der Improvisation dabei durchaus zuträglich.

Die zuvor erwähnte Formulierung Luigi Nonos zur Funktion der Stille sei hier noch einmal in Erinnerung gerufen. Die Wahrnehmung in der Stille folgt den Klängen „wie ein beweglicher Spiegel, ein Prisma der Pause".[14] Folgt man diesem Bild, dann bedeutet das, dass in der Stille Aspekte des Klangs aufscheinen, die bislang verborgen waren – so wie in einem Prisma das Licht in sein Farbspektrum aufgefächert erscheint. Es ergibt sich die

---

[14] Nono, zitiert nach Breuning 199, 140

Gleichzeitigkeit der Wahrnehmung von Klang und Stille, mithin der ganzen Polarität.

Um die Polarität von Klang und Stille, von *erscheinen – vergehen* in der Improvisation erleben zu können, verwende ich unterschiedliche Spielvereinbarungen. Es ergibt sich dabei eine Abfolge von der zuerst geschilderten Version, bei der sich die Stille personifiziert ihren jeweiligen Ort im Raum gesucht hat und diesen je nach der Entwicklung der Improvisation verändert. In der zweiten Version war die „Stille" als Person im Raum präsent, ohne durch irgendwelche Raumveränderung, Äußerungen oder Zeichen ihre Dynamik zu vermitteln. Es liegt also allein in der empathischen Aufmerksamkeit der Spieler, herauszufinden, welchen Tendenzen sich aus der Wahrnehmung des Gegenpols ergeben.

In einer dritten Version, die sich als Folge der anderen anbietet, haben die Spieler die Aufgabe, sich wiederum auf den gemeinsamen Bezugspunkt der Stille auszurichten; allerdings wird die Stille nun nicht mehr durch eine Person repräsentiert. Es ist niemand mehr da, der die Stille darstellt. Die Stille soll aber als *Anwesenheit* im Raum wahrgenommen werden.

Die vorangegangenen Erfahrungen mit der ‚Stille als Person' führen nun in der Regel dazu, dass die Stille als gemeinsame Referenz von den Spielern internalisiert wird. Das Spiel bleibt merklich auf die Stille als Gegenpol bezogen. Die Spieler berichten nach einem solchen Experiment, dass es ihnen leichter gefallen ist, die anderen in ihrem individuellen Spiel wahrzunehmen und sich darauf zu beziehen, ohne dabei die eigenen Intentionen vernachlässigen zu müssen.

Bei den geschilderten Experimenten mit der Stille kann es anfänglich durchaus vorkommen, dass die Aufmerksamkeit auf die Stille sich als Einschränkung der Unbefangenheit bemerkbar macht. Da es ungewohnt ist, die Stille so explizit zu beachten, kann dies auf Kosten der Vitalität gehen und zu einer Beschränkung der Einfälle, zu einer Hemmung der Spielfreude führen. Mit der zunehmenden Erfahrung in den Übungen lösen sich diese Begrenzungen jedoch wieder auf. Der gemeinsame Referenzpunkt der Stille führt dann ganz im Gegenteil zu einer deutlichen Differenzierung im Beziehungs- und Verlaufsgeschehen der Improvisation und zu prägnanteren Spielaktionen.

Klang und Stille als Formkriterium

Der Aspekt der *Form*, der sich in der Polarität von Klang und Stille zeigt, bleibt noch zu ergänzen. Die formale Gliederung eines Verlaufs ist von einem beweglichen Austausch der Pole *erscheinen* und *vergehen* abhängig. Auf den Anfang und das Ende bezogen, wurde dies bereits erläutert. Für die Binnendifferenzierung einer Improvisation, also für die Bildung von Abschnitten und einzelnen Formteilen gilt dies in gleicher Weise. Sollen sich in einer Improvisation verschiedene Abschnitte ergeben – u.U. mit Pausen zwischen den einzelnen Teilen, unterscheidbar in ihrer musikalischen Ausprägung, oder in der Darstellung unterschiedlicher „Themen" – so setzt dies eine größere Differenzierung und Beweglichkeit der Beziehungs- und Ausdrucksfähigkeit voraus. Es ist demnach ein Merkmal der sich entwickelnden Differenzierung in einer Gruppe, wenn sich in der Improvisation Abschnitte ergeben, die sich voneinander unterscheiden, ohne dass dabei der Zusammenhang des Ganzen verloren geht. Dazu gehört auch die Möglichkeit, dass nicht immer alle Spieler während der gesamten Improvisation am Spiel beteiligt sein müssen. Auch hier stellt es sich als Differenzierung dar, wenn der Einzelne seinen Umgang mit der Polarität von Klang und Stille individuell regulieren kann, ohne dabei den Bezug zur Gruppe zu verlieren.

> Eine Spielvereinbarung, die diese Qualitäten erfahrbar macht, soll die Bildung von Abschnitten befördern. Hilfreich ist dabei die Vorstellung verschiedener Formteile, die in der Literatur verwendet werden. Der Spielvorschlag lautet, dass die Improvisation zunächst einen Prolog haben soll, ein Vorwort, dann den eigentlichen Hauptteil. In Entsprechung dieser Form, soll „nach dem Schluss" noch ein Epilog, ein Nachwort folgen.

Nicht einfach eine dreiteilige Form vorzuschlagen, sondern sich an der literarischen Form von Vor- und Nachwort zu orientieren, hat seine Vorteile. Das Ungleichgewicht in der Dimension der Abschnitte, das in der Bezeichnung Prolog, Hauptteil, Epilog intendiert ist, erleichtert die Ausführung der Mehrteiligkeit. Der Hauptteil kann den gewohnten Charakter einer Improvisation behalten, da sich hierin das Spiel frei entfalten kann. Die größere Aufmerksamkeit in der Bildung von Formabschnitten richtet sich auf die beiden ‚Ecksätze'; die Bezeichnung Vor- und Nachwort führt dazu, dass diese Teile deutlich kürzer ausfallen, was die Ausprägung unterschiedlicher Abschnitte erleichtert. Die Vorstellung eines Vorwortes kommt zudem einem Bedürfnis entgegen, das in der Improvisation durchaus öfter auftaucht, in seiner Realisierung aber oft diffus bleibt: in einem Vorwort ist man zwar schon mit dem beschäftigt, um das es hauptsächlich gehen wird, zunächst einmal kann man aber noch herumprobieren, sich an das Thema annähern; man ist noch nicht zur konsequenten Weiterführung verpflichtet: das Eigentliche kommt ja erst danach.[15] Zudem gibt es die Möglichkeit, im zweiten Angang, mit dem der Hauptteil beginnt, noch eine ganz andere Richtung einzuschlagen, vielleicht das Instrument zu wechseln etc. Die Beschränkung auf einen kurzen Abschnitt, wie es die Vorstellung eines Vorwortes nahe legt, stellt darüber hinaus keine zu großen Anforderungen an die gemeinsame Abstimmung in der Gruppe, die sich ja darauf einigen muss, wann der Prolog zu Ende sein soll – dies zu einem Zeitpunkt, an dem sich die Gemeinsamkeit im Verständnis des Zusammenspiels noch kaum etabliert hat.

Die Spielvereinbarung eines Epilogs dagegen lässt es zu, nach dem Schluss noch auf die Inhalte einzugehen, die unerwähnt geblieben sind, die sich noch nicht ausbreiten konnten, aber auch noch nicht so deutlich konturiert sind, dass sie einen eigenen Abschnitt für sich beanspruchen müssten. Die Orientierung an der Vorstellung eines Nachwortes verhindert zudem, dass sich das Spiel nochmals wieder in Gang setzt oder sich bereits durchgespielte Inhalte wiederholen. Mit dem Ausklingen der Hauptteils ist zwar bereits ein Schluss gesetzt; auf die ganze Form bezogen bleibt aber die Bewegung zwischen den Polen *erscheinen – vergehen* noch in der Schwebe. Erst nach Ende des Epilogs hat die Stille durch ihr Erscheinen die Form abgeschlossen.

Die damit verbundene Erfahrung kann verdeutlichen, dass es in jedem Schluss eine Abwägung zwischen Klang und Stille gibt. Auch das überzeugende, unzweifelhafte Ende einer Improvisation enthält noch die Möglichkeit, in der sich ausbreitenden Stille den Gegenpol – die Möglichkeit des Erklingens – wahrzunehmen. Gerade die Schlussbewegung in einem Gruppenspiel enthält ja für den einzelnen Spieler die Möglichkeit, sich mit seiner Äußerung erneut und wirkungsvoll Gehör zu verschaffen und der eintretenden Stille wiederum einen Klang entgegenzusetzen. Jeder Schluss ist also eine Bemühung um Balance, setzt eine Entscheidung zwischen der „Hinnahme" (der gemeinsamen Tendenz zum Schluss) und dem „Einspruch" (gegenüber dieser vereinheitlichenden Tendenz) voraus.[16] Wie jedes in Balance gehaltene Gebilde enthält der Schluss zudem die Möglichkeit, durch einen Anstoß wieder in Bewegung zu geraten, mithin die Möglichkeit einer nächsten Improvisation.

Die Aufgabe, einen Schluss zu finden, stellt sich in jeder Improvisation. Der Klang muss der Stille das Feld überlassen. Sowohl die Beziehung der Spieler untereinander als auch der Verlauf der Improvisation werden hier

---

[15] Dass Vorworte in der Realität des Schreibens meistens erst verfasst werden, wenn das gesamte Werk bereits vollständig ist, soll hier einmal unberücksichtigt bleiben.

[16] Zur Begrifflichkeit von „Hinnehmen und Einspruch" vgl. Salber 1965, 151

noch einmal auf eine andere Weise wichtig als es zuvor der Fall war. Kann man im Verlauf des Spiels ohne große Folgen auch einmal für eine Weile nebeneinander her spielen, zeigt sich in der Aufgabe, den Schluss zu gestalten, ob die Verständigung der Spieler verlässlich funktioniert. Während das Spiel seinen Lauf nimmt, kann in der partiellen Regression der Spieler das Bewusstsein, dass mehrere am Werk sind, in den Hintergrund rücken; dagegen gerät die Realität des Getrenntseins am Ende wieder in den Blick: eine Trennung vom Mitspieler, der durch die Entfernung wieder deutlich als „der Andere" erkennbar wird – und eine Trennung vom „Werk", das durch den Abstand als solches überschaubar wird.[17] In der Bemühung um den Abschluss findet eine Art Resümee statt: *war es das, fehlt noch etwas, kann man hier aufhören, wer hat das letzte Wort etc.*

In der Ausrichtung auf die Stille wird die Bewegung des In-Entfernung-Geratens nun durch eine Gegenbewegung ergänzt: die Spieler trennen sich voneinander, nähern sich dabei aber der Stille an, die sie gemeinsam umfassen wird; die Spieler trennen sich von ihrem „Werk", das durch die eintretende Stille seine abschließende Kontur erhält. Der bereits zuvor zitierte Satz von Picard verdeutlicht diesen Aspekt: „Am Schlusse [...] ist es jedesmal, als ob das Schweigen selbst redet, - die Menschen, die geredet haben, sind Zuhörer des Schweigens geworden." (Picard 1950, 19 [18])

In der Schlussbildung einer Improvisation hat eine solche Wahrnehmungseinstellung, bei der nicht nur die größer werdende Entfernung, sondern auch die Annäherung an den gemeinsamen Referenzpunkt in der Stille empfunden wird, konkrete Auswirkungen auf die musikalische Gestaltung. Wenn die Spieler die Stille als gemeinsamen Bezugspunkt erleben, ist es durchaus nicht notwendig, dass alle zum gleichen Zeitpunkt ihr Spiel beenden. Auch das Nachspiel eines oder mehrerer Spieler stellt dann kein Zerreißen der Gemeinsamkeit dar; es entspricht vielmehr der jeweiligen Art, wie unterschiedliche Bewegungen zur Ruhe kommen:[19] mit einem plötzli-

[17] Vgl. Deuter 2007, 56

[18] Vgl. Kap. 4.2

[19] Als eine in unserer Musikpraxis gängige Version eines Bogens, der noch seine Zeit braucht, bis er zur Ruhe kommt, lassen sich die Schlusswendungen z.B. in der Barockmusik ansehen; die Rede ist vom Triller und vom *ritardando.* Während sowohl die tonale als auch die formale Struktur auf den Schluss drängen, findet die noch nicht aufgebrauchte motivische Bewegungsenergie ihren Ausdruck in der raschen Bewegung zwischen zwei benachbarten Tönen – eigentlich kein besonders interessanter Einfall, mit dem aber, gleichsam in einer komprimierten melodischen Figur, die knapp gewordene Zeit ausgeschöpft wird, während die Verlangsamung des Tempos im *ritardando* den Zeitraum dehnt und dabei aber gleichzeitig die Eindringlichkeit der Schlussgeste unterstreicht. Beide Figuren, Triller und *ritardando* haben damit eine vermittelnde Funktion bei der Ausbalancierung von Klang und Stille.

chem Ruck, mit absichtsvoller Bestimmtheit, im ausschwingenden Nachklingen, im leisen Nachrieseln und Ausrollen, in einem Bogen, der sich erst noch einmal aufbiegen muss, bevor er sich schließlich abflacht und in der Stille ausläuft.

Alltags- und Beziehungsaspekte der Polarität
erscheinen – vergehen

In der Improvisation begegnet uns die Dynamik der Polarität in einer musikalischen Erscheinungsform. Stille und Klang sind die beiden Elemente, die sich ergänzend gegenüberstehen. Im musiktherapeutischen Kontext ist uns die Improvisation jedoch mehr als nur klangliches Ereignis; ihre Strukturierungen fassen wir als Merkmal einer Lebensmethode des Spielers auf. So wie er mit musikalischen Mitteln mit der Polarität von *erscheinen* und *vergehen* umgeht, so gestaltet und erlebt er auch in seinen alltäglichen Lebenszusammenhängen das Erscheinen und Vergehen der Geschehnisse. Wie man etwas beginnt, wie man aus einer Sache wieder herauskommt, wie man Abschnitte und Übergänge gestaltet, dies wird von einer grundsätzlichen Fähigkeit bestimmt, mit dieser Polarität umzugehen und ihre Pole lebendig zu handhaben, bzw. damit zurechtzukommen, was einem im Sinne dieser Polarität widerfährt.

Im Umgang mit der Polarität *erscheinen – vergehen* spiegeln sich aber auch frühe Objekterfahrungen wider. Nähe- und Distanzverhältnisse im engeren Sinne begegnen uns hauptsächlich in der Polarität von Struktur und Impuls, im Verhältnis von *verbinden – lösen*[20]; in der Polarität *erscheinen – vergehen* zeichnen sich eher die Prägungen ab, die mit Objektkonstanz und mit der Fähigkeit zur Internalisierung von Objektbeziehungen zu tun haben. Die seelische Fähigkeit, die reale Abwesenheit des Objekts mit der Orientierung an einer verinnerlichten Objektrepräsentanz zu kompensieren, hat seinen Niederschlag im Umgang mit der Polarität von *erscheinen – vergehen.* Die Unfähigkeit, in der Improvisation einen Schluss zu bilden und die damit verbundene Auswirkung auf den gesamten Verlauf wurde weiter oben bereits erwähnt. In der Behandlungssituation lässt sich dieses Merkmal zumeist mit frühen Verlusterfahrungen in Verbindung bringen.

Im gemeinsamen Spiel mit dem Musiktherapeuten wiederholt sich eine Beziehungserfahrung aus der frühen Kindheit eines erwachsenen Patienten, der noch vor Ende seines ersten Lebensjahres seine Mutter verloren hat. Das Nichtaufhören-Können im Spiel zeigt sich als Ausschluss des Gegenpols ,ver-

---

[20] Vgl. Kap 4.5.3

gehen', als Beharrung im Pol ‚erscheinen'. Die Stille als formgebende Qualität wird vermieden, weil sie mit einer basalen Verlusterfahrung identifiziert wird und eine Berührung dieser Qualität mit zu großem Schmerz verbunden wäre.

In der Vereinseitigung auf den Pol Klang / *erscheinen* wird diese Erfahrung repräsentiert. Sie zeigt sich im Erleben des Therapeuten, der irgendwann in der Folge dieses nahezu endlosen Spiels den Kontakt zu seinem Gegenüber verliert. Die Gefühle der Ohmacht, die sich einstellen, beziehen sich auch auf seine musikalisch-kommunikativen Fähigkeiten, da es ihm zunehmend unmöglich wird, mit den bewährten musikalischen Mitteln den Kontakt zum Patienten aufrecht zu erhalten. Im Verlauf der gemeinsamen Improvisation wird irgendwann sein eigenes Spiel obsolet; er hört auf zu spielen, während der Patient weiterspielt, scheinbar unberührt von dieser Veränderung. Der Therapeut repräsentiert nun quasi den Gegenpol der Stille – allerdings allein, und er erlebt gleichzeitig im Zerreißen der Polarität von Klang und Stille die grundsätzliche Verlorenheit im Weltbezug des Patienten.[21]

Dass eine solche Improvisation irgendwann doch ein Ende findet, hat meist mit Einwirkungen zu tun, die außerhalb der erlebbaren Beziehungskonstellation liegen: die Stunde ist zu Ende, die Kraft der Hände und Arme erlahmt, die Schlägel fallen zu Boden, eine Störung von außerhalb oder eine Fehlleistung werden als Impuls zur Veränderung aufgenommen. Bezeichnend für die inhaltliche Dimension des Erlebens ist es, dass das Zerreißen der Polarität nun, nachdem die Musik verklungen ist, wie von der anderen Seite her sichtbar wird.

Nachdem das Spiel aufgehört hat, ist die Verbindung zu dem, was vorher war, verloren. Es gibt kaum eine benennbare Erinnerung an das Spiel, vor allem nicht an die Dimension seiner Ausdehnung, die Zeit ist wie ausgelöscht; damit ist auch das Leiden an der Spaltung zwischen den Polen nicht zugänglich. Da-sein und Weg-sein stellen sich als zwei getrennte Welten dar. Das in Entfernung geratene Objekt hinterlässt keine wahrnehmbaren Spuren; damit ist auch die Trauer um den Verlust unerreichbar und im Selbsterleben bleibt der gesamte Komplex mitsamt den dazu gehörenden Gefühlen unzugänglich.[22]

Einige kulturkritische Anmerkungen zum Zusammenhang der Polarität von *erscheinen – vergehen* seien hier eingefügt; an ihnen kann deutlich wer-

---

[21] Vgl. das Therapiebeispiel von M. Becker, S. 136

[22] Im geschilderten Beispiel wurde eine Spaltung zwischen den beiden Polen *erscheinen – vergehen* deutlich. Eine ausführliche Darstellung der unterschiedlichen Möglichkeiten, in denen der Austausch innerhalb der Polarität gestört sein kann, findet sich in Kap. 4.6.1 „Belastung und Steigerung".

den, auf welche Weise die Strukturierungen in der Improvisation mit den Aufgaben korrelieren, denen sich das Individuum in der Gegenwartskultur stellen muss. Die Analogie ergibt sich aus der jeweils ähnlichen Strukturierung im Polaritätsgeschehen.

In Anlehnung an Max Picard, der den Verlust der Stille und des Schweigens beklagt und sie in unserer Kultur nur noch als „Konstruktionsfehler im andauernden Ablauf des Lärms" zu erkennen vermag,[23] können wir die Perspektive der Polarität von *erscheinen – vergehen* auch auf andere Phänomene unserer Alltagskultur anwenden. Die zunehmende Tendenz zur Steigerung der Effizienz, der Geschwindigkeit und der Permanenz in vielen Bereichen des Lebens, kann durchaus als Abspaltung der Pols *vergehen*/Stille angesehen werden. Das Postulat der durchgängigen Erreichbarkeit, die prahlerische Werbung mit „24/7", also der Geschäfts- und Medienpräsenz während 24 Stunden an sieben Tagen der Woche, mit Geschäftsöffnungszeiten an 365 Tagen im Jahr und dergleichen mehr deuten auf ein Auseinanderfallen der Pole hin, das verbunden ist mit einer zunehmenden Abwertung des Pols *vergehen*/Stille. Permanenz der Ereignisse und Beschleunigung sind dabei zwei sich ergänzende Phänomene. „*Stillstand* wird unvermeidlich zu einer Form des *Zurückfallens*, nicht nur in der Wirtschaft, sondern in allen Dimensionen des sozialen Lebens." (Rosa 2005, 249, Hvbg. Rosa) „Der ethisch und politisch unkontrollierbare Akzelerationstrend [...] entfaltet nicht nur eine wachsende normierende Kraft, sondern birg auch ein steigendes Potenzial zur Erzeugung von Beschleunigungspathologien." (Rosa 2005, 484) Der ausgeklammerte und damit unwirksam gemachte Pol *vergehen* findet in der Folge nur in einer negativen Konnotation ins Geschehen zurück. Im Burn-out-Syndrom, in der Depression mit dem Status einer ‚Volkskrankheit', im Konkurs, in der ‚Freistellung' vom Produktionsprozess, in der Ausgrenzung aus sozialer Zugehörigkeit, in Katastrophenängsten und Bedrohungsszenarien etc. werden Eigenschaften dieser Seite der Polarität erkennbar. „Das Ignorieren von Fristen und *Deadlines* und von Geschwindigkeitsimperativen führt heute mehr denn je zu *sozialer Exklusion.*" (Rosa 2005, 481, Hvbg. Rosa)

Zurück zu den praktischen Aspekten der Musiktherapie. Übertragen wir die Wahrnehmungseinstellung, die sich in den Spiel-Experimenten mit der Stille als Person ergibt, auf die Behandlungssituation, so ergibt sich in der Wahrnehmung des Therapeuten eine Erweiterung: Seine Aufmerksamkeit richtet sich nicht allein auf den Patienten bzw. auf dessen klanglich-

[23] Vgl. Kap. 4.5

musikalischen Ausdruck, sondern auch auf die Stille als umgebende Qualität. Die *Musik* ist in der Stille (noch) nicht wahrnehmbar, die *Situation* als Ausprägung einer bestimmten Atmosphäre schon. Die entsprechende Wahrnehmungseinstellung und ihre Bedeutung für das musiktherapeutische Handeln wurde im „Atmosphären-Konzept" bereits anderenorts beschrieben.[24]

Die Ausrichtung auf die Stille kann als therapeutisches Agens nutzbar gemacht werden, wenn die Polarität *erscheinen – vergehen* belebt wird: der Therapeut lässt in seinem Spiel Pausen entstehen. Dies ist vor allem dann hilfreich, wenn es darum geht, in fragmentierten musikalischen Formen, die der Patient anbietet, nach Beziehungsmöglichkeiten zu suchen. Während im Spiel des Patienten die Stille zum Auseinanderreißen und zur Dissoziierung der Teile führt, kann der Therapeut in seinem bewussten Angebot der Stille versuchen, die verbindende Qualität der Stille wirksam werden zu lassen.[25] In der Bemühung, Polaritätsaspekte im Sinne einer musikalischen Intervention nutzbar zu machen, sollten wir uns jedoch nicht allein auf die Belebung des jeweiligen Gegenpols beschränken. Wirksamer ist in den meisten Fällen der Versuch, den Austausch der drei Polaritäts-Achsen insgesamt zu befördern.[26]

Das Wissen um die Notwendigkeit, den Zusammenhang in der Polarität zu sehen, ist schon alt. So wie sich aus Klang und Stille die Musik ergibt, so entsteht erst aus dem Zusammenspiel von Gegenstand und Leere der Sinn; dies zeigt der abschließend zitierte Text aus dem *Tao Tê King*[27].

Dreißig Speichen treffen die Nabe
Die Leere dazwischen macht das Rad.

Lehm formt der Töpfer zu Gefäßen
Die Leere darinnen macht das Gefäß.

Fenster und Türen bricht man in Mauern
Die Leere damitten macht die Behausung.

Das Sichtbare bildet die Form eines Werkes.
Das Nicht-Sichtbare macht seinen Wert aus.

---

[24] Vgl. Deuter, Weymann 2005

[25] Vgl. den Abschnitt über Nonos „Fragmente – Stille", S. 138

[26] Näheres hierzu im Kapitel 4.6 „Zusammenwirken der Achsen"

[27] Tao Tê King (Dàodéjing) Grundlegende Schrift des Taoismus; entstanden in China, vermutl. im 4. Jahrhundert v. Chr.

Zusammenfassung: die Polarität in der klanglichen Dimension

Die klangliche Dimension bezeichnet das Verhältnis von *Klang* und *Stille;* als Handlung und in ihren Bewegungsaspekt wird sie anschaulich in der Polarität von *erscheinen – vergehen.* Im Sinn der Polarität wird hier die Stille nicht nur als die Abwesenheit des Hörbaren angesehen, sondern als ein eigener Wirkungsbereich, der als Ergänzung zu den Klangphänomenen seine Gestaltungstendenzen in das Geschehen einbringt.

Die geschilderten Spielvereinbarungen eignen sich für Improvisationssituationen, für den Improvisationsunterricht und für die musiktherapeutische Fortbildung. Die Beschäftigung mit den Polaritätsverhältnissen erweitert die Möglichkeiten, mit der Improvisation umzugehen und das Erleben zu reflektieren. Sollen die Erfahrungen und Erkenntnisse in der musiktherapeutischen Praxis verwendet werden, so ist eine entsprechende Anpassung an das jeweilige Setting und das bestehende Behandlungskonzept notwendig.

4.5.2 Rhythmische Dimension Beispiele und Anwendungen Struktur – Impuls, *verbinden – lösen*

Ordnung ist die Verbindung
des Vielen nach einer Regel.
Immanuel Kant

Vielfalt, die nicht auf Einheit zurückgeht, ist Wirrwarr;
Einheit, die nicht auf Vielfalt gründet, ist Tyrannei.
Blaise Pascal

Aus einer schlechten Verbindung
kann man sich schlecht lösen.
Japanisches Sprichwort

Im folgenden Kapitel beschäftigen wir uns mit Beispielen und Anwendungen, die im Zusammenhang der Polarität von Struktur und Impuls, von *verbinden – lösen*, also dem Bedingungsverhältnis von Gleichmaß und Vielfalt stehen.

Auf das musikalische Material in der Improvisation bezogen interessieren uns hier all die Phänomene, die dazu beitragen, dass die Spieler untereinander den Grad ihrer Verbindung wahrnehmen und die dazu verhelfen, dass der Verlauf der Improvisation als ein Zusammenhang erlebt werden kann. Damit ist zunächst der Pol der *Struktur* umschrieben. Ergänzend dazu stehen alle die Einwirkungen, die für den Erhalt der Beweglichkeit sorgen, die die entstandenen Formen wieder auflösen und verwandeln können. Diese Einwirkungen beschreiben wir zusammenfassend mit dem Begriff *Impuls.*[1]

Im außermusikalischen Bereich deutet der Zusammenhang von Struktur und Impuls auf die Thematik der Identität. Wir haben gelernt, Identität nicht als statische Größe aufzufassen, sondern als Zusammenspiel, als *Fließ-*

[1] Wie bereits erwähnt, ist das Ziel dieser Sammlung von Bezügen nicht das einer definitorischen Eingrenzung; es geht vielmehr darum, Bedeutungsfelder, ‚Begriffstrauben' entstehen zu lassen, die mit dem Erleben der Polarität *verbinden – lösen* zu tun haben.

gleichgewicht unterschiedlicher Tendenzen. In der Textzeile „Nur wer sich verändert, bleibt sich treu"[2] oder in den Weisheitssätzen „Das einzig Beständige ist der Wechsel"[3], „Es gibt nichts Dauerhaftes außer der Veränderung"[4], „Werte kann man nur durch Veränderungen bewahren"[5] wird diese Einsicht formuliert. Dass diese Vorstellung inflationär und z.T. auch missbräuchlich verwendet wird, muss man wohl in Kauf nehmen, wenn man auf ihren Erkenntnisgehalt nicht verzichten will.[6]

Form und Verwandlung als durchgängiges Merkmal des seelischen Geschehens begegnen uns in der Polarität von Struktur und Impuls mit besonderer Eindringlichkeit; in der musikalischen Dimension des Rhythmus erleben wir das Zusammenspiel der beiden Pole.

Im Alltag gilt es, mit den Verhältnissen von Gleichmaß und Vielfalt, von Struktur und Impuls, von *verbinden* und *lösen* auf vielfältige Weise umzugehen, diese Verhältnisse aktiv zu gestalten, sich aber auch damit auseinanderzusetzen, dass man selbst in Verbindungen gerät oder sich die ‚Dinge' von einem lösen, verloren gehen, in Entfernung geraten; es geht darum, es zu ertragen oder auch zu genießen, dass sich im Fluss der Geschehnisse plötzliche und unerwartete Veränderungen ergeben.

---

2 Wolf Biermann

3 Dschuang Dsi

4 Heraklit

5 Paul Sering

6 Das „Missbräuchliche" in der Verwendung liegt darin, dass diese Sätze oft dann angeführt werden, wenn eben die Polarität von Beständigkeit und Wechsel nicht mehr funktioniert, wenn also ein Übermaß an Veränderung eingefordert wird, wie zum Beispiel in manchen Bereichen des Berufsalltags, der Technik und der öffentlichen Kultur. Damit wird die Veränderung zur bloßen Attitude und generiert die Überforderung derjenigen, die sich ihr nicht entziehen können. „Vor wirklichen Veränderungen schützt uns heute das Bollwerk der unentwegten Neuheiten. Die ständige Veränderung ist uns zu einem beruhigenden Gleichmaß geworden", kommentiert dies der Schriftsteller A. P. Schmidt. Wilhelm Salber spricht von einer „Auskuppelkultur", bei der, wie bei einem Motor im Leerlauf, zwar viel in Umlauf ist, aber nichts wirklich bewegt wird. Vgl. hierzu auch die Anmerkungen zur Dominanz des Pols *erscheinen* innerhalb unserer Alltagskultur im Kap. 4.5.1 (S. 153).

Die Polarität von *verbinden – lösen* im Alltagsgeschehen

Viele unser Alltagstätigkeiten drehen sich um das Zusammenfügen von Gegenständen (*verbinden*) und um das Auseinandernehmen (*lösen*); im engeren Rahmen von Haushaltstätigkeiten, der Kleidung etc., im größeren Rahmen z.B. im Zusammenhang von Reisen, von Transport und Begegnungen im öffentlichen Raum. Das Verhältnis von *verbinden* und *lösen* muss dabei so gewichtet sein, dass es der jeweiligen Situation und Zielsetzung entspricht. In den Kulturtechniken der verschiedenen Epochen finden sich hierzu zahlreiche Beispiele.[7] Aus jeder technischen Weiterentwicklung ergeben sich immer auch neue Möglichkeiten, Dinge miteinander in Verbindung zu bringen und voneinander zu trennen; angefangen bei mechanischen Verbindungen in Knüpftechniken, Schraub- und Klemmverbindungen, über Klebeverfahren, in der Verwendung der Elektrizität in Methoden wie der Galvanisierung oder beim Schweißen, über die Verwendung von Sprengstoffen bis hin zum Laserverfahren, das sowohl für die Verbindung als auch für die Trennung von Materialien verwendet wird. In der Kernfusion in Verbindung mit der Sprengwirkung einer Nuklearexplosion berühren sich die gegensätzlichen Tendenzen wohl am Eindrücklichsten. Aber auch abgesehen von diesem extremen Beispiel ergibt sich ein interessanter Aspekt aus der Beobachtung, wieweit die jeweilige Technik, mit der Verbindungen hergestellt oder wieder gelöst werden, die beteiligten Gegenstände und Materialien verändert oder sogar zerstört.

Der kleine Exkurs in die Materialkunde enthält einen Gedanken, der auch für die psychologische Dimension der Polarität von *verbinden – lösen* relevant ist. Es gibt in jedem Zusammenhang eine zweckdienliche Abwägung, in welchem Verhältnis sich die Pole *verbinden – lösen* befinden sollten. Es hat keinen Sinn, für eine möglichst feste Verbindung zu sorgen, wenn es im gleichen Handlungszusammenhang darum geht, die zusammengefügten Teile auch wieder auseinanderzubringen – möglichst unkompliziert und möglichst ohne sie dabei zu beschädigen. *Eingenäht oder zugeknöpft, hingelegt oder aufgeklebt, angeheftet oder verschweißt, aufgestellt oder eingepflanzt, angelehnt oder verschraubt, überstäubt oder eingebrannt* – darin zeigen sich jeweils Unterschiede, deren Zweckdienlichkeit im Alltag schnell augenscheinlich wird, während im seelischen Geschehen Verschiebungen und Verwechslungen dieser Verhältnisse oft über lange Zeit aufrechterhalten werden. In der Improvisation bekommen wir solche Verkehrungen innerhalb der

---

[7] Die gedankliche Verknüpfung der Polarität von *verbinden – lösen* mit den in Schöpfungsmythen auffindbaren Vorstellungen wäre naheliegend, soll aber hier nicht vertieft werden.

Rhythmischen Dimension dort zu spüren, wo das Verhältnis von *verbinden* und *lösen*, von Gleichmaß und Vielfalt sich nicht entfalten lässt.

Der Zusammenhang von *Struktur* und *Impuls* bestimmt darüber hinaus auch die Bereiche, die mit der Entwicklung, der Aufrechterhaltung und der Veränderung von Regeln und Vorschriften, mit der Institutionalisierung von Abläufen und sozialen Gefügen zu tun haben. Der Dynamik des Polaritätsgeschehens entspricht es hierbei, dass eine Extremisierung der Position *verbinden*, die sich als Erstarrung zeigt, die Vorstellung erweckt, das Geschehen ließe sich nur mit einer entsprechend extremen Einwirkung des Gegenpols wieder in Bewegung bringen, also mit einer Umsturz- und Explosionsbewegung, die dann den Pol *lösen* zur Geltung bringt. Dass dabei eine Veränderung in Form einer Explosion zumeist den Bestand des Ganzen gefährdet, erscheint innerhalb einer solchen Vorstellung kein zu hoher Preis zu sein.

Die umgekehrte Extremisierung findet sich in seelischen wie in sozialen Gefügen dort, wo Auflösung, Auseinanderfliegen oder Unverbundenheit zur Bedrohung werden. Der Versuch, dieser Tendenz mit einer Überbetonung der Struktur zu begegnen, wird mit einer Einschränkung der Lebendigkeit und der Assimilationsfähigkeit bezahlt, wie es z.B. in einer Zwangsneurose oder unter bestimmten Gesichtspunkten auch im Bereich der Suchterkrankung zu finden ist.

Lebendige Systeme setzen die Fähigkeit zur Ambiguität voraus, d.h. die Fähigkeit zur Wahrnehmung einer Doppelwertigkeit, zur gleichzeitigen Bezogenheit auf beide Pole. Die Ausrichtung auf nur einen Pol mit der gleichzeitigen Ablehnung der gegenpoligen Qualität ist jeweils das Merkmal einer rigiden, dogmatischen oder auch totalitären Haltung.

Formen in Wiederholung: Struktur

Elemente der Struktur und der Verbindung findet sich auch im Phänomen der Wiederholung. Die Wiederholung des annähernd Gleichen im regelmäßigen Zeitmaß repräsentiert den Pol *verbinden*. Eine ausreichende Erfahrung dieser Qualität ist auch die Voraussetzung für das Erkennen, resp. Wiedererkennen von Objekten. Ein Gegenstand kann nur als identisch mit sich selbst erlebt, also wiedererkannt werden, wenn er in Wiederholung seiner Eigenschaften auftritt. In diesem Sinne können wir die Wiederholung als konstitutives Merkmal dieses Pols ansehen. Wiederholung einer Form schafft Struktur, ermöglicht ein solides Verhältnis zu den Objekten. Anders (und in der Begrifflichkeit der Polarität) ausgedrückt bedeutet dies, dass wir uns nur mit den Gegenständen der Welt in Verbindung fühlen können, wenn wir mit einer verlässlichen Konstanz ihrer Erscheinungsform rechnen können, mit der dann ein ebenso verlässlicher Gehalt der eigenen Identität korreliert. Wiederholung lässt sich also „als eine zentrale und die möglicherweise ursprünglichste Technik der Identitätsgewinnung" bezeichnen (Heubach 1987, 95). „[...] ohne Wiederholung bzw. jenseits einer worin auch immer realisierten Wiederholbarkeit gäbe es erst gar nicht diese identischen ‚Objekte', denn nur in seiner Wiederholung erhält ein Etwas psychologische Gegenständlichkeit." Die Wiederholbarkeit kann man also als Voraussetzung dazu ansehen, etwas als Gegenstand zu erkennen, bzw. sich mit ihm in einer Subjekt-Objekt-Konstellation zu sehen. „Wenn es heißt, eine Wiederholung könne sich nur *an* etwas vollziehen und setze also ihr Gegenständliches voraus, so gilt ebenso, daß die Wiederholung überhaupt etwas erst zum Gegenstand *macht*, - nämlich zu dem der Wiederholung. So gesehen heißt Vergegenständlichen nichts anderes, als eine Wiederholbarkeit zu konstituieren." (Heubach 1987, 95; Hvbg. Heubach)

In der Reflexion über die Polarität von Struktur und Impuls erweitern wir den Zusammenhang von Wiederholung und Gegenständlichkeit nun noch um den Topos der *Verbindung*. Sich mit einem Gegenüber in Verbindung zu sehen, setzt die Gegenständlichkeit, d.h. auch die Identität des Objekts sowie eine Konstanz im Erleben des Subjekts voraus. Konstanz fassen wir als eine Wiederholung in *zeitlicher* Hinsicht auf. Konstanz und Selbst-Identität in *räumlicher* Hinsicht hat mit der wieder auffindbaren Anwesenheit am selben Ort zu tun. Etwas einfacher formuliert und auf das musikalische Erleben bezogen, ergibt sich unser Erleben von Gleichmaß aus der verlässlichen Wiederkehr eines betonten Schlages zum erwarteten Zeitpunkt. Die rhythmische Erfahrung des Eingebundenseins in einen Puls, einen Grundschlag stützt sich auf die Wiederholung, die Konstanz und die Verlässlichkeit dieser Wahrnehmung.

Es hieße, den Gegenpol zu vernachlässigen, wenn wir nun die wechselseitige Abhängigkeit von Wiederholung und Gegenständlichkeit (was auch die Voraussetzung der Subjekt-Objekt-Differenzierung ist) zur sehr in den Mittelpunkt stellen. Die Ergänzung lässt nicht auf sich warten und macht die Paradoxie kenntlich, die in der Wiederholung liegt. Auch in der bereits zitierten „Theorie der psycho-logischen Gegenständlichkeit der Dinge" von Heubach kommt die Gegenbewegung zum Zuge (Heubach 1987, 96). Zunächst wurde der Zusammenhang von Wiederholung und Vergegenständlichung betont. „Es ließe sich die Wiederholung nachgerade als die Grundform des Vergegenständlichens und als sein wesentliches Prinzip ansehen." Diesem Gedanken sind wir bereits gefolgt, müssen nun aber eine entgegengesetzte Bewegung mitvollziehen. „Aber paradoxerweise löst nichts die ‚objektive' Sachlichkeit des Gegenständlichen radikaler auf und läßt nichts leichter jene beschriebene, wechselseitig produzierte [jeweilige] Identität von Ich und Objekt wieder verschwimmen, als eben die Wiederholung." (Heubach 1987, 96; Einfügung M.D.).

Aus dem Umgang mit dem Rhythmus ist uns diese Erfahrung geläufig. Wir erleben im rhythmischen Spiel deutlich unser In-Verbindung-Sein mit den Mitspielern, dabei auch uns selbst als Subjekt in Verbindung mit anderen Subjekten. Die *Dauer* dieser Konstellation ist nun ein wesentlicher Faktor für das Erleben, das Heubach benennt. Im Laufe einer länger andauernden Trommelsession verschwimmt das Identitätsgefühl in der Abgrenzung des Subjekts zugunsten einer Auflösung in der Gemeinsamkeit.

Eine Erklärung für diese widersprüchliche Auswirkung der Wiederholung könnte darin liegen, dass das Angenehme und Wohltuende gemeinsamer Trommelerfahrungen nicht allein auf der Auflösung und Selbstrelativierung beruht, sondern in der positiven Erfahrung begründet ist, die Paradoxie von *verbinden* und *lösen* lebbar zu machen. Im gemeinsamen Trommeln wird es möglich, die eigene Aktivität deutlich aufrecht zu erhalten und sich gleichzeitig eins mit der Gruppe zu fühlen und dabei zeitliche und räumliche Begrenzungen aufzulösen. Die Bedingungen, die notwendig sind, um dies als positive Erfahrung erleben zu können, wären andernorts zu benennen. Hingewiesen sei aber an dieser Stelle darauf, dass der Zusammenhang der Polaritäts-Achsen dabei von Bedeutung ist, es also nicht nur allein um das Verhältnis von *verbinden – lösen* geht. Die Dauer in der Wiederholung eines gleich bleibenden Grundschlags ist die Voraussetzung für das regressive Erleben der Gemeinsamkeit und der damit einhergehenden Ich-Entgrenzung. Mit dem Aspekt der Dauer aber kommt die Polarität von *erscheinen – vergehen* ins Spiel; die Konstellation von Abgrenzung und Gemeinsamkeit verweist auf die Polarität von *verdeutlichen – vereinheitlichen*.[8]

Wiederholung: Entlastung und Last

Die Strukturierungen des Alltags in der Wiederholung bestimmter Abläufe machen den Alltag erst lebbar, indem sie ihn rhythmisieren. Unsere Gewohnheiten bilden einen Teil unserer Identität und verschaffen uns Sicherheit. „ Die Gewohnheit [bringt] eine *Entlastung von der Wahl* mit sich – das Selbst kann sich nun führen lassen von all dem, was in Gewohnheiten immer schon entschieden ist." (Schmid 2000, 33; Hvbg. Schmid) Absprachen, Verabredungen, Übereinkünfte und verlässliche Gewohnheiten (auch die unserer Mitmenschen) bilden das Gerüst, das unseren Alltag stützt und uns die nötige Freiheit lässt für die Impulse, auf die wir eingehen wollen

[8] Vgl. Kap. 4.5.3, Melodische Dimension, Motiv - Kontinuum

und die wir selbst anderen geben. Gleichzeitig prägen uns die Gewohnheiten und können uns festhalten im einmal gewählten Ablauf. Die ‚Macht der Gewohnheit' ist in der Lage, „uns dermaßen zu ergreifen und zu unterjochen, dass wir kaum mehr in der Lage sind, uns aus ihrem Griff zu lösen und zu uns zurückzukehren, um ihre Vorschriften zu überdenken und zu prüfen." (Schmid 2000, 37) Hier wird die Entlastung durch die Gewohnheit zum Gefängnis, die Struktur trägt und schränkt ein. „Träge Beharrung ist das Wesen der Gewohnheit, der zu folgen keinerlei Anstrengung erfordert, da alles bleibt wie es ist, wohingegen jeder Impuls zu ihrer Veränderung einen beträchtlichen Aufwand an Kraft erfordert." (Schmid 2000, 37)

Anhaften und Loswerden

Eine weitere Facette im Erleben der Polarität von *verbinden – lösen* erwähnt Heubach, indem er ein Essay von Jean Paul Satre anführt, das die Klebrigkeit zum Thema hat; [9] das Anhaften und Kleben ist ja durchaus eine der Möglichkeiten, wie wir die Verbindung mit einer Substanz erleben können. Kommen wir mit etwas Klebrigem in Berührung, so wird unser Handlungsmöglichkeit, unsere Autonomie im Umgang mit den Dingen stark beeinträchtigt. „...in eben dem Augenblick, in dem ich es zu besitzen glaube, besitzt *es* plötzlich mich. [...] Ich mache meine Hand auf, will das Klebrige loslassen, aber es bleibt an mir haften [...]; seine Seinsweise ist weder die beruhigende Trägheit des Festen noch eine Dynamik wie die des Wassers, das sich darin erschöpft, mir zu entfliehen [...]." (Sartre zitiert nach Heubach 1987, 164, Hvbg. im Original)

Von hier aus lässt sich leicht ein Bogen zu den Erfahrungen schlagen, die wir im Zusammenhang der Rhythmischen Dimension machen. Das Kleben bleiben können wir als Extremisierung des Pols *verbinden* verstehen, der Gegenpol *lösen* ist auf quälende Weise unerreichbar geworden – eine Eigenschaft, die auch der über längere Zeit gleich bleibende Grundschlag in einer Improvisation annehmen kann.

Wie in sozialen Bezügen, Regelwerken etc. scheint es auch in der Musik eine Art Naturgesetzlichkeit zu sein, dass der Pol *Struktur* in seiner Handlungsbewegung *verbinden* die Tendenz hat, sich zu verselbständigen und sich gegenüber den Einwirkungen des Gegenpols (*Impuls / lösen*) relativ immun zu zeigen. Die Erfahrung in der Improvisation zeigt, dass ein einmal gefundener Rhythmus oft auch dann aufrechterhalten wird, wenn der Wechsel in eine andere musikalische Dimension für die Lebendigkeit wesentlich effektiver wäre. Ich denke dabei an die einsamen Trommelschläge,

---

[9] J.P. Sartre: Das Sein und das Nichts

die ohne klangliche Differenzierung beibehalten werden bis zum Schluss des Spiels, während man sich schon längst wünscht, die Trommeln würden beiseite gelegt und gegen Klanginstrumente eingetauscht, um damit der Polarität von *erscheinen – vergehen* zur Geltung zu verhelfen. Ähnlich verhält es sich mit Strukturen innerhalb von Regelwerken und Ordnungssystemen, die es oft unmöglich machen, aus der Richtung immer umfassender und genauer werdender Festlegungen wieder umzukehren. Das Bild einer solchen Umkehrbewegung wäre z.B. eine Behörde, die sich selbst abschafft, wäre ein Gesetz, das die Bedingung seiner eigenen Aufhebung mit in Betracht zieht und deren Abwicklung regelt...

In organischen Prozessen findet sich dagegen die Polarität von *verbinden – lösen* in einem ausgewogenen Verhältnis. Das Ineinandergreifen beider Tendenzen, etwa beim Wachstum und Aufbau einer Pflanze bis hin zum Verwelken und der Auflösung ist Voraussetzung und Wesensmerkmal ihrer Lebendigkeit.

Der Extremisierung des Pols *verbinden* gegenüber steht die Vereinseitigung des Pols *lösen,* in der keine Konstanz und Dauer möglich sind und keine Wiederholung erkennbar wird. Ein Feuer von Impulsen, das nicht in Beziehung steht zur Qualität der Beständigkeit, löst sich schließlich in Wirkungslosigkeit auf und lässt die Energie verpuffen, die in den einzelnen Impulsen gelegen haben könnten. Die Verwandlungskraft, die im Impuls liegt, kann sich nur verwirklichen, wenn der Impuls aufgenommen und integriert wird in einer Substanz, die von Wiederholung und Gleichmaß bestimmt ist und die sich gegenüber dem Impuls plastizierbar zeigt. Der lebendige Austausch in der Polarität Struktur – Impuls beruht eben auf dem Zusammenhang von *beweglichem Gleichmaß* und *bezogenem Impuls.*

Struktur und Impuls – Erfahrungsmöglichkeiten in der Improvisation
Praktische Umsetzung: *die Nachtfahrt des Pulses* [10]

Die musikalischen Experimente im Zusammenhang der Rhythmischen Dimension zielen darauf, die Polarität erfahrbar zu machen, die sich zwischen Struktur und Impuls aufspannt; es geht weniger um die Erarbeitung von Spieltechniken, als um die Erweiterung der Wahrnehmung auf den jeweiligen Gegenpol.

Bei den Übungen in der Polarität *erscheinen – vergehen* wurde die Stille als Gegenpol zum Klang Gegenstand der Aufmerksamkeit. In ähnlicher Weise geht es in einer Übung zur Herausbildung eines gemeinsamen Grundschlags darum, den Gegenpol gleichzeitig in seiner Wirkung und in seinen Gestaltungstendenzen wahrzunehmen.

> Die Spieler in einer Gruppe haben die Aufgabe, einen gemeinsamen Puls entstehen zu lassen. Diese Entwicklung soll jedoch nicht so rasch wie möglich vonstatten gehen, sondern soll vielmehr möglichst lang ausgedehnt werden. Geräuschfelder als Vorformen, Angebote eines Pulses, die wieder zurückgenommen werden, Annäherungen und vorläufige Wieder-Entfernungen sollen ihren Raum haben. Hilfreich ist dabei die Vorstellung, dass nicht einer der Spieler schließlich den Takt bestimmt, sondern dass sich das Ohr in den Raum weitet, als käme der gemeinsame Puls von außerhalb und könne erst allmählich in der Vielfalt der einzelnen Ereignisse deutlicher hörbar werden und sich schließlich durchsetzen. Das Experiment soll nur mit Trommeln und Geräuschinstrumenten ausgeführt werden.

Diese Spielform stellt eine paradoxe Anforderung; man soll die Verbindung im gemeinsamen Puls entstehen lassen und sich dabei der Aktivität

---

[10] Zum Bild der Nachtfahrt: Der Puls verschwindet und taucht wieder auf, so wie die Sonne in den Vorstellungen alter Völker auf eine Nachtfahrt geht, deren Ende jedes Mal ungewiss ist, so zum Beispiel bei den alten Ägyptern.
Die Nachtfahrt der Sonne wird [...] als die Reise des Sonnengottes auf seiner Barke durch die Gefilde der Unterwelt beschrieben. [...] Die in zwölf Nachtstunden gegliederte Fahrt des anfänglich „müden" Sonnengottes verläuft zuerst problemlos, aber je weiter sie fortschreitet, desto mühsamer und hindernisreicher wird sie. In der tiefsten Nacht erfolgt die bedrohliche Begegnung mit dem schlangengestaltigen Apophis, der die Sonne zu vernichten droht. Nur mit größter Anstrengung gelingt es dem Sonnengott und seiner Mannschaft, ihn zu bezwingen [...]. Danach kann die Fahrt fortgesetzt werden und endet mit einer auf geheimnisvolle Weise verjüngten Morgensonne, die am östlichen Horizont aufgeht.
Quelle: Tod und Jenseits im alten Ägypten. Unipress, Forschung und Wissenschaft an der Universität Bern Heft 118, 2003

enthalten, diese gezielt herbeizuführen. Die Abstimmung der Spieler untereinander richtet sich gleichzeitig auf beide Pole, man gestaltet zunächst gemeinsam ein Gefüge schwebender Unentschiedenheit von *verbinden – lösen*, das sich dann irgendwann erst zugunsten des Pols *verbinden* konkretisiert.

Gelingt dieses Vorhaben, ergibt sich eine Verbindung der Spieler untereinander, die beide Pole auf eindrückliche Weise miteinander in Einklang bringt: das Verbundensein im gemeinsamen, sich wiederholenden Grundschlag bietet einen tragenden Grund; gleichzeitig hinterlässt die Erfahrung der Anfangsphase eine gemeinsame Ausrichtung auf den Gegenpol, auf die dann zurückgegriffen werden kann, wenn das Spiel eine Belebung durch neue Impulse benötigt. Die Improvisationsgestalt umfasst bereits beide Qualitäten; die Verlässlichkeit des gemeinsamen Bezugs ist aus der Offenheit entstanden und kann sich auch wieder darauf beziehen.

Mit etwas Glück lässt sich manchmal nach einem solchen Spiel rekonstruieren, wie sich aus dem diffusen Feld der Ereignisse ein gemeinsamer Bezugspunkt herausgebildet hat, der sich dann in der Folge zu einer tragenden Verbindung entwickelt. Eine der möglichen Versionen einer solchen Entwicklungsform ist im Folgenden geschildert:

> Stellen wir uns eine Gruppe von vielleicht sechs oder sieben Spielern vor, die sich mit der Aufgabe beschäftigen, aus einem offenen Feld allmählich einen gemeinsamen Puls entstehen zu lassen. Irgendwann wird einer der Spieler darauf aufmerksam, dass sich zwischen den vereinzelten Trommelschlägen seines Nachbarn und eines anderen Spielers, der ihm gegenüber sitzt, ein Zusammenhang heraushören lässt. Hier ein Schlag, dort ein Rascheln – das wiederholt sich in ähnlicher Abfolge. Der Zusammenhang fällt den Spielern, die diese Klangereignisse verursachen, nicht auf; beide spielen noch ganz für sich, unverbunden mit den anderen.
>
> Der erste Spieler verstärkt jedoch in seinem Spiel die Verbindung, die er dort gehört hat; er stellt eine deutliche Brücke zwischen den beiden vereinzelten Aktionen her. Er wiederholt dies einige Male und in der Folge wird die sich abzeichnende Form auch für andere Spieler erkennbar; schließlich beziehen sich auch weitere Spieler darauf. Der gemeinsame Bezugspunkt ist damit erreicht und zwar in einer eindrücklichen Verbindung der beiden Qualitäten „gefunden" und „gemacht".[11]

Eine weitere Spielvorgabe zur Erfahrung der Polarität von *verbinden – lösen* macht den Zusammenhang von *verbinden – lösen* von der anderen Richtung her erkennbar.

---

11 Die Mittelposition zwischen „gefunden" und „gemacht" ist ein Merkmal des Übergangsobjekts (Winnicott).

> Der gemeinsame Grundschlag samt seinen Einfügungen und Erweiterungen, den die Gruppe gefunden hat, wird in einem nächsten Spiel wieder aufgegriffen. Nach einiger Zeit soll das Spiel leiser und leiser werden, bis schließlich nichts mehr zu hören ist. Der Puls soll jedoch noch weiter wahrgenommen werden, als unhörbare Verbindung zwischen den Spielern – und nach einer Weile, nach einer Art „Nachtfahrt", wieder an die Oberfläche kommen.

In der Ausführung dieser Übung macht es einen Unterschied, ob der Bezug auf den verbindenden Schlag wirklich losgelassen wird, oder ob noch ein leises Wippen, ein stilles Pulsieren aufrechterhalten wird. In der Ausführung ist es dabei nicht von Belang, ob der wieder gefundene Puls im exakt selben Metrum wieder auftaucht oder ob er sich während der „Nachfahrt" verwandelt hat. Wichtiger ist das Empfinden der Gruppe, die den wieder gefundenen Grundschlag als den ihren erkennt. Die Gruppe erkennt ihren Grundschlag wieder, indem sie ihn wieder aufgreift; sie kann ihn nur als Ganzes, d.h. in Verbindung zueinander wieder auffinden und bestätigen.

In der Umsetzung der Spielvorgabe wird die Bedeutung der Wiederholung, des Wieder-Holens der Gemeinsamkeit anschaulich; die Wiederholung haben wir, Heubach folgend, das konstituierende Element der Objektwahrnehmung genannt (s.S. 163).

Auch die Mitwirkung einer anderen Polaritäts-Achse wird deutlich; die Dynamik beim Verschwinden des gemeinsamen Grundschlags und bei seinem Wiederauftauchen wird von der Polarität *erscheinen – vergehen* bestimmt.

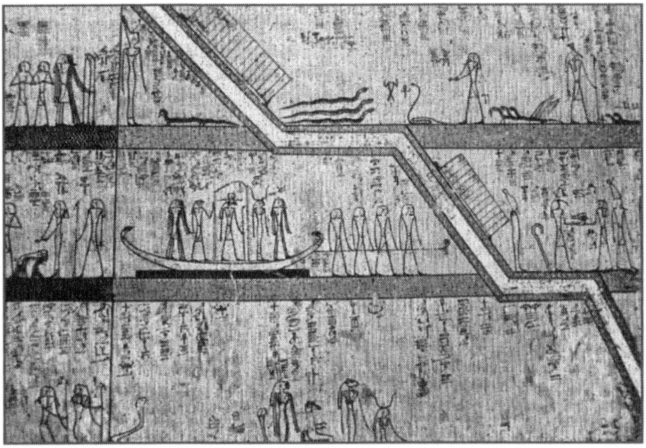

Abb. 10: Die Nachtfahrt der Sonne. 4. Stunde des Amduat (Ägyptisches Totenbuch) aus dem Grab von Thutmosis III.

Impuls – Zusammenhang und Auflösung

Andere Spielformen gehen von der Qualität des Pols *Impuls* aus und stellen diesen in den Mittelpunkt.

Die Aufgabe ist es, in einem gemeinsamen Spiel alles zu vermeiden, was zur Ausprägung des Pols Struktur/*verbinden* führen könnte. Die Bemühung soll dahin gehen, sich auf möglichst unverbundene Einzelereignisse zu beschränken, dabei aber trotzdem das Spiel auf irgendeine Weise zusammenzuhalten und auch einen Schluss zu finden.

Es geht hierbei um die Erfahrung, wie sich in dieser Spielhaltung, die Zusammenhang und Beziehung eigentlich nicht zulässt, eine Orientierung darüber einstellt, in welche Richtung sich der Verlauf bewegt und in welchem Verhältnis man zu den Mitspielern steht. Das Ergebnis ist insofern erstaunlich, als man in eine paradoxe Anforderung gerät. In der Bemühung, nicht in Verbindung zu geraten, keine Wiederholungen, keine strukturierte Form zuzulassen, kommt man gar nicht umhin, sich sehr genau auf die anderen Spieler einzustellen. Gerade wenn man vermeiden will, im musikalischen Ausdruck in Kontakt zu geraten, ist eine hohe Aufmerksamkeit notwendig.

Im Austausch über das Erleben in einem solchen Spiel taucht die Assoziation zu einer psychotischen Familienstruktur auf: mit hohem Energieaufwand müssen Bezüge vermieden werden, die eindeutig sein könnten. Was sich als Struktur zu etablieren beginnt, wird nachträglich wieder entkräftet. Man könnte von einer Spaltung zwischen Wahrnehmung und Ausdruck sprechen: die wahrgenommenen Verbindungen werden im Ausdruck negiert.

Zunächst ist die Vielfalt der Ereignisse interessant, die in einem solchen Spiel möglich sind. Dann aber kommt Langeweile auf; die Offenheit fühlt sich allzu gleichförmig und beliebig an. Daneben ist es kaum zu verhindern, dass sich der Gegenpol doch ins Spiel mischt: gegen Wiederholungen kann man sich kaum wehren. Die ständigen Abbrüche und Neuanfänge lassen Zwischenräume entstehen, diese fühlen sich aber anders an als in der Polarität von Klang und Stille: hier im Bereich von Impuls/*lösen* sind sie eher von Leere bestimmt, fühlen sich „kälter" an.

Eine andere Spielform bezieht sich auf den Übergang einer ausgewogenen Polarität von *verbinden – lösen* hin zu einer Extremisierung des Pols *lösen.*

Die Aufgabe ist es hier, einen Spielverlauf, der sich ohne weitere Vorgaben entfalten kann, am Schluss in den Bereich des Pols *lösen* / Impuls / Vielfalt zu überführen.

Bei dieser Vorgabe ist es leichter, zu einer interessanten musikalischen Gestaltung zu kommen. Die Polarität hat sich im Spielverlauf zunächst frei entfalten können, so dass der am Schluss geforderte Verzicht auf den Pol *verbinden* hier eher als Herausforderung und kreative Begrenzung aufgefasst werden kann. Die Tendenz, Zusammenhänge und Verbindungen aufzulösen, entspricht darüber hinaus auch der Richtung auf einen Schluss hin; auf einen Schluss allerdings, der von der zunehmenden Entfernung voneinander bestimmt wird und damit auf eine charakteristische Art und Weise die Polarität *erscheinen – vergehen* belebt. *Vergehen* – nicht als Verklingen in ein und dieselbe Richtung, sondern als stetige Verminderung des Bezugs, als Verdünnung der Substanz, als Ausdehnung der Zwischenräume.

In einer weiteren Spielform, mit der die Reihe der Beispiele hier abgeschlossen werden soll, werden die beiden Pole *Struktur* und *Impuls* auf verschiedenen Spieler aufgeteilt.

Einer größeren Gruppe von Spielern stehen zwei oder drei Spieler gegenüber, deren Aufgabe sich darauf beschränkt, den Spielverlauf zu beobachten und im geeigneten Moment durch einen Impuls auf das Spiel der anderen Einfluss zu nehmen; dies kann mit der Absicht sein, eine Veränderung in Gang zu setzen oder auch Bestehendes zu unterstützen, zu kommentieren etc.

Wichtig ist es dabei, dass sich die „Impulsgeber" jeweils auf ihre zugespitzte, zeitlich begrenzte Spielaktion beschränken und sich nicht dazu verleiten lassen, die Konsequenzen, die sich aus dem Impuls ergeben, selbst mit auszuführen; das bleibt Aufgabe der anderen Spieler.

Die Spieler, die sich im Modus der Struktur bewegen, erleben die Impulse, die von außen gegeben werden als *entlastend*, als *hilfreiche Intervention*, sie fühlen sich *inspiriert*, zum Teil aber auch *bevormundet*. Der Impuls wirkt wie ein *Katalysator*, d.h. er setzt eine Reaktion in Gang, taucht aber als erkennbares Element in der Folge nicht mehr auf. [12]

Die Struktur kann sich einem Impuls gegenüber auch immun zeigen, wenn entweder der Moment nicht der richtige ist oder die Art und Weise des Impulses eher Widerstand hervorruft als Zustimmung. Einen wirkungsvollen Impuls zu geben, setzt eine große Bezogenheit zur bestehenden Struktur voraus. Nur wer die Situation richtig einschätzt (weil er in seiner Mitbewegung ein Teil davon ist), kann den Impuls so setzen, dass er im Spiel eine Veränderung der bestehenden Struktur bewirkt oder eine neue Struktur hervorruft.

In einem funktionierenden Austausch der Polarität Struktur – Impuls gehen aus der Struktur Impulse hervor; dadurch bleibt die Struktur lebendig und wandlungsfähig. Der Impuls ist aber auch in der Lage, eine Struktur zu generieren. Voraussetzung dazu ist ein schwingungsbereites Material.

Impuls und Strukturbildung

Eindrucksvolle Beispiele für dieses Verhältnis finden sich in den Forschungen von Alexander Lauterwasser. Darin geht es um die strukturierende Wirkung von Tonschwingungen, die auf ein bewegliches Material wie Wasser treffen. Vorbild und Anfang solcher Experimente waren die Chladnischen Klangfiguren[13], bei denen Sand auf eine Metallplatte ausgestreut und die Platte durch Anstreichen mit einem Geigenbogen in Schwingung gebracht wird, wobei der Sand die Schwingung in regelmäßigen Figuren (Strukturen) abbildet. Spätere Forscher übertrugen diese Versuche auf flüssige Substanzen; Lauterwasser experimentiert mit der Wirkung von Klangwellen auf Wasser (Lauterwasser 2002).

Im Kontext der Polaritätsverhältnisse interessiert uns bei diesen Forschungen, auf welche Weise Impulse einen Einfluss auf eine bestehende

[12] Die Kommentare der Teilnehmer sind jeweils kursiv wiedergegeben.

[13] Ernst Florens Friedrich Chladni (1756 - 1827) Physiker und Astronom.

Struktur haben können. Der Impuls wirkt dabei in einem Spektrum zwischen Belebung und Störung; die Struktur reagiert innerhalb ihrer materialgebundenen Möglichkeiten. „Die Materialeigenschaften stellen für die einwirkenden Schwingungsimpulse so etwas wie diesen sich eher *erschließende* und ihnen *entgegenkommende* oder sich eher *verschließende* und ihnen *widerstehende* Bedingungen dar, wodurch die Schwingung [*oder: der Impuls*] modifiziert, gestört oder ganz ausgelöscht wird." (Lauterwasser 2002, 105; Hervorhebung und Einfügung M.D.)

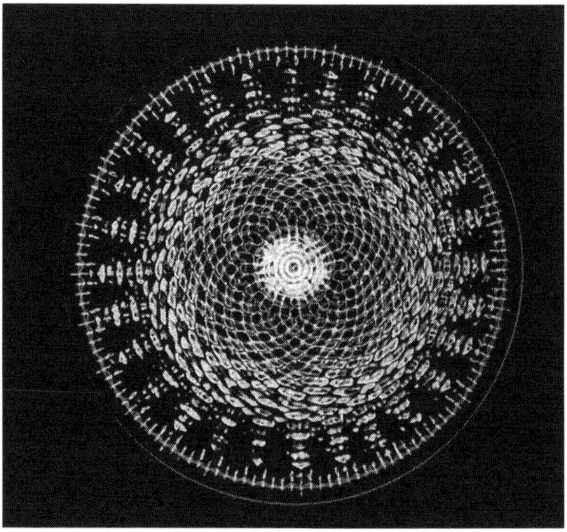

Abb. 11: Stehende Welle. 102,58 Hertz[14]

Die praktische Beschäftigung mit dem musikalischen Impuls ist dabei ein Übungsfeld für die Wirksamkeit musikalischer Interventionen schlechthin. Die Einwirkung auf rhythmische Strukturen und der Versuch, sich aus rhythmischen Strukturen wieder zu lösen stehen beispielhaft für die Bemühung, mithilfe der Musik verändernde Impulse in eine bestehende seelische Struktur zu geben.

[14] Photo u. Copyright: A. Lauterwasser; www.wasserklangbilder.de

Struktur und Impuls: Aspekte der Macht

Im Austausch von Struktur und Impuls schwingt im Verhältnis von Beweglichkeit und Beharrung, bzw. Belebung und Störung auch die Frage der Macht mit. Hat der Impuls die nötige Durchsetzungskraft, um sich in der bestehenden Struktur durchzusetzen; ist die Struktur änderungsbereit oder -resistent? Dabei dient die Macht des Impulses durchaus der Lebendigkeit, die sie der Struktur erhält oder wieder verschafft. Struktur und Impuls können sich auch so gegenüberstehen wie die geschlossene Oberfläche eines Gegenstands dem Versuch des Eindringens. Dann ist es eine Frage der Kraft, der Ausdauer und der Wendigkeit, welche Tendenz sich durchsetzen wird, die Abweisung oder das Eindringende.

Der Zusammenhang von Machtausübung und den Versuchen des Eindringens findet sich auch im Verhältnis von Frage und Antwort. So wie der Impuls auf Reaktion und Wirkung hin angelegt ist, so soll auf die Frage eine Antwort erfolgen. „Alles Fragen ist ein Eindringen. Wo es als Mittel der Macht geübt wird, schneidet es wie ein Messer in den Leib des Gefragten. [...] Fragen sind auf Antworten bedacht; solche, auf die keine Antwort erfolgt, sind wie in die Luft verschossene Pfeile." (Canetti 2003, 337) Ähnliches geschieht dem musikalischen Impuls, der auf keine bewegliche, aufnahmebereite Struktur stößt. Da er nur kurz auftritt, bleibt er unbemerkt; kann er sich wiederholen oder verwandeln, ergibt sich womöglich eine neue Chance der Wirksamkeit. Wiederholt er sich zu oft und zu gleichförmig, verliert er die wichtigsten Eigenschaften des Impulses: Einmaligkeit und Abhebung.

Struktur und Impuls: Gestalt und Verwandlung

In kaum einer der musikalischen Dimensionen zeigt sich das Bedingungsverhältnis von Gestalt und Verwandlung so deutlich wie in der Polarität von Struktur und Impuls. Die Struktur (als gestaltnahe Qualität) ist nur lebendig, solange sie im Austausch steht mit Ereignissen, die sie in Bewegung halten. In dem Maß, wie Impulse (als Element der Verwandlung) auf die Struktur einwirken, verhelfen sie ihr zu Lebendigkeit; wird der Impuls aber in die Struktur integriert, verliert er seine Wirkungskraft als Verwandlungselement. „Und wenn es zur Veränderung kommt, sedimentiert diese, selbst wenn sie revolutionär sein sollte, über kurz oder lang unweigerlich wieder zur Gewohnheit [...]. Jede Veränderung, die zwangsläufig einen Bruch mit alten Gewohnheiten darstellt, mündet unweigerlich in neue Gewohnheiten, schreibt damit die Neuerungen fest, bringt sie aber auch zum Stillstand." (Schmid 2000, 38) Der nächste Impuls muss, um wiederum Einfluss zu haben, etwas Neues ins Spiel bringen oder zumindest zu anderer Zeit erfolgen als erwartet.

Erst das Zusammenspiel verhilft beiden Qualitäten zu ihrer Wirksamkeit: der Struktur zur Eigenschaft des Gleichmäßigen, Verlässlichen, Tragenden – dem Impuls zu seiner Eigenschaft der Lösung, der Belebung, der Veränderung. „Keine Gestalt kann sich jedoch auch als Gestalt erhalten, wenn sie sich nicht auf Verwandlung einlässt. All das weist darauf hin, daß Gestalt nur in Bewegung existieren kann [...]." (Salber 2006, 268)

Die Belebung, die der Impuls dem Geschehen bringt, ergibt sich durchaus auch aus der Tatsache, dass die bisherige Struktur *gestört* wird. Die Störung ist unter bestimmten Umständen die wirksamste und auch oft die einzige Art, Veränderungen in ein unbeweglich gewordenes System zu bringen.

Der Kieselstein, der in ein stehendes Gewässer geworfen wird und die sich ausbreitenden Ringe auf dem Wasser geben hierfür ein anschauliches Bild. Der Mathematiker Ian Stewart spricht von einer „Symmetriebrechung", die uns die Wellenmuster auf der Wasseroberfläche erkennen lässt. Bevor der Stein ins Wasser geworfen wird „verfügt [die Wasseroberfläche] über sehr viel Symmetrie: jede Stelle ist mit jeder anderen identisch. [...] Die Symmetrie des Teiches ist so umfassend [...], dass wir sie nicht als Muster wahrnehmen. Stattdessen sehen wir sie als nichtssagende Gleichförmigkeit an." (Stewart 1998 50/103; zit. n. Lauterwasser 2002, 102)

Der Stein, der ins Wasser geworfen wird, bewirkt einen Impuls; er zerstört aber die bestehende Struktur nicht, sondern regt neue Strukturbildungen an. „Der Kieselstein bricht die Symmetrie der Ebene in dem Sinne, dass, nachdem er den Teich in Bewegung versetzt hat, viele von deren Symmetrien verloren gehen – aber *nicht alle*, und genau das ist er Grund, weshalb wir Muster sehen." (Stewart 1998, 96; zit. n. Lauterwasser 2002, 102; Hvbg. im Original)

Abb. 12: Ringe auf dem Wasser [15]

Um das ‚stehende Gewässer' einer Improvisation wieder in Fluss zu bringen, eignen sich alle musikalischen Aktionen, die sich von einer bestehenden Struktur abheben und sich als eigenständiges Ereignis bemerkbar machen können. Dazu gehören Wechsel in Tempo, Lautstärke, Klangfarbe und Register; ebenso kann die *Beendigung* einer zuvor wirksamen musikalischen Aktion zu einem Impuls werden, der sich auf das gesamte Geschehen auswirkt, wie der in den Teich geworfene Stein. [16]

Bei der Unterscheidung, welche musikalische Aktion sich dazu eignet, als Impuls wirksam zu werden, sind auch die Polaritäts-Achsen *erscheinen – vergehen* und *verdeutlichen – vereinheitlichen* von Bedeutung: es ist von Belang, ob sich die musikalische Aktion, die als Impuls wirksam werden soll, genügend von ihrer Umgebung abheben kann (*verdeutlichen*) und auf welche Weise sie auftritt (*erscheinen*).

---

[15] Foto: © K. Bouda / Pixelio

[16] So kann das Ende einer beistimmten Spielaktion in der Improvisation zu einem unbeabsichtigten Impuls führen. Besonders der unerwartete Schluss einer rhythmischen Struktur kann, vom Spieler selbst oft unbemerkt, zum Ende der gesamten Improvisation oder zumindest zu einem neuen Abschnitt führen. Hier wird der Impuls wirkmächtig, ohne dass sich der Urheber darüber im Klaren gewesen ist.

Zusammenfassung: Die Polarität in der Rhythmischen Dimension

Die Polarität der Rhythmischen Dimension findet sich in der Gegenüberstellung von *Struktur* und *Impuls*, in den Bewegungen von *verbinden* und *lösen*. Musikalisch bestimmt sie den Austausch von strukturierten Zusammenhängen und einzelnen, für sich stehenden Ereignissen; konkret in den rhythmischen Gestaltungen im Verhältnis von Gleichmaß und Vielfalt, von Schlag und Gegenschlag, im erweiterten Sinne in allen Prozessen, die mit Bindung und Lösung zu tun haben, mit Tendenzen zur Erstarrung oder Auflösung und deren Zwischenformen.

4.5.3 Melodische Dimension Beispiele und Anwendungen. Motiv – Kontinuum, *verdeutlichen – vereinheitlichen*

Wir tragen in uns die ganze Musik: Sie ruht in den Tiefenschichten der Erinnerung. In der Zeit, als wir noch keinen Namen besaßen, müssen wir wohl alles vorausgehört haben.
Émile Michel Cioran

Alles wirkliche Leben ist Begegnung
Martin Buber

Jedes Gemeinsame setzt aber eine Reihe unterschiedener einsamer Wesen voraus. Vor ihnen war es einfach ein Ganzes ohne jegliche Beziehung, so vor sich hin.
Rainer Maria Rilke

Der Staubsauger produzierte einen gleichmäßigen gut hörbaren Ton, den ich als ostinaten Orgelpunkt benutzte. Darüber sang ich allerlei weitschweifige Melodien. [1]

Im Kapitel 4.4 haben wir uns bereits mit der Polarität in der Melodischen Dimension beschäftigt; in Folgenden finden sich zu weiteren inhaltlichen Bezügen Beschreibungen der musikalischen Experimente, mit denen wir einen Zugang zur dieser Polarität finden können. Sie wird bestimmt vom Austausch zwischen Motiv und Kontinuum, in den Bewegungs- und Handlungsformen von *verdeutlichen* und *vereinheitlichen*. Sie präsentiert sich im Verhältnis von Hintergrund und Abhebung, von Individualität und Gemeinschaft, von Figur und Grund.

Die Darstellung der eigenen Person, das Verdeutlichen von Ansichten und Meinungen sowie die Verständlichkeit der sprachlichen Aussage sind abhängig von einer Umgebung, die der Differenzierung unterstützend entgegenkommt und sich, zumindest für den Moment, eigener, überlagernder

[1] Aus einem Interview zur Improvisation. In: Tüpker (2006): Musikalische Improvisation im Alltag.

Äußerung enthält. So wie das gesprochene Wort die Zurückhaltung des Zuhörers voraussetzt, um verstanden zu werden, so benötigen musikalische Motive und Melodien in ihrer Sprachähnlichkeit einen Hintergrund, vor dem sie sich abheben können, der ihnen aber auch gegenübersteht wie einem Sprecher der interessierte und aufmerksame Zuhörer. Ein Redner kann sein Anliegen nur verdeutlichen, wenn die Zuhörer sich in ihrer Rolle der schweigenden Aufmerksamkeit ‚vereinheitlichen' lassen, d.h. für den Zeitraum seines Sprechens auf die eigene Rede verzichten. Ähnlich verhält es sich mit der Melodie.

Die psychologische Dimension der Polarität von Motiv und Kontinuum umfasst eine der wesentlichen Aufgaben der seelischen Entwicklung: die Aufgabe der Selbst-Objekt-Differenzierung und der damit verbundenen Selbstkonstituierung; die Entwicklung einer eigenständigen Persönlichkeit, die sich dabei mit ihrem Herkommen verbunden weiß und sich ihrer Einbettung in den Hintergrund sozialer und kultureller Gefüge bewusst ist. Es ist die lebenslang immer wieder neu zu leistende Ausbalancierung von Individuation und Zugehörigkeit, von Verschiedenheit und Einheit, von Prägnanz und Regression, von verstandesklarer Differenzierung und *religio*, die sich in dieser Polarität widerspiegelt.

„Diese Aufgabe (...) kann auch als ein potentieller Konflikt definiert werden, da hier starke Tendenzen in Richtung einer Individuation mit den entgegengesetzten Tendenzen in Richtung einer Beibehaltung der (bzw. eines Zurückkehrens in die) Symbiose oder in die Fusion konkurrieren." (Mentzos 1992, 39) In den musikalischen Strukturen, die sich in der musiktherapeutischen Improvisation im Zusammenhang von Motiv und Kontinuum ergeben, begegnen wir vor allem den konflikthaltigen Aspekten dieser Polarität.

Übertragen auf das musikalische Beziehungsgefüge von Motiv und Kontinuum würde sich eine gelungene Balance dieser Tendenzen in einer Melodie widerspiegeln, in die das Kontinuum, auf das sie sich bezieht und aus dem sie hervorgegangen ist, so internalisiert ist, dass es in der akustisch-klanglichen Realität nicht auftauchen muss – als Gegenpol mit den beschriebenen Eigenschaften aber verfügbar ist.[2]

In den verschiedenen Musikkulturen und -epochen finden sich Beispiele für die Verwirklichung der Relation von Motiv und Kontinuum. In den differenzierten Melodien der indischen Musik, die sich auf den gleich bleibenden, obertonreichen Grundklang der *Tampura* stützen, begegnen uns die beiden Pole *verdeutlichen* und *vereinheitlichen* klar unterscheidbar und

[2] Der Terminus *verfügbar* ist eigentlich unzutreffend; es sei denn, wir verstehen ihn in dem Sinne, wie das Meer für ein Schiff verfügbar ist.

gleichzeitig in großer Nähe gegenseitiger Unterstützung; in der „endlosen Melodie" Wagners erscheinen die beiden Pole ununterscheidbar ineinander gemischt; Kinderlied, Arie, Rap-Song, Gregorianischer Choral, Wechselgesang, Solo-Konzert etc. definieren je ihr eigenes Verhältnis von Kontinuum und Motiv.

Kontinuum – „Kein hier, kein dort, nur ein Überall"

Das Kontinuum, das uns in der Improvisation als Gegenpol zur melodischen Figur interessiert, wird musikalisch ‚anschaulich' in der Bemühung um einen homogenen, dabei in sich ständig changierenden und oszillierenden Klangstrom, ein „ständig neu gefärbtes, mit neuen Oberflächentexturen versehenes Band […]." (Wilson 1999, 14)

Imaginiert wird dabei die Gesamtheit der musikalischen Möglichkeiten, ohne dass dabei aber Einzelnes verwirklicht wird. Das Kontinuum beinhaltet eine „unentfaltete Totalität" der klanglichen Möglichkeiten; seine Dauer erschöpft sich nicht, zielt aber auch nicht auf Erfüllung, die einzelnen Elemente sind *gleich gültig*.

Eine analoge Vorstellung einer Gesamtheit der Möglichkeiten, einer „unentfalteten Totalität", findet sich in einem Text mit dem Titel „Im Anfang was war", den Paul Klee (selbst Maler und Musiker) in seinen pädagogischen Schriften verfasst hat. Er beschreibt einen Zustand, der *vor* der erkennbaren Gestaltbildung besteht, der aber die Möglichkeit der Veränderung hin zur erkennbaren Form beinhaltet; eine Art seelischer Substanz, einen „urbeweglichen Zustand", eine Wahrnehmungseinstellung, die dem Schritt der Gestaltung, der Differenzierung in die sichtbare Form vorausgeht und zugrunde liegt. Im Sinne der Polarität wäre dieser Zustand nicht nur zeitlich *vor* der Gestaltung zu denken, sondern in Gleichzeitigkeit, in Ergänzung und als Hintergrund, der als Quelle nachhaltiger Zufuhr für die erkennbare Form besteht. Klee bedient sich einer poetisch umschreibenden Sprache, mit der allein es annäherungsweise gelingen kann, den Gegenstand anschaulich zu machen. Es finden sich keine genauen Bezeichnungen, sondern Umkreisungen des Gemeinten, die die Paradoxie nicht aufheben wollen.

Da der Text einen lyrischen Duktus und einen gestalterischen Zusammenhang besitzt, füge ich ihn in vollständiger Länge an (Klee, o .J.).

Im Anfang was war? Es bewegten sich die Dinge
sozusagen frei, weder in krummer
noch in gerader Richtung. Sie sind
urbeweglich zu denken, sie gehn
wohin sie gehn, um zu gehn, ohne
Ziel ohne Willen ohne Gehorsam
nur als Selbstverständlichkeit sich zu bewegen
als urbeweglicher »Zustand«.
Es ist zunächst nur ein Prinzip: sich zu
bewegen, also kein Bewegungs-
gesetz, kein besonderer Wille,
nicht specielles, nichts geordnetes.
Chaos und Anarchie, trübes Wallen.
Ungreifbares, nichts schweres nicht
leichtes (schwerleicht) nichts weisses
nichts schwarzes nichts weisses (nur ungefähr graues) nichts
rotes nichts gelbes nichts blaues (nur ungefähr graues)
auch nicht grau praecises, überhaupt nichts
praecises nur unbestimmtes, vages.
Kein hier, kein dort, nur ein Überall.
Kein lang kurz nur ein Überall.
Kein fern nah
Kein heut, gestern morgen nur ein morgen-gestern
Kein tun nur ein sein
Keine ausgesprochene Ruhe keine ausgesprochene Bewegung
nur ein »Schattenweben«
nur ein etwas: die Beweglichkeit als Vorbedingung
zur Veränderung aus diesem Urzustand.

Im Text wird eine starke Spannung spürbar, die sich aus der Umschreibung der Begriffe und Bilder ergibt. In wiederholten Anläufen wird der besondere ‚Zustand' eingekreist, indem beschrieben wird, was er nicht ist (*nichts schweres, nicht leichtes; kein hier, kein dort*). Erfolgt in der letzten Zeile dann doch eine Art Definition, ist damit gleichzeitig der Gegenpol mit bezeichnet, nämlich die „Veränderung aus diesem Urzustand". Die Tendenz, aus dem *„Überall"* ein *„hier"* und ein *„dort"* werden zu lassen, ist das Wichtigste. Vor dem Hintergrund des Kontinuums („*Überall*") heben sich die Motive ab, mit denen ein präzises „*hier*" und „*dort*" bestimmt wird.[3]

Aus der unbestimmten Gesamtheit im Kontinuum bilden sich die abgegrenzten Figuren einer Melodie heraus. Wir können das Kontinuum als den unerschöpflichen Vorrat dieser Figurationen ansehen, wie es die folgende Textsequenz nahe legt, die ebenfalls zur Illustration des Verhältnisses von *Motiv – Kontinuum* dienen kann.[4]

> Also erzählte der Wasser-Dschinn Harun vom Meer der Geschichtenströme, und obwohl Harun von einem Gefühl der Hoffnungslosigkeit erfüllt war, begann der Zauber des Meeres seine Wirkung auf ihn auszuüben. Denn als er tief ins Wasser blickte, sah er, dass es aus tausend-tausend-tausend-und-einer verschiedenen Strömungen bestand, jede von einer anderen Farbe, die sich ineinander verflochten und verschlangen wie eine flüssige Tapisserie von atemberaubender Vielfalt. Wie der Dschinn ihm erklärte, waren das die Geschichtenströme, und jeder farbige Strang repräsentierte und enthielt eine einzelne Erzählung.

Die Hoffnungslosigkeit, die hier erwähnt wird, hat in der Geschichte damit zu tun, dass der Protagonist, ein Geschichtenerzähler, durch ein Trauer- und Verlusterlebnis von der Zufuhr des Geschichtenstroms abgeschnitten ist. In der psychologischen Bedeutung der Polarität von *verdeutlichen – vereinheitlichen* entspricht das Gefühl der Hoffnungslosigkeit einer seelischen Verfassung, in der das Individuum sich abgetrennt und auf sich allein gestellt erlebt, ohne sich auf einen tragenden Grund, auf Umfasstsein und Zugehörigkeit stützen zu können – also einer Trennung der Pole *verdeutlichen – vereinheitlichen.* Der Bezug zum Kontinuum dagegen vermittelt die beruhigende Erfahrung einer Anwesenheit, deren Konstanz sich nicht erschöpft, die zudem gar nicht als getrenntes Objekt erkennbar wird, vielmehr nur als Wirkung spürbar wird.

Die Eigenschaft der stetigen Zufuhr, die im Kontinuum enthalten ist, erinnert an die „primären Substanzen", wie sie Balint versteht; deren Eigenschaft ist es, in unbegrenzter Quantität zur Verfügung zu stehen, ohne dass sich das Individuum um sie bemühen müsste oder ihre Zufuhr erst verdienen müsste. „Pränatal und die erste Zeit nach der Geburt lebt das Kind in einer harmonischen Verschränkung oder Vermischung mit seiner Umge-

---

[3] Wir finden in diesem Text so etwas wie eine sprachliche Anwendung der Polarität: ein Gegenstand, der nur schwer zu fassen ist, wird uns in seiner Bedeutung nahe gebracht, indem wir in jeder Zeile die Bewegung der Polarität mitvollziehen.

[4] Rushdie (2005)

bung. Es lebt in einer Welt der ‚primären Substanzen' (nicht konturierte, unzerstörbare Objekte wie Wasser, Milch und Luft)." (Falzeder 1985, 52)

Die Seinserfahrung, die sich im Kontinuum vermittelt, enthält darüber hinaus eine Qualität, die zu den grundlegenden Welt- und Beziehungserfahrungen des Menschen gehört; man könnte sie als den „Doppelten Aspekt des Größeren" bezeichnen: in der Begegnung mit etwas, das größer ist als man selbst, liegt die Möglichkeit, *aufgehoben* zu sein – und zwar im Doppelsinn des Wortes: man kann sich getragen zu fühlen, es gibt aber auch die Möglichkeit, übergangen und vereinnahmt zu werden, letztlich in seiner Individualität ausgelöscht zu werden.

verdeutlichen – vereinheitlichen: „Ausfahrt und Heimkehr"

Um sich vor einem Hintergrund als getrennt und abgegrenzt erleben zu können, braucht es eine doppelte Bewegung: die eigene Stimme muss erkennbar werden vor dem Rauschen des Kontinuums und gleichzeitig muss man sich getragen wissen im Vertrauen darauf, dass der Strom nicht abreißt. Die eigene Stimme, die Melodie lebt in der Abgrenzung und Unabhängigkeit vom Kontinuum und darf dabei aber nicht unter dem Anspruch stehen, selbst für Dauer und Zufuhr zuständig zu sein. Motiv und Melodie müssen sich auf den Wechsel zwischen Anwesenheit und Abwesenheit einlassen können, sonst verlieren sie ihre Prägnanz.[5] Die Melodie, die ihr eigenes Ende, ihre Abschnitte und Phrasen vermeidet, droht wieder vom Kontinuum verschluckt zu werden; sie verliert damit ihre Erkennbarkeit. Hierin ergeben sich Parallelen zur intrauterinen Hörsituation, in der sich vor dem Kontinuum der vitalen Geräusche die Stimme der Mutter abhebt und damit „in die recht gleichbleibende Umwelt des Fötus ein bedeutsames Element von Diskontinuität einführt. Damit vermitteln sich auf einer präreflexiven Ebene erste Erfahrungen der An- und Abwesenheit eines belebenden und sichernden Objekts." (Leikert 2001, 1296;) Das Wechselspiel vom Aufgehobensein in der Kontinuität und dem Wagnis der Abhebung muss gelingen, um der Melodie Ausdruckskraft und Prägnanz zu geben.

Die doppelte Bewegung in der Bezogenheit zum Kontinuum und in der Abgrenzung im Motiv bezeichnet Sloterdijk als die „Primärgestik aller Musik" (Sloterdijk 1993, 301). Im Hin und Her von „Ausfahrt und Heimkehr" bewegt sich die Musik einmal „auf der Linie eines von innen her kommenden Kontinuums […] vom Formlosen ins Formhafte, vom Leeren ins Komplexe, vom Stillen ins Manifeste", dann „aus der Dissonanz, der Überlas-

---

[5] In der Binnenstruktur der Melodie (Abschnittbildungen, Phrasen etc.) kommt dementsprechend die Polarität *erscheinen – vergehen* zum Tragen.

tung zurück ins Weltlose, Befreite, Verinnerlichte [...] wieder „in einen „Schwebezustand zurück, in dem sich das verletzte Leben [...] sammelt und heilt." (Sloterdijk 1993, 301/305)

Die Benennungen der Polarität von *verdeutlichen – vereinheitlichen* lassen sich der Gestik von Ausfahrt und Heimkehr zuordnen. „Dem ersten Pol entspricht ein adventisches Motiv, das ganz auf Exodus, Ertönenwollen und Vortreten an die Rampe angelegt ist, dem zweiten ist ein nirvanischer Zug eigentümlich, der auf Einkehr und Zuendekommen, auf Erlöschen und Ruhen zielt." (Sloterdijk 1993, 302) [6]

Abhebung und Verschwimmen: Unordnung, Tarnung; Andeutung und Abstraktion

Ein Alltagsbeispiel für die Polarität von Motiv und Kontinuum findet sich in allen Verhältnissen, die mit Ordnung und Chaos zu tun haben; ziehen wir dabei den Bogen ruhig so groß, dass wir sowohl die Schöpfungsgeschichte als auch die ganz alltäglichen Erfahrung eines unaufgeräumten Zimmers damit umschließen können. Als Verbindung bietet sich der Begriff des *Tohuwabohu* [7], mit dem der Zustand der Welt am Anfang der Schöpfung bezeichnet ist und der sich umgangssprachig auch dazu eignet, ein unaufgeräumtes Zimmer zu beschreiben.

Aus der Perspektive der Polarität stellt die Unordnung eine geringe Differenzierung der Pole Motiv und Kontinuum dar. Es sind so zahlreiche Gegenstände ohne erkennbare Ordnung versammelt, dass die Einzelheiten zu einem Gesamteindruck verschwimmen. Der Hintergrund ist dabei nicht von den einzelnen Elementen zu unterscheiden, so wie der Boden im unaufgeräumten Zimmer nicht mehr sichtbar ist. Der einzelne Gegenstand löst sich in der Vielzahl auf; erkennbar wird, sozusagen als neues Motiv, das Gesamtbild des ‚Durcheinanders'.

[6] Dabei legt die Musik einige Entfernungen zurück; dazu noch einmal Sloterdijk: „Die Wege des Seins sind seltsam, vom Mutterleib nach Donaueschingen, wie ist das möglich? - Doch wer sind wir, um uns darüber zu verwundern, daß Verwirklichungen sind, wie sie sind?" (Sloterdijk 1993, 305)

[7] Tohuwabohu: Durcheinander, Wirrwarr (hebr. *tohu wa-bohu* (die Erde war „wüst und leer" (1. Buch Mose, 1,2), zu *tohu* „Wüstheit", *wa* „und" und *bohu* „Leere") Bertelsmann Wörterbuch der deutschen Sprache

Abb. 13: Unordnung: Undifferenzierte Polarität von *verdeutlichen – vereinheitlichen* [8]

Aufräumen bedeutet nun, *Motiv* und *Kontinuum* wieder zu unterscheiden. Zu einander gehörende Dinge werden an denselben Ort gelegt, gestapelt, gefaltet, in eine Richtung gebracht – also *vereinheitlicht*. Damit *verdeutlicht* sich aber jeder Gegenstand in seinen Eigenschaften gegenüber den anderen Dingen. Die Bücher wandern ins Regal, die Kabel werden zusammengerollt, Kleidungsstücke werden aufgehängt, allmählich konturiert sich das Bett wieder gegenüber dem Teppich, es gibt freie Räume, die sich deutlich abgrenzen von Orten, an denen etwas liegt, Einzelheiten gewinnen wieder Kontur. Wichtig ist es zu sehen, dass beim Ordnungmachen die Bewegung in beide Richtungen geht: zur Verdeutlichung und zur Vereinheitlichung. Beide Pole werden unterscheidbar, die Polarität differenziert sich in einer größeren Spannung. Es ist diese Spannung, die es aufrechtzuerhalten gilt, wenn das Zimmer ordentlich bleiben soll, und es ist die Entlastung von dieser Spannung, die sich ergibt, wenn man den Dingen ihren Lauf lässt.

8 Foto: © J. Fahlbusch

Das undifferenzierte Miteinander der Einzeldinge, das wir als Unordnung erleben, ermöglicht aber auch neue Zusammenstellungen und Verknüpfungen, die in der sauberen Trennung einer durchsortierten Umgebung nicht erkennbar wären. Als Handlungseinstellung entspricht das „Herumkramen" im Ungeordneten durchaus der Idee des Improvisierens.[9] Aus einem unübersichtlichen Feld mal hier, mal da etwas aufheben, um es wieder beiseite zu legen, dann aus anderer Richtung wieder darauf zurückkommen, um es in einer neuen Zusammenstellung doch aus dem großen Einerlei herauszuheben – so gestaltet sich das allmähliche Auffinden einer Richtung in der Improvisation. Der Schwebezustand, die noch undifferenzierte Mischung von Motiv und Kontinuum ist dabei so etwas wie der Fundus, aus dem sich unvorhergesehene Verknüpfungen ergeben. Zur gelingenden Improvisation gehört es dabei allerdings, dass sich in der Polarität früher oder später auch eine entschiedene Differenzierung ergibt, dass sich irgendwann ein Motiv abhebt und durchsetzt, ohne dass es sogleich vom anschwellenden Hintergrundrauschen übertönt wird.

Eine andere Konstellation der Pole *verdeutlichen – vereinheitlichen* findet sich im Bemühen, sich zu tarnen. Tarnung wird dann angestrebt, wenn man nicht erkannt werden will, sich aber nicht aus der Situation entfernen kann oder will. Gründe für diesen Wunsch können in der tatsächlichen oder phantasierten Unterlegenheit liegen; die Tarnung kann aber auch als Voraussetzung zur Überraschung dienen: man will *noch nicht* erkennbar sein, weil der spätere Zeitpunkt, das überraschende Auftreten, die dann erreichte größere Nähe Vorteile bringen. Die Tarnung gelingt dann, wenn der Pol *verdeutlichen,* wenn die Erkennbarkeit einer Kontur auf ein Minimum reduziert ist, dabei aber doch vorhanden ist. Das klingt nach Jagd und Urwald und dementsprechend ist auch das Bild, mit dem sich die Polarität von *verdeutlichen – vereinheitlichen* in der Tarnung veranschaulichen lässt.

---

[9] Zu strenge Ordnung, zu rasches Sortieren und Verwerfen schränkt kreative Vielfalt ein. „Es scheint nicht gut und dem Schöpfungswerk der Seele nachteilig zu sein, wenn der Verstand die zuströmenden Ideen [...] zu scharf mustert. Ein Idee kann, isoliert betrachtet, sehr unbeträchtlich und sehr abenteuerlich sein, aber vielleicht wird sie durch eine, die nach ihr kommt, wichtig, vielleicht kann sie in einer gewissen Verbindung mit anderen, die vielleicht ebenso abgeschmackt scheinen, ein sehr zweckmäßiges Bild abgeben." So klingt es bei Schiller; und er empfiehlt, sich einzulassen auf den „augenblicklichen, vorübergehenden Wahnwitz, der sich bei allen eigenen Schöpfungen findet und dessen längere oder kürzere Dauer den Künstler von dem Träumer unterscheidet." Friedrich Schiller in einem Brief an Theodor Körner, zitiert nach Ammon (1974, 10)

Abb. 14: Tarnung. Die Abhebung ist minmal. Die Figur verschwimmt in Form und Farbe nahezu vollständig mit dem Hintergrund. Dadurch ist das „Blatt-Insekt" auf der Pflanze gut getarnt.

In der musikalische Szene der Improvisation begegnen wir oft der Ambivalenz beider Tendenzen: versteckt halten und offenbaren. Es besteht das Bedürfnis, sich mit einer eigenen deutlich abgegrenzten Äußerung zu profilieren (*eine Melodie zu spielen*), während gleichzeitig die schützende Nähe zum Kontinuum erhalten bleiben soll. Dies führt zu Vermischungen zwischen den einzelnen musikalischen Dimensionen, zu Verschiebungen und Kompensierungsbemühungen, die unseren musikalischen Vorstellungen zuwiderlaufen, Beziehung und Verlauf belasten und dadurch auf die bestehende Ambivalenz aufmerksam machen.

Ein verwandtes Phänomen, das sich ebenfalls auf ein entsprechendes Verhältnis von *verdeutlichen – vereinheitlichen* bezieht, ist das der *Andeutung*. Oft aus anderen Gründen als bei der Tarnung, geht es auch bei der Andeutung darum, die Figur in ihrer Abhebung soweit an den Hintergrund anzugleichen, dass die Konstellation eine doppelte Auslegung zulässt. Die Subtilität der Andeutung steht dabei nicht im Widerspruch zur Eindringlichkeit, mit der sie in Erscheinung treten kann. Die kaum merklich hochgezogene Augenbraue kann im entsprechenden Zusammenhang mehr Ausdruckskraft besitzen als eine ganze Argumentationskette; der Wechsel des Tongeschlechts führt in einem Schubertlied in eine gänzlich veränderte Atmosphäre; ein ovaler Umriss und eine vertikale Erhebung lassen ein Gesicht erkennbar werden...

Abb. 15: Kykladen-Idol. 3. Jahrtausend v. Chr. Obwohl die wesentlichen Elemente nur angedeutet sind, ist die Skulpur als Kopf und Gesicht deutlich erkennbar.[10]

Strukturell, d.h. in der geringen Differenzierung der Polarität von *verdeutlichen – vereinheitlichen,* findet sich in der *Andeutung* eine große Ähnlichkeit zur *Unordnung.* Im Erleben der jeweiligen Szene besteht zwar kaum die Gefahr, Unordnung und Andeutung zu verwechseln; es könnte aber sein, dass sich in der Verwandtschaft der beiden Qualitäten die Möglichkeit einer Verschiebung ergibt, dass also in der Unordnung etwas geschützt werden soll, was allenfalls in der Andeutung Bestand haben könnte. Dass sich die Andeutung nicht mit der notwendigen Subtilität entfalten kann, kann mit mangelndem Vertrauen in die Umgebung zu tun haben, mit der Befürchtung, dass der empfindliche Gegenstand in die Prägnanz gerissen oder aber überhaupt nicht zur Kenntnis genommen wird.

[10] Standort und Besitzer: Abegg-Stiftung, CH-3132 Riggisberg, Inv. Nr. 10.58.66
©Abegg-Stiftung, CH-3132 Riggisberg (Foto: Karl Buri)

Die Mehrdeutigkeit im Verhältnis der Pole *verdeutlichen – vereinheitlichen* findet sich, ähnlich wie in der Andeutung auch in der *Abstraktion*. Hier sind die Konturen ähnlich reduziert wie in der Andeutung, aber wir befinden uns gleichsam in einem anderen Streckenabschnitt auf dem Weg zwischen Prägnanz und Fusion. Während die Andeutung mit einer Annäherung an den Gegenstand zu tun hat, geht die Abstraktion mit der Entfernung vom selben einher. Das Bild kommt der Auflösung der gewohnten Zeichen näher und gewinnt damit Freiheiten, die der Ausdruckstiefe zugute kommen.

Motiv und Kontinuum – Erfahrungsmöglichkeiten in der Improvisation. Praktische Umsetzung

Bei den Übungen in der Polarität *erscheinen – vergehen* wurde die Stille als Gegenpol zum Klang Gegenstand der Aufmerksamkeit. In ähnlicher Weise ging es in der Polarität *verbinden – lösen* darum, im Spiel des gemeinsamen Grundschlags den Gegenpol *Impuls* in seiner Wirkung und in seinen Gestaltungstendenzen aufzuspüren.

Auch in der dritten musikalischen Dimension von *Motiv* und *Kontinuum* dienen die Übungen und Experimente dazu, die Polarität in der praktischen Anwendung der Improvisation zu erleben. Die tonalen und funktionalen Gesetzmäßigkeiten der Melodiebildung sollen hier nicht reflektiert werden; sie spielen in den Übungen keine Rolle bzw. sie werden vorausgesetzt und gehören für den Spieler zumeist auch zu einem vertrauten, kulturell vermittelten und intuitiv verfügbaren Ausdrucksrepertoire.

Gegenstand der Übungen ist vielmehr der Austausch der beiden Pole *verdeutlichen* und *vereinheitlichen*, die in ihren Voraussetzungen sehr unterschiedlich sind. Es scheint so zu sein, dass in der Polarität Motiv – Kontinuum die gegenseitige Abhängigkeit der Pole sehr groß ist, während gleichzeitig ihre Erscheinungsformen sehr unterschiedlich sind. In den Tendenzen von „Ausfahrt und Heimkehr" begegnen wir somit einer starken Spannung.

Kontinuum: Im Fluss sein

Ein musikalisches Kontinuum zu gestalten, erfordert ein hohes Maß an Genauigkeit, Abstimmung und Bezogenheit. Die entsprechenden Übungen in einer Gruppe beginnen mit der Bemühung um das Kontinuum.

> Die Spieler haben die Aufgabe, mit beliebigen Instrumenten und mit unterschiedlichen musikalischen Mitteln einen gleichmäßigen Klangstrom entstehen zu lassen, der von einer großen Einheitlichkeit geprägt ist. Es sollen keine melodischen oder rhythmischen Strukturen erkennbar sein. In der Vorstel-

lung kann das Bild eines Flusses hilfreich sein, dem man sich in der Landschaft annähert. Er war schon vorher da und wird auch weiter fließen, wenn man sich wieder entfernt. Der Klangstrom kann und soll in sich eine Fülle von Veränderungen aufweisen, sich in seiner äußeren Gestalt aber gleich bleiben. Trotz der Gleichförmigkeit erhält sich die Lebendigkeit, und zwar durch ein ständiges Oszillieren der Klangfarben und rhythmischen Mikrostrukturen; in sich dreht sich der Strom ständig und bleibt dabei in seinem Strömen immer gleich: Dauer, die sich nicht erschöpft, aber auch nicht erfüllt.

Für das gewohnte Bedürfnis, eine Improvisation zu gestalten, scheint diese Aufgabe zunächst nur Einschränkungen zu enthalten. Je intensiver man sich darauf einlässt, den Klangstrom in der beschriebenen Weise zu spielen, desto deutlicher wird das Bedürfnis spürbar, dem Gegenpol zu seinem Recht zu verhelfen: eine erkennbare Melodie entstehen lassen, aus dem Pulsieren endlich einen Grundschlag und dann einen interessanten Rhythmus herauszubilden, einen Akzent zu setzen oder einmal einen eigenständigen musikalischen Gedanken zu entwickeln, der Stellung bezieht und etwas meint und will.

Aus der Einschränkung, der man sich unterwirft, ergeben sich zwei interessante Übungseffekte. Zum einen wird eben eindringlich spürbar, wie sehr die Extremisierung auf einen Pol hin das Bedürfnis evoziert, den Gegenpol ins Spiel zu bringen. Zum anderen vermittelt sich im Kontinuum eine wichtige Facette therapeutisch bedeutsamer Spielhaltungen. Im Kontinuum enthält man sich zwar jeder gestaltenden Ausprägung, ist aber dabei nicht taub und fühllos, sondern im Gegenteil ganz wach und aufmerksam auf kleinste Verschiebungen, die den Zusammenhalt des Gefüges gefährden könnten. Unterstützend dabei bleiben, ohne sich einzumischen – darin liegt eine Spielhaltung, die im Spektrum der musikalischen Interventionen für den Musiktherapeuten ganz unverzichtbar ist.[11]

Die Kommentare der Spieler, die ein musikalisches Kontinuum gestalten, geben Aufschluss über das Erleben und die Bemühungen, die dabei notwendig sind (wörtliche Zitate jeweils kursiv).

Obwohl das Spiel von einer hohen Aufmerksamkeit bestimmt ist, *achtet man weniger auf die Einzelheiten im Spiel der anderen.* Die Wahrnehmung bezieht sich mehr auf das Gesamte. Beschrieben wird eine Wahrnehmungshaltung, die Ähnlichkeiten hat zum *defokussierten Blick*. Man muss *sich selbst zurücknehmen* und dabei gleichzeitig für intensive Zufuhr sorgen. *Der Stoffwechsel zwischen den Zellen ist hoch, während die äußere Form ruhig und gleichmäßig bleibt.* Dabei kann das Spiel insgesamt von hoher Energie sein; obwohl

---

[11] Vgl. Deuter 2007, 47 ff

es sich (im Sinne einer Entwicklung) nicht von der Stelle bewegt, kann es *vor Kraft vibrieren.*

Man ist *ständig in Bewegung, muss dran bleiben,* kommt aber mit *wenig Gegenständen* in Berührung. Es gibt *keine deutlichen Umrisse,* obwohl man *mitten drin* ist, ist *alles weit weg.* Man ist wie in einem *Rohstoff,* oder mit dessen Produktion beschäftigt.[12] Die Bemühungen werden aber auch *belohnt.* Man fühlt sich (trotz der regressiven Tendenzen) *plötzlich ganz wach,* wird *aufmerksam für alles,* erfährt *Weite* und *Beruhigung.*

Das starke Bedürfnis, den Gegenpol ins Spiel zu bringen, kann sich auf verschiedene Weise Geltung verschaffen. Gerade wenn man entschlossen ist, sich an die Vorgabe zu halten und jede erkennbare Struktur zu vermeiden, unterlaufen Fehlleistungen: ein Schlägel fällt zu Boden oder fällt, noch wirkungsvoller, auf das Instrument und setzt einen deutlichen Akzent. Man bemerkt, dass sich im Hören die Polarität ergänzen will: das Ohr hört sich das Geschehen zurecht und ergänzt die Motive, man hört in den Klangstrom Figuren hinein, die niemand gespielt hat, so wie man das gleichmäßige Ticken eines Weckers rhythmisiert hört oder in einer gemusterten Tapete Gesichter und Figuren entdeckt.[13]

Motiv: Zu sich kommen, zum Dialog kommen

Die erkennbare Differenzierung, die Individualität der Aussage, die Sprachähnlichkeit des Vortrags, die Akzentuierung eines Anliegens oder einer Haltung sind die Merkmale, die den Pol *verdeutlichen* charakterisieren. Die Spielhaltung der Melodie geht mit der Anforderung einher, „für sich stehen" zu können und gleichzeitig Bindung und Resonanz zu ermöglichen. Die inhaltliche Verwandtschaft der Polarität *verdeutlichen – vereinheitlichen* zu grundlegenden Entwicklungsaufgaben[14] legt es nahe, im Experiment mit dem Motiv von einer Gegenüberstellung der beiden Qualitäten auszugehen. In der seelischen Entwicklung verläuft die Bewegung von der Einheit hin zur die Differenzierung; analog dazu entsteht die melodische Figur aus dem Kontinuum.

Das Kontinuum wurde in seinen musikalischen Ausprägungen bereits erarbeitet; nun wird es als ein Boden verwendet, auf dem sich Motive und Melodien entwickeln können. Einer Gruppe von „Kontinuum-Spielern" einen einzelnen Melodiespieler gegenüberzustellen, ergibt jedoch ein noch unvollständiges Bild. Das Motiv im Sinne der sprachähnlichen Äußerung ist

---

[12] Vgl. Klee: „Im Anfang was war" in diesem Kapitel (S. 177)

13 Vgl. die Ausführungen zur Entwicklung einer rhythmischen Struktur im Kap. 4.5.2 (S. 166)

[14] Vgl. S. 179

auf eine Antwort, auf den Dialog hin angelegt. Die Äußerung will eine Antwort, will Gegenrede, Wechselgesang, Bestätigung und Echo. Solcherart Antworten können jedoch nicht aus dem Kontinuum kommen, sondern nur von gleicher oder ähnlicher Stimme. Es hat sich im praktischen Experiment mit der Polarität *verdeutlichen – vereinheitlichen* daher als ergiebig herausgestellt, dem Kontinuum zwei Melodiespieler gegenüberzustellen.

Seinen Merkmalen entsprechend ist das Kontinuum zuerst vorhanden. Die beiden Melodiespieler stehen der Kontinuum-Gruppe gegenüber (ausgestattet mit den geeigneten Instrumenten oder der Stimme). Ihre Aufgabe ist es, eigene Motive zu entwickeln, sofern sie den Hintergrund des Klangstroms als tragfähig und resonanzbereit empfinden. Die Anforderung an die Formen, die man als Motiv oder Melodie gelten lässt, soll dabei nicht zu hoch sein. Im Sinne der Sprachähnlichkeit kann es sich zunächst auch um eine Art musikalisches Stammeln und Stottern handeln, um die Suche nach ‚Worten', angereichert mit Pausen und Unterbrechungen, in denen aber keine Leere entsteht, sondern in denen das Kontinuum für den nötigen Zusammenhalt sorgt.

Die Aufmerksamkeit der beiden Melodiespieler soll auf das Kontinuum ausgerichtet sein; zunächst muss man sich gar nicht um den anderen kümmern. Der Dialog ergibt sich weniger aus der direkten gegenseitigen Wahrnehmung als aus der Bezogenheit auf das Kontinuum, das wie eine Folie des gemeinsamen Herkommens fungiert.

In der Gegenüberstellung zu den Melodiespielern wird die Spielvorgabe an die Kontinuumspieler noch erweitert.

Die Kontinuum-Spieler sollen sich nicht in die Motive einmischen und auf jeden Kommentar verzichten. Dies bedeutet aber nicht, dem „Schicksal" der Motive gleichgültig gegenüber zu stehen; vielmehr geht es um eine anteilnehmende Resonanz, ein Zuhören und Mitfühlen, das sich jeder entsprechenden Äußerung und Einflussnahme enthält. Als Bild hilfreich ist die Vorstellung einer „atmenden Anwesenheit". In der Intensität des Kontinuums kann es Schwankungen geben: mal benötigt der Dialog der Motive ein starkes, sicheres Fundament, mal verlangt er mehr Freiraum und Weite.

In der Abstimmung über diese Aufgabe verständigen sich die Kontinuumspieler untereinander und sind darin gleichzeitig auf das Geschehen im Dialog der Motive bezogen.

Zwischen den beiden Motivspielern und dem Kontinuum ergibt sich eine Triangulierung. Jeder der beiden ist nicht allein auf sein Gegenüber bezogen, sondern auf einen Dritten. „Sie stellen ihre Gemeinsamkeit einem Dritten gegenüber, der aus dieser Gegenseitigkeit heraus, allein schon durch seine bloße Anwesenheit, Einfluss auf die Gemeinsamkeit der beiden anderen hat." (Metzner 1999, 56) Die Erweiterung in die Triade kommt der Beziehung der beiden Motivspieler zugute (s.u.: Kommentare der Spieler). Metzner stellt in ihrem „Strukturmodell der Triade" die verschiedenen Konstellationen dar, in denen sich der Austausch innerhalb der Triangulation abspielen kann; dabei stellt sie den unterschiedlichen triadischen Konstellationen Formen des musikalischen Zusammenspiels gegenüber. Die oben erwähnte Konstellation „Zwei Objekte beziehen sich gemeinsam auf ein drittes" vergleicht sie mit einem „Trio, in dem sich zwei Melodiestimmen auf einen Generalbaß beziehen". (Metzner 1999, 57)

Gegenüber der ersten Spielform (Kontinuum ohne zusätzliche Motiv-Spieler) haben sich die Bedingungen im Kontinuum-Spiel nun verändert: In den Motiven und Melodien kann sich der Gegenpol ausbreiten; das entlastet von der Beschränkung, die man im Kontinuum-Spiel zu spüren bekommt. Es hat nun *einen Sinn*, sich der eigenen Profilierung zu enthalten, weil *man dadurch eine Aufgabe erfüllt*: das Kontinuum ist konstitutiv für die Melodie. Es kann geschehen, dass man in den Bewegungen der Melodie die eigenen Intentionen, sozusagen in Stellvertretung, verwirklicht sieht; ein Spieler bemerkt, dass es *gemeinsame Klänge in Kontinuum und Melodie* gibt, so als würde in der nächsten Generation ein eigenes Lebensziel verwirklicht, an dem man identifikatorisch teilhat. *Man muss die Melodie hören, dann macht das Kontinuum-Spiel Sinn* und ergibt ein *solidarisches Gefühl untereinander.*[15]

Eine Tendenz, die in vielen Improvisationen in der Praxis zu beobachten ist, wird auch im Experiment deutlich. Das Auftauchen einer melodischen Figur evoziert bei den übrigen Spielern die Reaktion, das eigene Spiel ebenfalls zu intensivieren. Das kann durchaus in der Absicht der Unterstützung und Zustimmung geschehen; im Ergebnis führt es jedoch dazu, dass sich der Abstand zwischen Hintergrund und Figur verringert und die Bemühung um Abgrenzung und Konturierung vereitelt wird. Die Unterstützung für die Abhebung liegt eben darin, dass man sich der Einmischung enthält, bzw. für die Aufrechterhaltung des stützenden Hintergrunds sorgt. In der Begrifflichkeit der Polarität bedeutet das Ansteigen der Intensität eine Verringerung der Spannung im Austausch der Pole *verdeutlichen – vereinheitlichen,* während im deutlichen Abstand zwischen Kontinuum und Motiv die größere Spannung der Pole enthalten ist. Die adäquate Möglichkeit, in der sich Kommentar, Unterstützung und Zustimmung äußern können, liegt in der Gegenüberstellung im Dialog.

Aber auch von der anderen Seite her gilt es, die Spannung auszuhalten, die damit verbunden ist, die eigene Melodie zu spielen. Die Motiv-Spieler berichten von einem *Sog,* der vom Kontinuum ausgeht; eine starke Ambivalenz wird spürbar, die eigene Linie aufrechtzuerhalten oder sich wieder

---

[15] Vgl. Kap. 4.7: Die Improvisation als soziales Modell

vom Klangstrom vereinnahmen zu lassen. *Das ist eine anstrengende Aufgabe.* Hier ist es hilfreich, die Motive deutlich zu konturieren und z.B. mit einem deutlichen Akzent zu beginnen: *Sich nicht aus dem Kontinuum herausschleichen, weil dann der Sog stärker ist.* Sich mit der motivischen Bewegung in der Nähe des Kontinuums aufzuhalten, hat dabei allerdings auch seinen Reiz. Auch die Wahl des Instruments spielt eine Rolle: besitzt das Instrument Klangmöglichkeiten, die im Kontinuum nicht vorhanden sind, ist eine Abhebung mit jedem Ton gegeben; eine charakteristische Spielweise wirkt sich ebenso aus.

Im Melodiespiel wird spürbar, dass man auf den Hintergrund angewiesen ist. Die Freiheit in der Entwicklung von Motiven ist nur zu genießen, wenn der *Grund auch wirklich trägt.* Verspürt man *eine Anstrengung oder Unsicherheit im Kontinuum,* wirkt sich dies auf das Melodiespiel aus. Die Skepsis, ob das Kontinuum Bestand haben wird, setzt der eigenen Ausbreitung in der Melodie Grenzen.

In dieser Konstellation wird ein Phänomen sichtbar, das in vielen Improvisationen, besonders aber im Behandlungszusammenhang auftaucht. Wenn das Kontinuum nicht verlässlich ist bzw. nicht als verlässlich erlebt wird, führt das dazu, dass Eigenschaften des Kontinuums mit in die Melodie übernommen werden. In der Improvisation des Patienten begegnen uns dann die endlosen melodischen Gebilde, die keinen Anfang und kein Ziel zu haben scheinen, deren Richtungswechsel mehr von der Bauart des Instruments abhängen als vom Gestaltungswillen des Spielers. Wir können dies zwar als mangelnde Fertigkeit im Umgang mit dem Instrument oder den musikalischen Mitteln auffassen; im Sinn der Spannung zwischen Individuation und Symbiose wird uns ein solches Spiel aber eher Hinweise auf eine mehr oder weniger grundlegende Beziehungserfahrung des Spielers geben. Das Innehalten nach dem Satz, die Phrasierung der Rede und der Melodie stützt sich auf das Vertrauen, dass es einen resonanzfähigen Hintergrund gibt, auf den die eigene Äußerung trifft. Phrasierungen sind aber, besonders im melodischen Material ein Merkmal der Sinnhaltigkeit. In der Endlosigkeit der eigenen Äußerung verschwindet auch das Gegenüber: wo keine Pause möglich ist, kann sich kein Dialog entwickeln. In einer solchen Kommunikationsstruktur kann der Versuch enthalten sein, Erfahrungen der fehlenden Resonanz zu kompensieren bzw. den Schmerz zu vermeiden, der mit dem Ausbleiben der Resonanz verbunden ist.

Für Hoffmann „[bezeichnet] die Tätigkeit des Phrasierens demnach mehr als nur formale Aspekte des Sinngliederns der Musik. Der Begriff weist auf Handlungs- und Wahrnehmungsqualitäten, die mit der Person des Spielers selbst verbunden sind. [...] Der Vergleich unterschiedlicher Weisen des Phrasierens aus dem Therapieverlauf eines Patienten illustriert bedeutungsvolle Aspekte einer Entwicklung bzw. Wandlung." (Hoffmann 2002, 230) Dabei richtet Hoffmann sein Augenmerk nicht allein auf die Entwicklung der Phrasierungsmöglichkeiten. Er spricht die Notwendigkeit an, dem Patienten in der Musik ein Angebot zu machen, das wir i. S. der Polaritätsverhältnisse als *Kontinuum* bezeichnen können: „Für manche Patienten kann es [...] zunächst wichtig sein, in ein Gleichmaß von wiederholenden und nicht unterbrochenen Spielimpulsen zu kommen, wie es für ein *unphrasiertes* Spiel charakteristisch wäre." (Hoffmann 2002, 235; Hvbg. Hoffmann) Die Notwendigkeit der Phrasierung im melodischen Zusammenhang weist auf die Wirkung der Polarität von *erscheinen – vergehen* hin. In den endlosen Melodiebögen und im unaufhörlichen Sermon ist die Polarität von Klang und Stille nicht entfaltet.

Kontinuum und Dialog: Entlastende Umgebung

Für die Begegnung zweier Melodiespieler ergibt sich durch den gemeinsamen Hintergrund des Kontinuums vor allem eine *Entlastung*. Man fühlt sich *nicht verpflichtet, dauernd etwas zu produzieren*. In den Pausen im eigenen Spiel bleibt das Kontinuum bestehen; *man muss nicht befürchten, der andere fühle sich womöglich hängengelassen*. Man erfährt also eine Entlastung von der Verpflichtung, im Dialog (resp. in der Beziehung) für dauernde, aktive Zufuhr sorgen zu müssen. Das Kontinuum repräsentiert die Verlässlichkeit im *Sein*, so werden im *Handeln* Unterbrechungen möglich. Auch von der Notwendigkeit der *Übereinstimmung mit dem anderen* gibt es eine Entlastung. Die Verschiedenartigkeit der Äußerungen wird durch den Hintergrund, *um den sich ja auch der andere kümmert*, gemildert. Man hat einen *indirekten Bezug* zum Gegenüber, dadurch *gewinnt man an Freiheit* und fühlt sich *nicht so eingeengt und verpflichtet*, was wiederum die Bereitschaft fördert, sich auf den anderen in seiner Unterschiedlichkeit einzulassen.

Wir können diese Erfahrungen als Modell für eine gelungene Beziehungsgestaltung ansehen. Auch in der primären Dyade ergeben sich durch die Erweiterung auf die Dreierkonstellation (Triangulierung) erst die notwendigen Entwicklungsräume, die Voraussetzung sind für die Öffnung hin zu anderen sozialen Systemen und zur Fähigkeit des Individuums, weitere dyadische Beziehungen einzugehen. Die Ausrichtung auf „das Dritte" in der Beziehung muss nun nicht in jedem Fall mit einer realen Person zu tun haben. In der Ausrichtung auf das Kontinuum wird deutlich, dass „das Dritte" sich auch in einem gemeinsamen Bezugsfeld finden kann: für eine Beziehung zweier Menschen kann dies die Zugehörigkeit zu einem bestimmten Kulturkreis, die Orientierung an gemeinsamen Ziele etc. sein –

noch etwas umfassender, können wir auch die gemeinsame Existenz als menschliche Wesen mit ihren unhintergehbaren Bedingungen als das Kontinuum ansehen, vor dem sich unsere „persönliche Melodie" abhebt und im Dialog der „anderen Stimme" begegnet. [16/17]

Die Entlastung, die sich in der Triangulierung zwischen Kontinuum und den beiden Dialog-Spielern ergibt, hat damit zu tun, dass der Gegensatz gemildert wird, der zwischen der Ausrichtung auf das Gegenüber und dem Für-sich-Sein besteht. Indem man in wechselnder Bewegung auf sich, auf den anderen oder auf den gemeinsamen Hintergrund bezogen ist, ergibt sich eine „Selbstrelativierung"[18].

Ein ähnlicher Gedanke findet sich bei Gernot Böhme, wenn er Merkmale der intersubjektiven Begegnung beschreibt. Er spricht davon, dass es nicht isolierte Individuen sind, die „den anderen Menschen qua Subjekt entgegentreten"; vielmehr komme man, bevor man auf den Anderen trifft, in Berührung mit einem Raum, der atmosphärisch getönt ist und der die Subjekte gleichermaßen umgibt. „Das diffuse Miteinander ist da und die Subjekte können sich herausbilden." (Böhme 2005; ungekürzte Fassung des Interviews)

Eine Komposition, in der das Verhältnis von Motiv und Kontinuum, von *verdeutlichen – vereinheitlichen* auf besondere Weise ausgestaltet wird, ist die „Schubert Phantasie" von Dieter Schnebel.[19/20] Das Orchesterstück bezieht sich zitierend-interpretierend auf Schuberts Klaviersonate G-Dur, Opus 78. Motivische Elemente der Sonate tauchen aus einem Klang-Kontinuum auf und gehen auch wieder darin unter. Im Höreindruck der „Schubert Phantasie" werden die Mühen spürbar, die es kostet, eine melodische Gestalt aus

---

[16] Eine Analogie zu dieser Vorstellung findet sich bei Rilke (o.J.) in seinen „Notizen zur Melodie der Dinge": Sei es das Singen einer Lampe oder die Stimme des Sturms, sei es das Atmen des Abends oder das Stöhnen des Meeres, das dich umgibt – immer wacht hinter dir eine breite Melodie, aus tausend Stimmen gewoben, in der nur da und dort dein Solo Raum hat. Zu wissen, wann Du einzufallen hast, das ist das Geheimnis deiner Einsamkeit: wie es die Kunst des wahren Verkehres ist: aus den hohen Worten sich fallen lassen in die eine gemeinsame Melodie.

[17] Vgl. Deuter 2007, 52

[18] Vgl. Kaden 1993, 35 u. 59; vgl. hierzu auch Kap. 4.7 „Die Improvisation als soziales Modell"

[19] Dieter Schnebel: Schubert-Phantasie (Re-Visionen I_5) für geteiltes großes Orchester 1978/1989

[20] Bereits erwähnt wurde, dass sich die Systematik der Polaritätsverhältnisse auf die Strukturierungsmerkmale der *Improvisation* bezieht und nicht den Anspruch beinhaltet, auf Musikstücke im Allgemeinen anwendbar zu sein. Es gibt aber Kompositionen, die so konzipiert sind, dass sich eine Beschreibung mit den Begriffen der Polaritätsverhältnisse geradezu aufdrängt. Die Schubert-Phantasie von Schnebel gehört dazu.

dem Grund herauszuheben und diese Abhebung aufrecht zu erhalten. Im Begleittext einer CD-Aufnahme der Schubert-Phantasie wird das Motiv-Kontinuum-Verhältnis so beschrieben: „Das Diffuse des Klangbilds, aus dem die Schubert-Zitate wie Erscheinungen auftauchen, in dem sie wieder zerlaufen wie Träume, wird verstärkt vom zweiten Teilorchester [...]. Als Hintergrund- und Untergrundklang überblendet diese homogene, aber ständig changierende und oszillierende Schicht das Kontinuum im ersten Teilorchester."

Abschließend möchte ich noch einen Alltagsaspekt im Verhältnis von Motiv und Kontinuum erwähnen. Wir kennen das angenehme Gefühl, das entsteht, wenn wir in einem Raum singen, der einen guten Nachhall hat – warum aber ist uns das so angenehm? Die Frage lässt sich aus dem Zusammenhang von *verdeutlichen – vereinheitlichen* beantworten. Fassen wir die Singstimme als das ‚Motiv' auf, so stellt der Nachhall, der die Pausen des Gesangs überbrückt, das Kontinuum dar. Durch den Nachhall ‚trägt die Stimme'. Eigentlich ist es der Raum, der dem Klang zur Dauer verhilft und einen kontinuierlichen Klang entstehen lässt; darin fühlt sich die Stimme getragen.

Zusammenfassung: Die Polarität in der Melodischen Dimension

In der Melodischen Dimension wird die abgegrenzt wahrnehmbare Figur des musikalischen *Motivs* einem in sich gleich bleibenden, verlässlichen *Kontinuum* gegenübergestellt. In der Spannung dieser Gegensätze ereignet sich die Bewegung von Abgrenzung und Verschmelzung, von Individualität und Gemeinschaft, von Figur und Grund. Die Polarität präsentiert sich in den Bewegungen von *verdeutlichen* und *vereinheitlichen.* Der tragende Grund im Kontinuum ermöglicht das Hervortreten einer deutlichen motivischen Gestalt. Diese ist die Voraussetzung zum Dialog.

4.6 Zusammenwirken der Polaritäts-Achsen

> *Es ist jedoch erforderlich, auf das Zusammenwirken der Merkmale einzugehen, wenn wir verstehen wollen, wie das seelische Geschehen zustande kommt. Wir brauchen etwas, das uns erklärt, warum Bedingungen zusammenkommen oder nicht zusammenkommen können, warum Spannungen entstehen und warum sich Bedingungen ausgleichen, ergänzen und helfen können.*
> *Wilhelm Salber*

Die drei musikalischen Dimensionen, die wir in der Systematik der Polaritätsverhältnisse unterscheiden, haben wir in den voranstehenden Kapiteln genauer angeschaut. Zusammenhänge von musikalischen Phänomenen und psychologischer Bedeutung wurden beleuchtet und mit Alltagssituationen, mit Beispielen aus dem Behandlungszusammenhang und Aspekten künstlerischer Bearbeitung verbunden.

Im nächsten Schritt geht es darum, die drei musikalischen Dimensionen wieder im Zusammenhang zu sehen: wir beschäftigen uns mit dem *Zusammenwirken* der drei Polaritäts-Achsen. Zur Anschauung der bisher dargestellten Begriffe die Tabellen hier nochmals im Überblick.

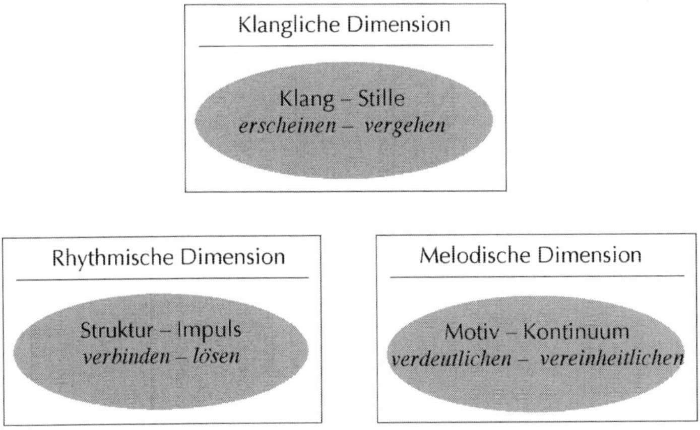

Abb. 16: Musikalische Dimensionen

Die drei Dimensionen lassen sich von ihren Inhalten und Erscheinungsformen unterscheiden und getrennt betrachten. Im Verlauf einer Improvisation sind jedoch immer alle drei Dimensionen beteiligt. Um dies abzubilden, benötigen wir ein Modell, das uns das Zusammenwirken der drei verschiedenen Polaritäts-Achsen anschaulich macht und das geeignet ist, die Beweglichkeit der Zusammenhänge darzustellen. Wie bereits erwähnt, stützt sich die Begrifflichkeit der Polaritätsverhältnisse auf ein Modell der Morphologischen Psychologie. Dort sind sechs Gestaltfaktoren und deren Zusammenwirken beschrieben.[1]

Wie auch im Modell der Gestaltfaktoren werden die drei Polaritäts-Achsen in einem Zusammenhang gesehen, der nicht hierarchisch ist, aber jeweils eine Achse in den Vordergrund stellt. Von dieser Achse aus wird das Geschehen betrachtet; die beiden anderen Achsen haben eine je unterstützende Funktion für den Austausch innerhalb des gesamten Geschehens.

Zusammenwirken der Polaritäts-Achsen: Abstützung und Relativierung

Stellen wir die Achse *Klang – Stille* in den Vordergrund, stellt sich der Zusammenhang der Achsen so dar:

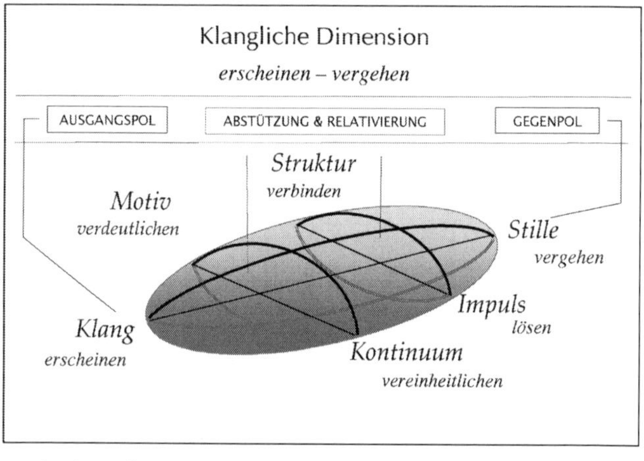

Abb. 17: Der Pol Klang / *erscheinen* bildet den Ausgangspol.
Der Gegenpol ist: Stille / *vergehen*

[1] Vgl. Salber 1981, 65 ff. Eine ausführliche und anschauliche Darstellung der Gestaltfaktoren und ihres Zusammenhangs findet sich bei Tüpker (1996, 50 f; 62 f)

Der Austausch der Hauptachse (*Ausgangspol und Gegenpol*) wird durch den Einfluss der beiden anderen Achsen unterstützt. Sie haben die Funktion der *Abstützung*; d.h. die (musikalischen) Qualitäten bestärken den Ausgangspol darin, sich zu manifestieren. Eine *Relativierung* im Hinblick auf den Ausgangspol kommt durch die ergänzenden musikalischen Qualitäten in Gang; sie tragen dazu bei, den Gegenpol zur Geltung zu bringen. „Die Ausgangsposition kommt in den Sog des ihm polar entgegengesetzten aber auch ergänzenden Faktors, sie wird *relativiert* und es bringen sich Züge zur Geltung, die über die bisherige Tendenz hinausgehen." (Tüpker 1996, 66; Hvbg. M.D.) Die beiden Polaritäts-Achsen, die jeweils nicht die Hauptachse bilden, haben also die Funktion von *Abstützung* und *Relativierung*. In diesem Feld ergeben sich wirkungsvolle Möglichkeiten der musikalischen Intervention.[2]

Was uns jeweils dazu veranlasst, eine der drei Achsen als die Hauptachse zu bezeichnen, während doch alle drei gleichermaßen im Geschehen beteiligt sind, hängt mit einer Intensität des Erlebens zusammen. So können wir zum Beispiel den Eindruck haben, dass die Spieler aus einem Rhythmus nicht mehr herausfinden, der sich einmal etabliert hat. In diesem Fall sind wir auf die Achse *Struktur – Impuls* aufmerksam geworden; die fehlende Möglichkeit, den Rhythmus wieder zu verlassen, weist auf einen unzureichenden Einfluss des Pols Impuls/*lösen* hin. Daraus ergibt sich die Perspektive der Rhythmischen Dimension; es ist also sinnvoll, bei dieser Improvisation die Polarität *verbinden – lösen* als die Hauptachse anzusehen.[3]

In der schematischen Darstellung ergibt sich diese Version (s.u.):

[2] Siehe dazu Kapitel 4.6.3 Anwendungsbeispiele

[3] Vgl. Tüpker 1996, 65

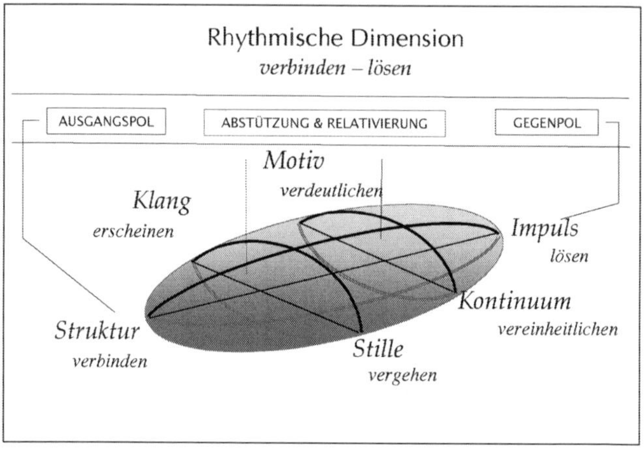

Abb. 18: Der Pol Struktur / *verbinden* bildet den Ausgangspol.
Der Gegenpol ist: Impuls / *lösen*

Bildet die Melodische Dimension die Hauptachse, ergibt sich die folgende Konstellation:

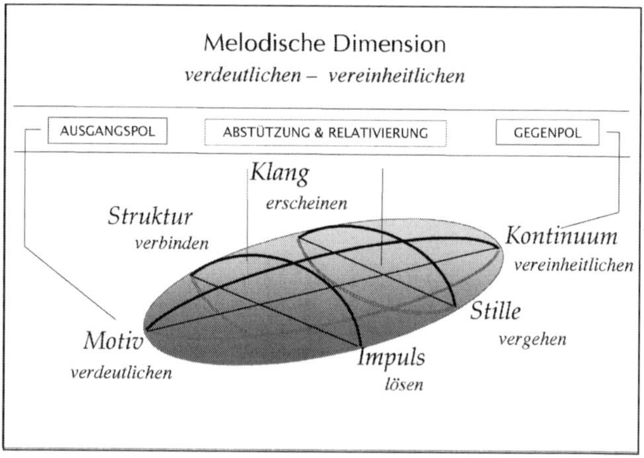

Abb. 19: Der Pol Motiv / *verdeutlichen* bildet den Ausgangspol. Der Gegenpol ist: Kontinuum / *vereinheitlichen*

Die Strukturen, die sich in einer Improvisation als Hauptachse benennen lassen, können sowohl mit dem Eindruck eines Problems zu tun haben, als auch mit einer beeindruckenden ausgeprägten Verwendung des musikalischen Materials, das unser Interesse weckt und dem Spiel seine charakteristische Gestalt gibt. Wir können davon ausgehen, dass uns eine Improvisation immer dann interessant erscheint, wenn es im Verlauf gelingt, zeitweilig jeweils eine der Polaritätsachsen in den Vordergrund zu rücken.[4]

In den Improvisationen im therapeutischen Kontext ist in der Regel das Zusammenwirken der Achsen beeinträchtigt; es gibt Verschiebungen, Einseitigkeiten und Unvereinbarkeiten. Auch wenn es auf den ersten Blick zunächst eine Polaritäts-Achse ist, in der die Störung auffällt, sind die anderen Achsen mit betroffen; sei es, dass Auswirkungen der gestörten Polarität auch hier spürbar werden, sei es, dass dort Kompensationsversuche erkennbar werden, die dann u.U. zu einer zusätzlichen Beeinträchtigung führen. Die musikalischen Interventionen des Therapeuten zielen in jedem Fall darauf, das *gesamte* Gefüge zu beleben. Dazu ist es notwendig, nicht nur die Achse im Blick zu haben, in der sich die Einschränkung zeigt, sondern sich auch um den Austausch der anderen Pole zu kümmern; oftmals werden Interventionen in einer anderen Polarität eher angenommen, als dort, wo sich das Problem am deutlichsten zeigt. Die Abwehr gegen eine Veränderung ist hier naturgemäß weniger groß als in der Polarität, in der sich das Symptom spiegelt.[5]

Damit ist die Frage der Beeinflussbarkeit der musikalischen Strukturen angesprochen, die wir immer im Zusammenhang sehen mit der seelischen Strukturierung. Es hängt vom jeweiligen musiktherapeutischen Konzept ab, (das wiederum auf die Krankheitsbilder und das Setting abgestimmt sein wird) wieweit in der Behandlung der Versuch unternommen wird, aus der musikalischen Situation heraus Veränderungen in Gang zu setzen, oder ob der Weg über die Reflexion und die Benennung der Struktur erfolgt, aus denen sich dann Veränderungen und Erweiterungen der Lebensmethode ergeben. In jedem Fall ist es ein Gewinn, sich bei der Beobachtung und Aufbereitung der musikalischen Phänomene auf die Systematik der Polaritätsverhältnisse stützen zu können.[6]

Ausgehend von den Handlungs- und Bewegungsbegriffen, die wir jeder Polaritäts-Achse zugeordnet haben, ergibt sich noch eine weitere inhaltliche

---

4 Genau genommen müsste man sagen, dass bereits die erkennbare Bemühung, eine Achse in den Vordergrund zu rücken, unser Interesse und unsere Anteilnahme am Geschehen befördert.

5 Vgl. Kap. 4.6.3

6 Ein Überblick der drei Versionen findet sich im Anhang.

Zuordnung der Polaritätspaare. Wir können erkennen, dass es in jeder Polarität einen Pol gibt, dessen Qualität mehr mit der Herausbildung der Form zu tun hat, während der andere Pol vor allem Merkmale der Veränderung trägt. Die Gegenüberstellung von Form und Veränderung, von Gestalt und Verwandlung, von „Struktur und Fließen"[7] findet sich in allen drei musikalischen Dimensionen, wie die nachfolgende Abbildung zeigt.

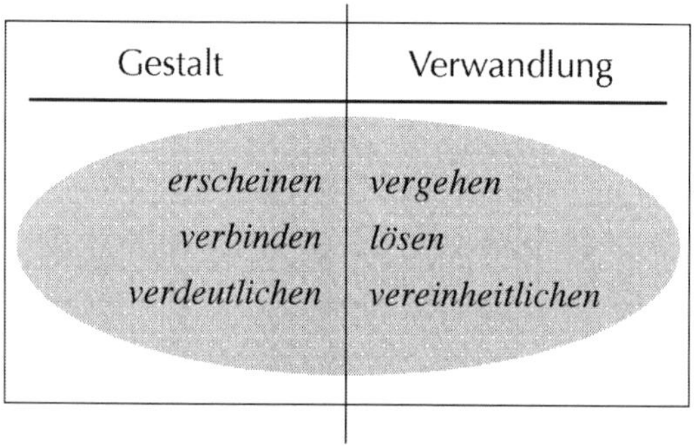

Abb. 20: Gestalt und Verwandlung

Das Zusammenwirken der Polaritäts-Achsen wird im folgenden Kapitel noch weiter beschrieben. Wir gehen darin auch der Frage nach, worin sich pathologisch veränderte Formenbildungen von künstlerischen Formenbildungen unterscheiden, und worin sie Ähnlichkeiten aufweisen.

[7] Vgl. Weymann 2004, 27

4.6.1 Therapeutische und künstlerische Improvisation: Belastung und Steigerung

Kunst ist eine anziehende und beunruhigende Zuspitzung von Behandlung überhaupt.
Wilhelm Salber

Ich denke in Bildern. Dabei helfen mir Gedichte. Sie sind wie Bojen im Meer. Ich schwimme zu ihnen, von einer zur anderen; dazwischen, ohne sie, bin ich verloren.
Anselm Kiefer

Kunst und Behandlung in einer Analogie zu sehen, ist ein Merkmal der Morphologischen Psychologie. Aspekte künstlerischer Weltauffassung verhelfen in der therapeutischen Behandlung zu einer „Psychästhetik"[1]. „An Kunstwerken erfährt die psychologische Behandlung, daß der Sinn von Verwandlung nicht ein für allemal festliegt, sondern aus den Gestaltungen und Umgestaltungen unserer Werke immer neu erwächst. Daher bemüht sich eine kunstanaloge Behandlung, verkehrt gehaltene ‚Dinge' wieder in andere Modellierungsprozesse zu bringen." (Salber 1980, 78)

Für die weitere Betrachtung des Zusammenwirkens der einzelnen Polaritäts-Achsen spielt nun die Frage eine Rolle, wie künstlerische und pathologisch veränderte Formenbildung in der Improvisation zusammenhängen, beziehungsweise worin sie sich voneinander unterscheiden. Künstlerische Gestaltungen sowie auch ‚pathologische' Ausdrucksformen gehen oft mit Extremisierungen und Zuspitzungen, mit Einseitigkeit und Übertreibung einher. Im Bereich der künstlerischen Improvisation hat dies mit einer *Steigerung* der Äußerung zu tun; im Zusammenhang einer problematischen Lebensmethode steht vor allem die *Belastung* im Vordergrund, die eine solche Strukturierung für den Betreffenden und seine Umgebung mit sich bringt. „Belastungen und Steigerungen" (Salber 2001, 80 ff) sind Merkmale einer Extremisierung im Austausch der Pole; in der Begrifflichkeit der Polaritäts-

[1] „Psychästhetik meint mit W. Salber, dass Seelisches und Kunst sich gegenseitig verdeutlichen, eine gemeinsame Struktur haben, dass Kunst Hinweise auf die ‚eigentümliche Logik praktikabler Lebensformen gibt' und dass das Seelische eher ästhetischen Gesetzen folgt als formal-logischen." (Salber 1977, 39; zitiert nach Tüpker 1996, 248); siehe auch Kap. 2.1 (S. 12 ff)

verhältnisse werden diese Extremisierungen unterscheidbar im Hinblick auf ihre künstlerischen und ihre therapeutischen Implikationen. So können im therapeutischen Zusammenhang die Belastungen, die sich aus einer Extremisierung ergeben, gemildert werden, indem nach Erweiterungsmöglichkeiten der eingeschränkten Bewegung gesucht wird. Damit werden die Voraussetzungen für eine Steigerung der Lebendigkeit geschaffen.

Der Begriff der Steigerung findet sich bereits bei Goethe in seinem „Aufsatz zur Polarität". Er verweist auf die Entwicklungen, die durch den Austausch der Pole in Gang kommen, und die in der Folge eine neue Dimension entstehen lassen, die in der Qualität des einzelnen Pols nicht vorhanden war. Diese Vorstellung hat Ähnlichkeit zum Grundprinzip der Gestalttheorie, nach dem das Ganze mehr ist als die Summe seiner Teile.

> „Was in die Erscheinung tritt, muß sich trennen, um nur zu erscheinen. Das Getrennte sucht sich wieder, und es kann sich wieder finden und vereinigen; im niedern Sinne, indem es sich nur mit seinem Entgegengestellten vermischt, mit demselben zusammentritt, wobei die Erscheinung Null oder wenigstens gleichgültig wird. Die Vereinigung kann aber auch im höhern Sinne geschehen, indem das Getrennte sich zuerst steigert und durch die Verbindung der gesteigerten Seiten ein Drittes, Neues, Höheres, Unerwartetes hervorbringt." (Goethe o.J., 444)

In beiden Bereichen, sowohl in der vom künstlerischen Ausdrucksbedürfnis motivierten *Steigerung*, als auch in der Extremisierung, die hauptsächlich als *Belastung* innerhalb pathologischer Strukturierungen entsteht, geht es um eine Überschreitung der Grenzen, innerhalb derer wir im Alltag unser Erleben äußern. Das Leiden lässt sich nur abbilden in den Vereinseitigungen und Verzerrungen, den Ausschlüssen und Brüchen, die eben darin unseren gewohnten Formerwartungen zuwiderlaufen. Im Ausdruck des Leidens müssen diese Grenzen überschritten werden (dürfen), damit die aus der Sprachgemeinschaft ausgeschlossenen Inhalte im Medium der Musik ein Feld der Mitteilung finden. In der künstlerischen Formenbildung dient die Extremisierung dazu, gewohnte Wahrnehmungseinstellungen zu erweitern bzw. diese überhaupt erst bewusst zu machen – im Dienst einer vertiefenden Erfahrung unseres Weltbezugs, und um denjenigen Bereichen unserer Empfindungen eine Stimme, ein Bild und eine Geste zu geben, die in den Äußerungsformen unserer Alltagskommunikation ausgespart sind.[2]

---

[2] Zu Unterschieden und Überschneidungen von pathologischen Zuständen und kreativem Prozess siehe auch Rauchfleisch (1990). „Während bei den narzißtischen Störungen die Kompensations- und Abwehrversuche allein der [...] Stützung des beeinträchtigten Selbstwertgefühls dienen und sich ausgesprochen störend auf die näheren sozialen Beziehungen dieser

Belastung und Steigerung in der Improvisation[3]

Wenn wir die Unterschiede zwischen den künstlerischen Formenbildungen einer Improvisation und denen im Behandlungszusammenhang erkennen wollen, sollten wir nicht von einem Gegensatz ausgehen, so als läge an einem Ende der Skala die musikalisch interessante Form und am anderen Ende die pathogen veränderte Gestaltung. Der Unterschied zwischen beiden Ausdrucksbereichen soll jedoch auch nicht nivelliert werden. Vielmehr gibt es subtile Verwandtschaften zwischen beiden, aus denen sich die Möglichkeit ableitet, den unverständlichen Formenbildungen mit einem künstlerischen Verständnis zu begegnen. „Wir müssen uns allerdings davor hüten, Kunst mit ‚gesunden' Steigerungen und Überlastungen mit ‚ungesunden' Krankheitszuständen (Neurosen) gleichzusetzen." [...] Vielmehr „sind bei Neurosen kunstvolle Produktionen, bei Kunstwerken Belastungen unserer Produktion nicht zu übersehen." (Salber 2001, 84) „Neurosen suchen den Aufgaben zu entkommen, denen sich das Kunstwerk stellt, indem sie dem Ungeheuerlichen endloser Verwandlungen einen unverrückbaren Sinn entgegenstellen. [...] Demgegenüber spitzen Kunstwerke die Entwicklungslogik zu, bis sich die Mechanik seelischer Werke *neu und anders zu drehen* beginnt [...]. (Salber 2001, 86; Hvbg. Salber)

Vereinfacht gesprochen, müssen wir in der Behandlung keinen Weg zurücklegen, der von der pathologischen Formenbildung über die „Normalität" hin zum künstlerischen Ausdruck geht, sondern wir haben in der Musik, anders als in der sprachlichen Auseinandersetzung, die Möglichkeit, auf den Ausdruck einzugehen, der dem Patienten aktuell zur Verfügung steht: „[...] in der Nähe der gestörten Grundverhältnisse halten sich zugleich *Lösungsgestalten* auf." (Grootaers 2001, 12, Hvbg. Grootaers). Die „Nähe" zeigt sich im Umgang mit Extremisierungen im Austausch der Polarität; die Unterschiede werden deutlich, wenn wir danach fragen, ob die Extremisierung zu einer *Steigerung* des Ausdrucks oder zu einer *Belastung* des Geschehens führt.[4]

Menschen auswirken, steht das Kunstwerk am Ende des kreativen Schaffensprozesses gerade im Dienste der Kommunikation." (Rauchfleisch 1990, 1136)

3 Vgl. Salber: Psychologische Behandlung. Bonn 2001, 80 ff: Produktions-›Krankheiten‹ und Behandlungs-Kunst

4 Vgl. Kap. 4.6.3; Abb. 27, S. 232)

Versionen der Extremisierung

In der Anwendung der Polaritätsbegriffe auf die Improvisation, und im Besonderen auf die extremisierten Formenbildungen in der Behandlung hat es sich gezeigt, dass sich mehrere Versionen unterscheiden lassen, in denen das Polaritätsgeschehen verändert ist. Im nächsten Abschnitt werden diese Versionen zunächst im Überblick dargestellt; danach werde ich aufzeigen, mit welchen Inhalten sie sich jeweils als *Belastung* oder als *Steigerung* zeigen. Anschließend folgt eine weitere Auflistung, die die Zuordnung zu den drei musikalischen Dimensionen bzw. den Polaritäts-Achsen im Sinne der *Belastung* verdeutlicht.

Der Austausch der Pole kann verändert bzw. extremisiert sein in Form einer **Separation** (einem Auseinander-Halten der Pole), d.h. der Gegenpol kommt in einer wahrnehmbaren Dimension des Geschehens nicht vor.[5]

Die zweite erkennbare Form ist die einer **Inversion** (einer Umkehr-Bewegung), d.h. der Gegenpol tritt ohne Übergang, ohne erlebbare Vorbereitung auf.

Die dritte Version der Extremisierung zeigt sich als **Diffusion** (als Vermischung der Pole); das heißt, der Gegenpol hebt sich nicht ab, scheint identisch zu sein mit dem Ausgangspol. Die Funktionen der beiden Pole sind wie ineinander vermengt, die Inhalte oszillieren. Dies kann im Erleben auftauchen wie mit der impliziten Behauptung, die Bedeutung der beiden Pole wäre austauschbar.

Separation, Inversion und Diffusion als Extremisierung der Polarität führen zu einer *Steigerung* des musikalischen Ausdrucks, wenn der jeweilige Gegenpol noch „ahnbar" bleibt (Gebser), wenn es ein Wissen um die Spannung und deren Konsequenz gibt. Zur *Belastung* wird die Extremisierung dann, wenn sie der Spannungsminderung, der Abwehr der Lebendigkeit dient. Verbunden mit den jeweils unterschiedlichen Inhalten von *Belastung* und *Steigerung* ergibt sich die folgende Übersicht:

---

5 Mit einer „wahrnehmbaren Dimension" ist z.B. die zeitliche Dimensionierung einer Veränderung gemeint, durch die die Wahrnehmungskapazität nicht unverhältnismäßig beansprucht wird.
Ein Kompositionsbeispiel für eine Überschreitung dieser Kapazität stellt die „Symphonie Monotone" des Malers Yves Klein dar, bei der einem zwanzigminütigen, ohne Veränderungen und Strukturierungen erklingenden Akkord eine Phase von zwanzig Minuten Stille folgt – im Sinne unserer Begrifflichkeit die Separation der Pole *erscheinen – vergehen*. Das Stück stellt den Versuch dar, Aspekte monochromer Malerei auf die Musik zu übertragen. Aufführungen des Werks waren schwierig, weil die Zuschauer sich kaum auf die unstrukturierte Dauer des Klangs, noch viel weniger auf die dauernde Stille einlassen mochten.

Separation

Auseinander-Halten – Die Pole kommen nur separiert vor; der jeweilige Gegenpol ist im Geschehen nicht erkennbar

Belastung

Aufhebung der wechselseitigen Beeinflussung der Pole; es besteht ein Mangel an Vielfalt und an Belebung und Zufuhr

Steigerung

erhöhte Spannung auf den Gegenpol hin; der Gegenpol wird u.U. in der Mitbewegung und Erwartung der Zuhörer (oder der Mitspieler) wirksam

Inversion

Umkehr-Bewegung – der Gegenpol tritt ohne Übergang, ohne erlebbare Vorbereitung auf

Belastung

Geschichtlichkeit und Konsequenz sind aufgehoben; es gibt keine Erinnerung an den Ausgangspol und auch keine Nachwirkungen

Steigerung

überraschende Wendungen, starke Spannung zwischen den unterschiedlichen musikalischen Materialbereichen

Diffusion

Vermischung – Der Gegenpol hebt sich nicht ab. Die Funktionen der Pole sind wie ineinander vermengt, die Inhalte oszillieren

Belastung

Aufhebung der unterschiedlichen Qualität der Pole. Es kann keine Spannung zwischen den Polen und keine prägnante Gestalt entstehen

Steigerung

Die Erwartung auf die Ausdifferenzierung der Polarität wird gesteigert

Die Extremisierung innerhalb pathologischer Formenbildungen tritt in der Regel als *Belastung* auf. Die drei Versionen Separation, Inversion und Diffusion sind im Folgenden auf die drei Polaritäts-Achsen bezogen. Skizziert ist das Erleben, das mit der jeweiligen Extremisierung verbunden ist. Dieses Erleben begegnet uns in der Improvisation, wenn wir mit den entsprechenden seelischen Strukturierungen in Berührung kommen;[6] gleichzeitig spiegeln sich darin so etwas wie Grundannahmen in der Lebensmethode des Patienten, mit der er Beziehungen und Prozesse gestaltet.

Separation

Polarität Klang – Stille / *erscheinen - vergehen*

Neues bedingt den Verlust des Bisherigen; Abschlüsse gibt es nur in der Form von Abbrüchen

Polarität Struktur – Impuls / *verbinden - lösen*

Bindung bedeutet Abhängigkeit; Distanz wird erlebt als Verlust des Kontaktes bzw. des Objekts

Polarität Motiv – Kontinuum / *verdeutlichen - vereinheitlichen*

Abgrenzung ist gleichbedeutend mit Isolation; Nähe wird zur Verschmelzung

Inversion

Polarität Klang – Stille / *erscheinen - vergehen*

Man kann sich nie sicher sein, ob das, was da ist, auch Bestand hat; wann, aus welcher Richtung und mit welcher Intensität die Objekte auftauchen, ist nicht vorauszusehen

---

[6] Ich verzichte bewusst darauf, von dieser Auflistung her Bezüge zu bestimmten Krankheitsbildern herzustellen, auch wenn manche Formulierungen dies nahe liegend erscheinen lassen. Es geht aber, wie an anderer Stelle bereits ausgeführt, bei der Systematik der Polaritätsverhältnisse nicht um ein Manual zur Zuordnung seelischer Ausdrucksformen und musikalischem Handeln, sondern um ein begriffliches Instrumentarium zur Benennung des Erlebens. Wie dieses Erleben dann in Methoden und Verfahren eingeordnet wird, hängt von der theoretischen Ausrichtung und vom jeweiligen Praxisfeld ab.

Polarität Struktur – Impuls /*verbinden - lösen*

Bindung ist einmal vorhanden, ein anderes Mal wieder nicht. Nähe wird erlebt als Vereinnahmung, Entfernung als Weggestoßen-Werden

Polarität Motiv – Kontinuum /*verdeutlichen - vereinheitlichen*

Unvermutet findet man sich exponiert und ungeschützt; genauso unvorhersehbar wird man wie von einer Welle überrollt, geht in der Menge unter

Diffusion

Polarität Klang – Stille / *erscheinen - vergehen*

Man kann sich nicht sicher sein, ob etwas da ist oder nicht; das Ende eines Geschehens wird von Neuem überlagert

Polarität Struktur – Impuls / *verbinden - lösen*

Die Bindung ist nicht verlässlich. Man kommt von Objekten und Geschehnissen nicht los; man kann nichts mit Bestimmtheit hinter sich lassen

Polarität Motiv – Kontinuum / *verdeutlichen - vereinheitlichen*

Die Figur ist nicht sicher vom Hintergrund zu unterscheiden; man wird vom Boden nicht verlässlich getragen. Es gibt kein sicheres Gefühl des Aufgehobenseins

Die hier skizzierten Extremisierungen sind dem Musiktherapeuten aus seiner Praxis in den unterschiedlichsten Erscheinungsformen und Verknüpfungen mit Symptom- und Leidensgeschichten vertraut. Es handelt sich um Extremisierungen, die aus dem Feld der Vermittlung herausgefallen sind, so dass die darin enthaltene Spannung nicht mehr mit der Wirkung der Belebung oder Steigerung des Ausdrucks zum Tragen kommen kann.

> „Seltsame Stilllegungen überwuchern Privates, Berufliches. Körperliches Wohlbefinden ist erheblich beeinträchtigt. Die musikalische Gestörtheit in der gemeinsamen Improvisation-zu-Zweit *verweist* auf eine Entwicklungsstörung in einer dem Leben übergreifenden Drehfigur (sic!). Entwicklungsstörung bedeutet hier, dass Gestalten sich nicht mehr verwandeln können, dass Gestalten (seelisch gesehen) stumm geworden sind und nicht erreichbar für einen ersehnt gefürchteten Austausch scheinen. Da sind Extreme im Spiel." (Grootaers 2001, 41; Hvbg. Grootaers)

Führen wir uns die Gegenüberstellung von Belastung und Steigerung nochmals vor Augen, so können wir sagen, dass die musiktherapeutische Bemühung darauf zielt, die Ausdrucksformen, die als Belastung auftreten, so zu verwandeln, dass sie als Steigerung wirksam werden können. Gelingt es, den Austausch im Polaritätsgeschehen insgesamt zu beleben, so kann die musikalische Äußerung, die als Belastung auftritt, in das Geschehen integriert werden und zur Steigerung des Ausdrucks beitragen, ohne dass dabei charakteristische Eigenschaften aufgegeben werden müssen, die aus Gründen der Abwehr unverzichtbar erscheinen. Aus dem *Leiden* wird in der musikalischen Beziehung ein *Können*. „Indem wir das in Bewegung bringen und zum Vorschein kommen lassen, was ‚berechtigt' bei Verwandlungen der Wirklichkeit mitwirken wollte, bereiten wir neue Werke vor." (Salber 2001, 43)

Der Musiktherapeut bemüht sich um die Belebung der Polarität insgesamt; dadurch geraten die musikalischen Äußerungen des Patienten in ein verändertes Umfeld; die Notwendigkeit, an der eingeschränkten Spielweise aus Gründen der Abwehr festzuhalten, wird vermindert. Im musikalischen Material ergeben sich neue Beziehungsqualitäten, obwohl sich an der Äußerungsform zunächst nicht viel verändert hat.

Die Schilderung eines musikalischen Experiments in einer Gruppe von Musiktherapiestudenten soll diesen Zusammenhang verdeutlichen.

Ein Spieler in der Patientenrolle entscheidet sich für eine Spielhaltung, die der Extremisierung in einer bestimmten Polaritäts-Achse entspricht. Der zweite Spieler kennt diese Festlegung nicht und reagiert musikalisch aus einer therapeutischen Haltung heraus, d.h. er bemüht sich um Kontakt und eine Belebung des Spiels.

Im geschilderten Fall wählt die erste Spielerin eine Extremisierung der Polaritäten *verbinden – lösen* und *verdeutlichen – vereinheitlichen*, und zwar als Inversion, also als Kippbewegung, als unvorhersehbarer Wechsel zwischen Struktur und Impuls, bzw. Motiv und Kontinuum. Sie beginnt mit regelmäßigen monotonen Schlägen auf einer großen Bass-Schlitztrommel, der Spieler in der Therapeutenposition spielt ein Marimbaphon. Es stellt sich schnell heraus, dass der gleichmäßige, rigide Schlag auf der Schlitztrommel sich nicht als Kontaktangebot im Sinne des *Verbindens* auffassen lässt; sowohl der Versuch, das Gleichmaß zu bestätigen, als auch das Einnehmen der Gegenposition in der Bemühung um Vielfalt führt zu keiner spürbaren Berührung. Der ‚Therapeut' versucht, auf vielfältige Weise, das Spiel in Bewegung zu bringen, zunächst ohne Erfolg. Die ‚Patientin' bricht dann irgendwann die Folge gleichmäßiger Schläge auf der Schlitztrommel ab, wechselt zum Klavier und spielt recht lebendige Melodien, die den ‚Therapeuten' schlagartig vor ganz neue Aufgaben stellen.

Nach einer Weile gibt es einen erneuten Wechsel – wieder zurück zur Schlitztrommel und wieder zurück zur ursprünglichen Spielweise der gleichmäßigen Schläge.

Obwohl die musikalische Struktur im Vergleich zum Anfangsteil kaum verändert ist, bekommt sie jetzt einen gänzlich anderen Charakter: Dem ‚Therapeuten' gelingt es nun, in Kontakt zu den gleichmäßigen Schlägen der Schlitztrommel zu kommen, im Gleichmaß der wiederkehrenden Schläge entsteht die Qualität von Konstanz und Verlässlichkeit. An diesem Verhältnis wird nichts mehr verändert, allerdings bewegt sich die Musik in einem sorgsam ausbalancierten gemeinsamen ‚*diminuendo*' auf den Schluss zu.

In der Reflexion des Spiels unter Beteiligung der beiden Protagonisten und der Zuhörer wird deutlich, dass die Momente des scheinbar unmotivierten Wechsels von einem Pol zum anderen mit einer Schwächung der Abwehr zu tun haben: wenn es spürbar wird, dass die Kontaktbemühungen des Therapeuten doch Erfolge haben könnten, bzw. wenn die Aufrechterhaltung der Abwehr zuviel Energie beansprucht, erfolgt der Wechsel in die andere Modalität. Durch die Bemühungen im Therapeutenspiel hat sich bei der Rückkehr zur anfänglichen Spielweise das Beziehungsfeld verändert. Die musikalische Äußerung der Patientin trifft auf einen anderen Hintergrund. Dass sich im alten Muster der Beziehungsverweigerung eine Erweiterung ergeben hat, wird daran deutlich, dass sich die Patientin auf eine Annäherung und eine gegenseitige Abstimmung innerhalb der Polarität von *erscheinen – vergehen* einlässt, die im gemeinsamen Leiserwerden einen einvernehmlichen Schluss ermöglicht.

Reflektieren wir den Verlauf nochmals unter dem Gesichtspunkt von Belastung und Steigerung, so wird deutlich, dass die Begegnung nicht in der „problematischen" Polarität von *verbinden – lösen,* bzw. *verdeutlichen – vereinheitlichen* möglich wurde, sondern auf der Achse *erscheinen – vergehen.* Der Therapeut ist bemüht, den Austausch der Polaritäten insgesamt in Bewegung zu bringen und vermittelt seine Bereitschaft, auf der Achse in Kontakt zu gehen, die für den Patienten von seiner Abwehrbemühung am wenigsten beeinträchtigt ist – im geschilderten Beispiel war dies die Achse *erscheinen – vergehen* in der Polarität von Klang und Stille.

In diesem und ähnlichen Spielexperimenten wurde erkennbar, dass in der Bemühung des Therapeuten bereits intuitiv, d.h. in der Orientierung an ästhetischen ‚Notwendigkeiten', der Versuch enthalten ist, sich nicht ausschließlich auf den vom Patienten angebotenen Materialbereich zu beziehen, sondern auf den anderen Polaritäts-Achsen nach der Möglichkeit einer Belebung zu suchen. Dabei kommt es zum Teil zu einer Umdeutung des Patientenspiels, das eine Doppelwertigkeit der Bedeutungen zur Folge hat. Der Patient behält die Begrenztheit seiner Spielweise bei, die aus Gründen der

Abwehr zunächst noch unverzichtbar ist; daneben ergibt sich aber im gemeinsamen Spiel die Möglichkeit der Teilhabe an einem umfassenderen Austausch.

Die darin enthaltene Paradoxie kommt zustande, weil die musikalischen ‚Zeichen' eine Mehrfachdeterminierung enthalten, die nicht im Widerspruch zu ihrer Sinnhaltigkeit steht. Die Benennung der Polaritätsverhältnisse verhilft dazu, diese Bedingungen vertiefend zu reflektieren und als musikalische Interventionen nutzbar zu machen.

4.6.2 Handlung und Widerfahrnis

Zwar kommt es darauf an, das Leben selbst zu führen, jedoch auch darauf, diese Führung wieder zu lassen, um sich von Anderen, von den Umständen oder von „der Natur" führen zu lassen.
Wilhelm Schmid

Was ist schon das ‚Ich' des Eigensinns, verglichen mit dem ‚Mir' des Widerfahrnis?
Botho Strauss

Uns überfällt's. Wir ordnen's. Es zerfällt.
Wir ordnen's wieder und zerfallen selbst.
Rainer Maria Rilke

Die Zuschreibungen, die wir durch die Benennungen der Polaritäten im Hinblick auf musikalische und allgemein seelische Inhalte gewonnen haben, sollen im Folgenden noch einmal um eine weitere Blickrichtung erweitert werden. Wir haben bereits davon gesprochen, dass wir uns in der Improvisation als Handelnde in ganz spezifischen Gesten der Äußerung erleben. Gleichzeitig werden wir durch die Musik, durch die Mitspieler und den Verlauf der Improvisation selbst „behandelt"; uns widerfahren Dinge, die wir nicht beabsichtigt haben und die wir nicht voraussehen konnten.

> „Ob wir eine Reise vorhaben, neue Freundschaften oder sogar eine Ehe schließen, ein Haus bauen oder [...] ein Buch schreiben – alle Unternehmungen, wie groß oder klein sie auch sind, setzen voraus, daß wir uns über Ziel, Sinn und Zweck unseres Vorhabens ausreichend im klaren sind. Ist dies geschehen, so entwerfen wir einen Plan und kümmern uns dann um die näheren Umstände und richtigen Mittel. [...] Indessen, kaum begonnen, kann jedes noch so sorgfältig geplante Unternehmen zu einem Abenteuer werden, bei welchem der erste Entwurf gleichsam zum Sprungbrett eines vielleicht nur dunkel geahnten oder bis dahin noch nicht erkannten eigentlichen Zieles wird." (Zielen 1987, 14)

Was hier in der Einleitung zu einem Fachbuch[1] zu einer eher größeren Unternehmung angemerkt wird, gilt in gleicher Weise für die scheinbar

[1] Es handelt sich um ein Buch von V. Zielen zur tiefenpsychologischen Auseinandersetzung mit Psychosen, das den Titel „Psychose und Individuation" hat. Gestaltet sich jede Individuati-

banalen Geschehnisse unserer Alltagserfahrungen. Immer müssen wir damit rechnen, dass wir in unseren Absichten und in unserem Handeln auf Tendenzen treffen, die aus den Eigenarten der Dinge, aus dem Zufälligen und Nichtplanbaren erwachsen. Ganz generell wird unser Erleben bestimmt von dem Wechselspiel unserer Handlungen und dem, was uns widerfährt. *Handlung* und *Widerfahrnis* bilden die Polarität, innerhalb derer wir unsere Absichten verwirklichen und uns mit dem auseinandersetzen, was nicht in unserer Verfügung liegt. Über Gelingen oder Verfehlen ist damit noch nichts gesagt. Zwar geht planvolles Handeln in der Regel mit einer ganz bestimmten Vorstellung über Ziel und Ablauf einher, und oft erscheint uns das Widerfahrnis lediglich als Gefährdung des ursprünglichen Vorhabens. Genauso oft ergibt sich aber aus der Begegnung mit der Widerständigkeit der Objekte eine vertiefende Erfahrung, die das „eigentliche Ziel" erst erkennbar werden lässt.

Dass wir neben unsern Absichten und Handlungen mit der Wirkung anderer mitbestimmender Faktoren zu rechnen haben, wird niemand bestreiten. Umso erstaunlicher ist es, dass es für diesen Umstand keinen gebräuchlichen Terminus zu geben scheint. Der Begriff des „Widerfahrnis" klingt etwas veraltet, wird wenig verwendet und ist vielleicht deshalb, zumindest in der substantivischen Form, nicht einmal im Duden aufgeführt. Der Beispielsatz für das Verb *widerfahren*, den der Duden nennt, lautet „*...mir ist ein großes Unglück widerfahren*". Dies könnte darauf hindeuten, dass wir das Widerfahrnis nur in der Verknüpfung mit Unglück und Scheitern erleben; womöglich steht uns deshalb kein geläufiger Begriff für eine positive Konnotation dieser Dimension unseres Erlebens zur Verfügung.

Dem Denken in Polaritäten würde eine solch einseitige Zuordnung von Widerfahrnis zum Misslingen ganz entschieden zuwiderlaufen. Im Sinne der Polarität ist gerade das, was uns widerfährt, die notwendige und sinnvolle Ergänzung zu unserem absichtsvollen Handeln, und das Widerfahrnis umfasst die Möglichkeit der Erweiterung unserer Absichten genauso wie deren Vereitelung.

Eine dem Widerfahrnis ähnliche Erfahrung lässt sich mit dem Begriff der *Kontingenz* umschreiben. Das, was einem zufällt, was nicht notwendigerweise und nicht vorhersehbar geschieht, bestimmt ebenfalls die Ereignisse und kann dabei den Absichten unseres Handeln entgegen stehen. „So blitzartig, wie er [der Zufall] eine bestehende Wirklichkeit durchkreuzt, konstituiert er eine andere, der das Selbst sich zu fügen hat." (Schmid 2000, 85)

---

on im Spannungsfeld der Dynamik von Handlung und Widerfahrnis, so ist diese im Erlebensbereich der Psychose auf dramatische Weise verändert.

Im Unterschied zum Begriff der Kontingenz bzw. des Zufalls würden wir das Widerfahrnis in einer größeren Nähe zum Handeln ansiedeln; ja, es ist gerade das Handeln selbst und die sich daraus ergebenden Konsequenzen, die die Widerständigkeit der Dinge auf den Plan rufen, während der Zufall auch ohne den direkten Zusammenhang zur Handlung auftritt und das Geschehen bestimmt. Eine kaum mehr erkennbare Vermischung zwischen Handeln und Widerfahrnis ergibt sich in den Gewohnheiten, die unseren Alltag bestimmen. Die Regelmäßigkeit menschlichen Handelns erzeugt Gleiches als Widerfahrnis. Die aus dem eigenen Handeln (und z.T. auch aus bewusster Entscheidung) entstandenen Gewohnheiten verselbständigen sich und gewinnen eine Eigenmächtigkeit in der „Macht der Gewohnheit", die nun dem Subjekt widerfährt. Aktuell erlebt es sich ihnen gegenüber nicht mehr als autonom. Es unterliegt den eigenen Gewohnheiten. Dabei enthalten die Gewohnheiten eine Entlastung von der permanenten Notwendigkeit, Entscheidungen zu treffen; daneben beinhalten sie aber eine Einschränkung der Selbstbestimmung, die besonders bei ‚schlechten' Gewohnheiten und Abhängigkeiten im engeren Sinne offensichtlich wird.[2]

Handlung und Widerfahrnis als Bedingungen der Identität

Im Kap 2.1 wurden Merkmale der Identität bereits unter dem Gesichtspunkt der Polarität beleuchtet. Die Identität eines Menschen fassen wir dabei nicht als statische Größe auf, sondern als ein System in Bewegung; wir gehen von einer Polarität zwischen Identität und Verwandlung aus. Mit der Gegenüberstellung von Handlung und Widerfahrnis gewinnt die Vorstellung der Identität eine weitere Dimension.

Wenn wir es als Aufgabe des Individuums ansehen, die eigene Identität herauszubilden, zu erhalten und umzugestalten, so stellen wir damit vor allem den Handlungsaspekt in den Vordergrund. Identität ist daneben auf verschiedene Weise dem Widerfahrnis ausgesetzt, bzw. sie bildet sich im Spannungsfeld der eigenen Intentionen und Handlungen und dem, was uns begegnet und widerfährt. Zudem wandeln sich die Identitätskonzepte innerhalb der gesellschaftlichen Entwicklung.

„Identitätsarbeit hat als Bedingung und als Ziel die Schaffung von Lebenskohärenz. In früheren gesellschaftlichen Epochen war die Bereitschaft zur Übernahme vorgefertigter Identitätspakete das zentrale Kriterium für Lebensbewältigung. Heute kommt es auf die individuelle Passungs- und Identitätsarbeit an, also auf die Fähigkeit zur Selbstorganisation, zum ‚Selbsttätigwerden' oder zur ‚Selbsteinbettung'". (Keupp 2004, 9)

---

[2] Vgl. Schmid 2000, 32 ff

„Man besitzt Identität nur in bestimmten Situationen und unter anderen, die sie anerkennen." (Krappmann 1969, 35 zit. n. Schneider-Flume 2008, 56) In dieser Definition wird die kontextuale Abhängigkeit der Identität stark betont, das Individuum schafft eigentlich nur Voraussetzungen; deren Wirksamkeiten unterliegen nicht seiner eigenen Verfügung. Die Religionsphilosophin Schneider-Flume plädiert bei der Betrachtung der Identität gegen eine Überbetonung der Handlungsmöglichkeiten und für die Mitberücksichtigung des Widerfahrnis. Ihre Kritik gilt der Überbetonung einer Planbarkeit des Lebens und der damit einhergehenden „Tyrannei des gelingenden Lebens". Sie führt dazu Autoren an, die einen Identitätsbegriff, der auf „zeitübergreifende Einheitlichkeit und Kontinuität" angelegt ist, durch Vorstellungen ergänzen, die das Fragmentarische und Vorläufige der Identität betonen. „Ein Identitätskonzept, das die Entfaltung und Herausbildung einer vollständigen und dauerhaften Ich-Identität anstrebt und für erreichbar hält und das dementsprechend eine starke Ich-Identität für das Merkmal einer gesunden, reifen Persönlichkeit hält und fragmentarische Ich-Identitäten für pathologische Abweichungen, stellt seinerseits eine folgenschwere Verkürzung dar." (Luther 1992, zit. n. Schneider-Flume 2008, 58). Einen Identitätsbegriff zu akzeptieren, der Vorläufiges und Fragmentarisches mit einbezieht, bedeutet, das Widerfahrnis in seiner Bedeutung gegenüber dem Handeln zu emanzipieren.

Im Hinblick auf die Identität stellt Schneider-Flume (wie auch andere Autoren, insb. in der Narrativen Psychologie[3]) der Alternative „Ganzheit oder Fragment" ein Konzept gegenüber, dass die Eingebundenheit des Subjekts in *Geschichten* berücksichtigt. „Innerhalb der Vorstellung eines ‚gelingenden' Identitätskonzeptes" können die „bedrängenden Forderungen nach Kontinuität und Konsistenz erst dadurch ein menschliches Maß gewinnen, dass Menschen in die sie tragende Geschichte hineinerzählt werden. [...] Sie sind nicht zuerst Subjekte, die eine Geschichte haben oder wählen, sondern die auf sie zulaufenden Geschichten begründen sie schon zuvor." (Schneider-Flume 2008, 64) In der Einbindung in Geschichten ist somit eine Entlastung enthalten; die Identität begrenzt sich nicht auf den eigenen Handlungsentwurf, sondern sieht sich in einen größeren Zusammenhang eingebunden, der sie begrenzt aber auch stützt.

---

[3] „Im Grunde sind wir das, was wir uns selbst und anderen erzählen. Unser Leben besteht aus einer wachsenden Zahl von Geschichten, an die wir glauben und die in ihrer Summe unsere Identität begründen.[...] Erlebtes und Erinnertes in Worte zu fassen schärft den Blick für die Einflüsse, die uns formen, für Ursachen und Wirkungen, für größere Zusammenhänge." (Ernst 2002, 20)

Handlungskonzepte, in denen Widerfahrnis einen Platz hat, entlasten das Individuum vom Druck einer übergroßen Verantwortung für das „gelingende Leben", die sich aus der ausschließlichen Ausrichtung auf das eigene Handeln ergibt. Die Improvisation stellt ohne Zweifel ein solches Handlungskonzept dar, da sich in der polaren Ergänzung des musikalischen Materials die beiden Positionen Handlung und Widerfahrnis in einem beweglicheren Austausch erleben lassen, als dies in vielen Alltagserfahrungen der Fall ist. „Die alltägliche Identitätsarbeit muss von Geschichten ursprünglichen Zuspruchs unterbrochen werden, um Menschen durch Relativierung des Identitätsproblems von der Tyrannei des gelingenden Lebens zu befreien." (Schneider-Flume 2008, 69) Als Theologin nimmt Schneider-Flume bei den Geschichten „ursprünglichen Zuspruchs" vor allem die Religion mit ihren Überlieferungstexten in den Blick. Es sind aber auch andere Quellen und Situationen dazu geeignet, die entlastende Wirkung der Geschichte spürbar zu machen; wir beziehen uns dabei auf künstlerische Formen, und damit auf bild- und inhaltsentlastete „Geschichten", wie sie auch in der Improvisation zugänglich werden.

Handlung und Widerfahrnis in künstlerischer Formenbildung

Ganz generell sehen wir die Improvisation als eine Äußerungs- und Kommunikationsform an, in der das Verhältnis von Handlung und Widerfahrnis in einer anderen Gewichtung erlebt wird als in den gewohnten Beschäftigungen des Alltags. Die Möglichkeit zur Begegnung mit dem, was uns außerhalb unserer Absichten widerfährt, lässt sich als Wesensmerkmal der Improvisation ansehen, wie auch die Kunst ganz allgemein ein anderes Verhältnis zum Widerfahrnis unterhält als es in unserer Alltagskultur oder gar im Zusammenhang technischer Systeme der Fall ist.[4] Die Einbeziehung des Zufälligen, die Emanzipation des Materials gegenüber den Absichten des Künstlers stellt in verschiedenen Ansätzen künstlerischer Technik ein bestimmendes Prinzip dar: im Bereich der Musik in der Technik der *Aleatorik* und der *Seriellen Musik*; im *action painting*, in Konzepten des *Fluxus* und der *Performance* innerhalb der Bildenden Kunst, und in der Technik der *écriture automatique* in der Literatur.

Aber auch außerhalb einer ausdrücklichen Konzeptualisierung des Zufälligen ist die Gewichtung von Handlung und Widerfahrnis in der künstle-

[4] Mit den besonderen Eigenschaften der Improvisation im Hinblick auf Handlung und Widerfahrnis beschäftigt sich umfassend Jochen Wagner in seiner Dissertation „Improvisation als widerständige Aneignung" (Wagner 2009).

rischen Tätigkeit gegenüber der Alltagstätigkeit zugunsten des Widerfahrnis verschoben. Was dem Künstler von der Materialseite her begegnet, ist nicht nur das zu überwindende Hindernis, sondern wird zu einem Gegenüber, das den Schaffensprozess mitbestimmt. Es gibt Schriftsteller, die davon berichten, dass Romanfiguren, wiewohl vom Autor ausgedacht, ein Eigenleben entfalten und die Handlung des Romans dirigieren, so dass der Autor zwar Urheber des Geschehens bleibt, sich daneben aber einer Verpflichtung unterworfen fühlt, die aus der partiellen Autonomie seiner Figuren erwächst.

Als das literarische Beispiel schlechthin für die Polarität von Handlung und Widerfahrnis kann man die Odyssee ansehen, in der das Wechselspiel zwischen der Absicht der Heimkehr und den stets neuen, unfreiwilligen Erweiterungen der Reise die Geschichte in Gang hält und damit so etwas wie die allgemeine Metapher des Widerfahrnis bildet.

Die Möglichkeit, sich auf ein beweglicheres, spannungsreicheres Wechselspiel der beiden Pole Handlung und Widerfahrnis einzulassen, als dies in unseren Alltagserfahrungen Platz hat, ist für die künstlerische Tätigkeit bestimmend. So gehört es zur Technik der Annäherung an ein Werk, den Pol des absichtsvollen Planens in einen beweglichen Austausch mit dem Gegenpol des Widerfahrnis zu bringen. Eine Komposition wird dabei zum „Versuch einer paradoxen Synthese von Prägnanz und Unvorhersehbarkeit" - eine Formulierung, mit der Aspekte des Komponierens beschrieben werden (Frisius 1994, 36[5]). Das Werk tritt dabei für den Komponisten wie ein gleichberechtigtes Gegenüber auf; damit entfällt die Möglichkeit der durchgängigen Planung. „Ich glaube [...], daß das Quartett, das hier entsteht, die *Suche* nach einem Quartett ist; die Suche nach einem Streichquartett-Ton, nach einem Streichquartett-Verlauf ist, den es nicht findet und deswegen unbefriedigt immer weiter irrt. Das gibt diesen Tonfall des [...] ständigen Diskurses, des Abarbeitens an sich und seiner immer ferner rückenden Idee, je hastiger und fordernder es der Idee hinterher folgt; ihr manchmal nicht auf die Fersen, sondern auf den Leib rückt [...]." (Rihm, zitiert nach Frisius 1994, 35; Hvbg. M.D.) Musikstücke sind für den Komponisten Rihm nicht „Konstrukte", sondern „Lebewesen, Ansprechpartner." [...] In der Formulierung „Ich werde angesungen von der Komposition, komme in Schwingungen" (Rihm 1999) haben wir eine eindrückliche Metapher für den Austausch zwischen Handeln und Widerfahrnis, zwischen „Prägnanz und Unschärfe" (Weymann 2004, 18).

---

5 ...über den Komponisten Wolfgang Rihm.

Handlung, Widerfahrnis und Krankheit

Eine Krankheit ist von einem subjektiv veränderten Erleben von Handlung und Widerfahrnis gekennzeichnet. Was für jede Erkrankung zutrifft, gilt im Besonderen für psychische Krankheiten. Die Verunsicherung im Weltbezug, die Irritation in der Wahrnehmung und in der Kommunikation haben damit zu tun, dass Erfahrungsbereiche, die im gesunden Erleben ganz eindeutig im Feld der eigenen Handlungsfähigkeit liegen, in der psychischen Erkrankung durch das Erleben des Widerfahrnis überlagert werden. Verunsichernd wirken sich hierbei nicht nur die Inhalte der Erfahrung aus, vielmehr liegt die Irritation bereits in der Verschiebung, die darin besteht, dass das gewohnte und vertraute Erleben der eigenen Autonomie sich nun als trügerisch oder als nicht mehr auffindbar herausstellt.

„Gesundheit und Krankheit sind *Widerfahrnis* im Leben. […] Der Begriff Widerfahrnis weist darauf hin, dass auch Gesundheit und Krankheit dem Einzelnen zukommen, weitgehend ohne sein Zutun". Widerfahrnis „verweist also wiederum auf die Erfahrung von Passivität im Leben, mit der Menschen, die ausschließlich auf Selbstbestimmung ausgerichtet sind, so schwer umgehen können." (Schneider-Flume 2008, 82; Hvbg. Schneider-Flume) Dass uns beides begegnet, ist dabei unabweisbar, weil wir unser Leben nicht nur auf die Erfahrung der Gesundheit begrenzen können. „Jeder, der geboren wird, besitzt zwei Staatsbürgerschaften, eine im Reich der Gesundheit und eine im Reich der Kranken. Und wenn wir alle es auch vorziehen, nur den guten Ruf zu benutzen, früher oder später ist doch jeder gezwungen, wenigstens für eine Weile, sich als Bürger jenes anderen Orts auszuweisen." (Sontag, 2003, 9)

Besonders bei absehbar unheilbaren Krankheiten gilt es, mit dem umfassendsten Widerfahrnis, das für den Menschen denkbar ist, zurechtzukommen: „So ist denn auch die schleichende Gewisswerdung des nahen Endes neben dem Ertragen all der körperlichen Leiden die Hauptaufgabe für den Patienten und stellt sein ‚Verschmerzen' dar. Dieses Verschmerzen ist ein doppeltes, heißt es doch einerseits, überhaupt erst einmal in den Schmerz hineinzugehen, wie andererseits, ihn einzuschließen, Narben zu bilden, da wo der letzte Weg allein gegangen werden muss." (Seidel 2005, 11) Die in diesem Zitat enthaltene Metaphorik bezieht sich auf ein Gedicht von Rose Ausländer mit dem Titel „Verschmerzen", das Seidels Buch über die Musiktherapie in der Krebsbehandlung den Titel gibt und dem es als Motto vorangestellt ist.

Mit dem Bild der ‚Narbenbildung' wird aber auch ein Gedanke angesprochen, der das Verhältnis von Handlung und Widerfahrnis als Polarität beschreibt. Ein Widerfahrnis setzt das Handeln nicht außer Funktion, sondern erfordert eine neue und umfassendere Art des Handelns; im Hinblick auf das nicht zu hintergehende Widerfahrnis einer schweren oder tödlichen Erkrankung ist das Handeln im Sinne einer neuen Einstellung zum Verhältnis von Leben und Tod gefordert. Die Erklärungskonzepte für das Entstehen der Krankheit, mit denen sich der Patient konfrontiert sieht, spielen dabei eine wichtige Rolle. Psychologisierende Erklärungen, die dem Patienten zum Beispiel bei einer Krebserkrankung einen Hauptteil der Verantwortung zuschreiben (wie in der Benennung einer sog. Krebspersönlichkeit), erschweren es sicherlich, zu einem ausgewogenen Verhältnis von Handlung und Widerfahrnis zu kommen.[6]

Der veränderten Gewichtung von Handlung und Widerfahrnis im Erleben der Krankheit kommt die Musik mit ihren charakteristischen Eigenschaften entgegen. In der musikalischen Kommunikation verläuft die Grenze zwischen den beiden Polen an anderer Stelle als im Alltagserleben; zum einen ist die Grenze nicht so scharf konturiert, zum anderen ermöglicht die Musik ein größeres Maß an paradoxer Gleichzeitigkeit und stellt so einen Raum zur Verfügung, in dem das Individuum sich von der erlittenen Verunsicherung erholen und, im günstigen Fall, neue Handlungsentwürfe entwickeln kann.[7]

Im Erleben von Handlung und Widerfahrnis ergibt sich für die Improvisation ein Aspekt ihrer therapeutischen Relevanz: gegenüber der Alltagserfahrung ist das Verhältnis von Bestimmen und Bestimmt-Werden verändert; gleichzeitig bilden sich in der Beziehung und im Verlauf der Improvisation Strukturierungen der Lebensmethode ab, die unter dem Blickwinkel der Polarität von Handlung und Widerfahrnis ihr Veränderungspotenzial entfalten können.

Handlung und Widerfahrnis als Polarität im musikalischen Material

Aus der Polarität von Handlung und Widerfahrnis ergibt sich also eine weitere Perspektive auf die Improvisation; sie wird im Folgenden im Hinblick auf das musikalische Material dargestellt. Grundsätzlich gilt auch hier,

---

[6] Ähnliches gilt für psychische Erkrankungen; die in einer volkstümlichen Einschätzung aufzufindende Bewertung, dass eine seelischen Erkrankung vor allem auf Fehlhaltungen des Betroffenen zurückzuführen sei, reicht bis weit in den professionellen und institutionellen Raum hinein. Vgl. hierzu auch Sontag 2003.

[7] Erinnert sei an dieser Stelle nochmals an die Sequenz, die im Kapitel 4.5.2 geschildert wurde; sie handelte von der Entstehung eines Rhythmus im diffusen Raum zwischen „gefunden" und „gemacht" (s. S. 169).

dass der Austausch zwischen den Polen die Voraussetzung eines lebendigen Geschehens ist, während Handlung und Widerfahrnis bei eingeschränkter Formenbildung nur als sich einander ausschließende Qualitäten gelebt werden können.

Das Achsenschema der drei musikalischen Dimensionen wird jeweils unter dem Aspekt von Handlung und Widerfahrnis aufgefächert; dies führt zu einer Strukturierung, mit der wir weitere Bedeutungsinhalte der Improvisation unterscheiden und benennen können. Für die Einschätzung einer Improvisation ist es jeweils von Belang, wie wir das Bedingungsverhältnis der Position „Handlung" *(ich bewirke)* im Ausgangspol zur Position „Widerfahrnis" *(mir geschieht)* im Gegenpol erleben.

Für die Melodische Dimension ergibt sich die folgende Darstellung:

Motiv / *verdeutlichen*			Kontinuum / *vereinheitlichen*	
Widerfahrnis *mir geschieht*	Handlung *ich bewirke*		Widerfahrnis *mir geschieht*	Handlung *ich bewirke*
sich unterscheiden		Inhalt	übereinstimmen	
exponiert sein, (von allen) gehört oder gesehen werden	in den Vordergrund treten, Betonungen setzen, Einzelheiten hervorheben	Explikation	aufgesogen werden, hineingezogen werden; Einzelnes wird überlagert	vermischen, eintauchen, anderes umhüllen, Unterschiede angleichen

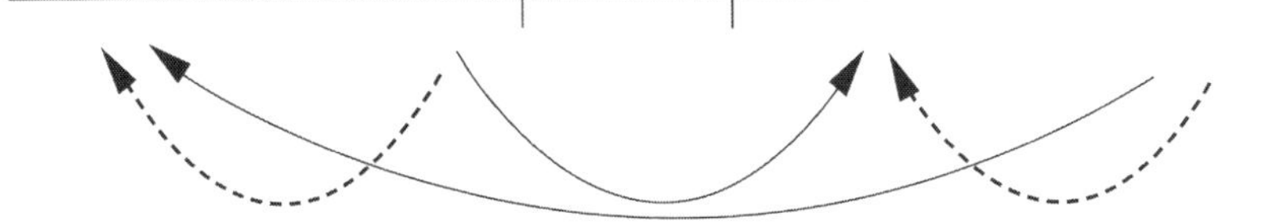

Abb. 21: Handlung und Widerfahrnis, Melodische Dimension

Es gibt zum einen den Zusammenhang zwischen den beiden Positionen innerhalb eines Pols (Pfeil mit gestrichelter Linie). In diesem Beispiel (obenstehende Tabelle): *in den Vordergrund treten* bewirkt *exponiert sein.*

Zum anderen gibt es aber auch ein Bedingungsverhältnis, das von der Position des Gegenpols her gesehen ist (durchgehender Pfeil). In diesem Beispiel: Die Aktivität von *Unterschiede angleichen* ist Mitbedingung für *exponiert sein.* So ermöglicht und bewirkt beispielsweise, wie schon erwähnt, die Vereinheitlichung der Zuhörer in der schweigenden Aufmerksamkeit die Abhebung und Verständlichkeit der Rede.
Die Aktivität von *betonen, hervorheben* ist Mitbedingung für die Position *hineingezogen werden, Überlagerung von Einzelnem.* Habe ich mich *für* eine Handlungsmöglichkeit entschieden, so fällt damit auch gleichzeitig eine Entscheidung *gegen* die verbleibenden Alternativen; ihnen „widerfährt" damit, dass sie im Bereich der nicht realisierten Möglichkeiten verbleiben.

Auf die Klangliche Dimension von *erscheinen – vergehen* angewendet, finden sich in der Polarität von Handlung und Widerfahrnis die folgenden Inhalte:

Klang / *erscheinen*			Stille / *vergehen*	
Widerfahrnis *mir geschieht*	Handlung *ich bewirke*		Widerfahrnis *mir geschieht*	Handlung *ich bewirke*
Anfang		Inhalt	Ende	
es setzt sich (mit mir) in Bewegung; es beginnt *geboren werden*	etwas in Gang setzen, sichtbar machen auftreten *zeugen, gebären*	Explikation	es hört auf angehalten werden *sterben*	beenden, abschließen etwas vollenden *(sich) töten*

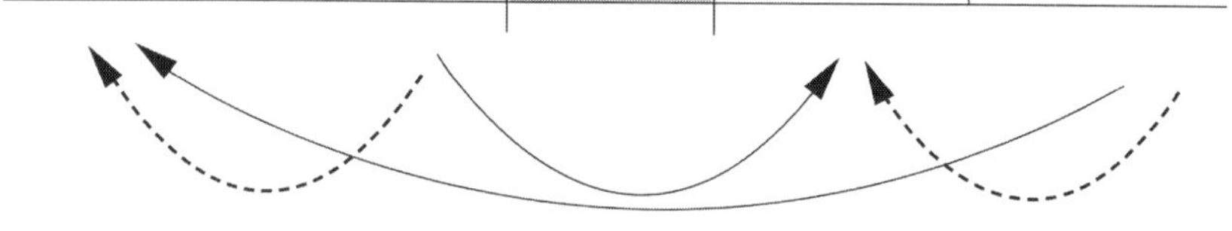

Abb. 22: Handlung und Widerfahrnis, Klangliche Dimension

Auch in dieser Tabelle (*erscheinen – vergehen*) lassen sich einige der verschiedenen Bedingungsverhältnisse darstellen. Dabei gehen wir jeweils von der Handlungsposition aus (*ich bewirke)* und untersuchen die Auswirkungen auf die Gegenposition der Widerfahrnis (*mir geschieht*) – jeweils innerhalb des Ausgangspols und im Austausch zum Gegenpol.[8]

Bezogen auf die Polarität von *erscheinen – vergehen* stellen sich die Zusammenhänge zum Teil als so selbstverständlich dar, dass man sie gar nicht erwähnen müsste: Wenn ich etwas in Gang setze, dann kommt etwas in Bewegung; zu zeugen oder zu gebären hat die Konsequenz, dass jemand geboren wird etc. – in dieser Formulierung eigentlich eine Tautologie. Interessant wird der Zusammenhang allerdings, wenn die Bewegung zwischen den Positionen vermieden oder verleugnet wird, oder dann, wenn die Konsequenz nicht ertragen oder nicht in den Kreis der Lebensmöglichkeiten integriert werden kann, wenn die Gleichzeitigkeit von Handlung und Widerfahrnis, die in allen Tätigkeiten enthalten ist, außer Kraft gesetzt wird.

Wir wirken auf die Dinge ein, aber die Dinge haben auch eine Wirkung auf uns. Die Aneignung hat stets auch mit Widerständen zu tun, mit deren Wirkung wir uns auseinandersetzen müssen. So differenziert Bollas die Selbsterfahrung, die sich aus dem Umgang mit Geschehnissen und Objekten ergibt, nach dem unterschiedlichen Grad der Einwirkung auf das Subjekt (Bollas 2000, 34); in der Terminologie der Polarität könnten wir sagen, dass Unterschiede im jeweiligen Verhältnis von Handlung und Widerfahrnis aufzufinden sind. Die Position des Erlebens verschiebt sich in Bollas' Kategorisierung von der Seite der Handlung („Ich gebrauche das Objekt") hin zum Widerfahrnis („Das Objekt wirkt auf mich ein."), weiter über eine Vermischung der beiden Positionen („Ich verliere mich in der Selbsterfahrung") schließlich zu einer Integration („Ich betrachte das Selbst als Objekt") (Bollas 2000, 35).

Zu einer intensiven Erfahrung gehört es demnach auch, zumindest zeitweilig die genaue Abgrenzung zwischen Handeln und Widerfahrnis aufgeben zu können. „Es ist nicht mehr möglich, zwischen einem Subjekt zu unterscheiden, das von einem Objekt Gebrauch macht [...], und einem Subjekt, auf das ein Objekt einwirkt." Sowohl der „frühere Selbstzustand als auch die einfache Integrität des Objekts haben sich in der Erfahrungssynthese wechselseitiger Einwirkung ‚aufgelöst'." (Bollas 2000, 35)

---

[8] Es würde die Verästelungen zu sehr ausdehnen, wenn wir die ergänzende Blickrichtung von der anderen Seite hinzufügen würden, also danach fragen, welche Auswirkungen vom Erleben des *Widerfahrnis* in der Interaktion sichtbar werden. Im Erleben von Beziehungssituation hat dies jedoch durchaus eine Relevanz. Verharrt jemand zum Beispiel unbeweglich in der Position des *mir geschieht*, so weist er seinem Gegenüber damit die Handlungsposition (*bewirken*) zu – so wie es in der Festschreibung einer Opfer-Täter-Konstellation oder in einer sado-masochistischen Kollusion der Fall ist.

Die von Bollas skizzierte Schrittfolge lässt sich in der Sprache der Polaritätsverhältnisse als die je unterschiedliche Dynamik im Austausch der Pole Handlung und Widerfahrnis beschreiben. Lebendiges Geschehen setzt dabei zweierlei voraus: die Unterscheidung der Pole zu gewährleisten, sowie die Fähigkeit, zeitweilig ihre Vermischung und paradoxe Gleichzeitigkeit zuzulassen.

Die Sicht auf die Polarität von Handlung und Widerfahrnis ergibt also ein jeweils unterschiedliches Verhältnis im Umgang mit Geschehnissen und Objekten, seien dies Mitmenschen oder die Gegenstände des täglichen Lebens. *„What goes up, must come down"* – so ließe sich lakonisch der Zusammenhang von Handlung und Widerfahrnis bezogen auf die Polarität von *erscheinen – vergehen* in der folgenden Version bezeichnen: Etwas in Gang zu setzen bedingt auch, dass sich das Projekt von mir entfernt, dass es anderen Einwirkungen als denen meiner Handlung und Verfügung unterworfen ist, und dass es eines Tages wieder vergehen wird.

Für die Polarität *erscheinen – vergehen* ergibt sich in der Gegenüberstellung von Handlung und Widerfahrnis eine veränderte Gewichtung der Positionen von *aktiv* und *passiv*. Bezogen auf die Aktivität des Musikmachens gehen wir im Allgemeinen von der inhaltlichen Entsprechung des *Klangs* zur Aktivität aus, während wir der Stille eher die Passivität zuordnen werden. Im Sinne der Polaritätsverhältnisse verschiebt sich diese Aufteilung; wir müssen beide Bereiche, sowohl den Klang als auch die Stille jeweils unter dem Aspekt von Aktivität und Passivität, von Handeln und Widerfahrnis ansehen.

In der noch ausstehenden Rhythmischen Dimension mit der Polarität von Struktur und Impuls ergeben sich in der Gegenüberstellung von Handlung und Widerfahrnis die folgenden Inhaltsbereiche (s.u.):

Struktur / *verbinden*			Motiv / *lösen*	
Widerfahrnis *mir geschieht*	Handlung *ich bewirke*		Widerfahrnis *mir geschieht*	Handlung *ich bewirke*
Nähe, zusammen sein		Inhalt	Distanz, für sich sein	
mitgenommen werden, einbezogen werden, *„jemand kommt in meine Nähe"*	auf jemanden zugehen, für Nähe sorgen, für Kontinuität sorgen	Explikation	verlassen werden, in Ruhe gelassen werden, freigelassen werden *„man rückt von mir ab"*	weggehen, einen Zwischenraum entstehen lassen, auseinander bringen, jemanden abweisen

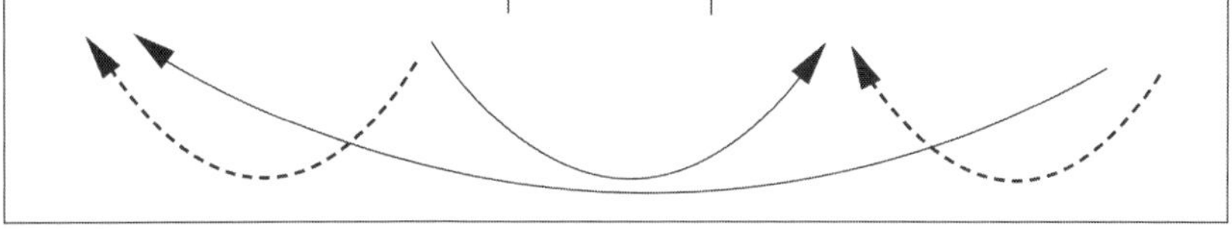

Abb. 23: Handlung und Widerfahrnis, Rhythmische Dimension

Fassen wir den Zusammenhang von Handlung und Widerfahrnis als Polarität auf, können wir ein Gefüge wechselseitiger Bedingungen beschreiben, das unser Handeln bestimmt. Ordnen wir dem musikalischen Geschehen die beiden Pole Handlung und Widerfahrnis zu, so ergibt sich ein zusätzlicher Blickwinkel, aus dem heraus Verlauf und Erleben in der Improvisation benennbar werden und sich den Alltagserfahrungen und einer psychologischen Kategorisierung zuordnen lassen.

4.6.3 Anwendungsbeispiele Eingeschränkte Polarität im musikalischen Material: Auswirkungen und Kompensationsmodelle

Musik schafft Ordnung aus dem Chaos: Denn der Rhythmus bringt das Auseinanderstrebende zur Einmütigkeit, die Melodie setzt das Zusammenhanglose in Zusammenhang, und die Harmonie macht das Unverträgliche verträglich.
Yehudi Menuhin

Die Beziehung zu einem Grundton wurde immer lockerer. Dadurch ist der Zustand eingetreten, dass man den Grundton schließlich streichen konnte.
Anton Webern

In der musiktherapeutischen Behandlung versuchen wir, aus der musikalischen Gestaltung Merkmale einer Lebensmethode mit ihren charakteristischen Veränderungen und Verkehrungen abzulesen; erkennbar werden sie in „gestörten Polaritäten", die sich in der Musik zeigen.

Wir gehen davon aus, dass diese Verkehrungen auch allein im musikalischen Material ablesbar sind; d.h. wir gewinnen durch die Musik einen Eindruck, der Rückschlüsse zulässt auf die Probleme, die der Spieler in seiner Lebensgestaltung hat. In der aus der Morphologischen Psychologie entwickelten Systematik von „Beschreibung und Rekonstruktion" ist dieser Zusammenhang wissenschaftlich durchgearbeitet; wir haben in der Systematik ein Instrument zur Verfügung, das in der Praxis gute Dienste leistet, wenn es darum geht, das Erleben in der Musik im Hinblick auf Diagnostik, Verlaufsplanung und Evaluation zu untersuchen.[1]

Neben den Verkehrungen gibt es in der Musik aber auch Lösungsversuche und Kompensationsbemühungen. Das musikalische Material ist, wie andere seelische Ausdrucksformen auch, bis zu einem gewissen Grad veränderbar, Funktionen können sich gegenseitig ‚vertreten'; Verschiebungen sind möglich, die, trotz der bestehenden Einschränkungen und Vereinseitigungen, ein Mindestmaß an Ausdruck und Kontakt zulassen, und darin

[1] Vgl. Tüpker 1996, 70 f; Weymann 1996, 61 f

dem Therapeuten einen Eindruck von Leiden und Können in der Lebensmethode des Patienten ermöglichen.

Im Folgenden wollen wir einige der Verkehrungs- und Verschiebungsmöglichkeiten, sowie die auftauchenden Kompensationsversuche untersuchen; wir haben dabei wiederum das musikalische Material mit den entsprechenden Polaritäten im Blick. Die Benennung der Polarität erlaubt es uns jeweils, die spezifischen Verwandtschaften im musikalischen Material aufzuspüren, die es verstehbar machen, warum ein Spieler z.B. von einer rhythmischen Figur nicht mehr lassen kann oder warum es dem Therapeuten nicht gelingt, in Kontakt zum Melodiespiel eines Patienten zu kommen.

Zunächst ein Bespiel aus dem Bereich der Melodischen Dimension.

Im Melodiespiel einer Patientin (das wir der Polarität *verdeutlichen – vereinheitlichen* zuordnen) finden sich keine Abschnittbildungen, keine Gliederungen, keine Phrasierungen. Die Patientin spielt endlose Melodielinien in einem begrenzten Tonraum, die in sich unstrukturiert, scheinbar endlos, und bis auf kurze Stockungen gleichmäßig verlaufen. Dem Pol *vereinzeln* fehlt die unterstützende Funktion des Gegenpols *vereinheitlichen*. Es gibt keinen Rückhalt im Kontinuum. Die Zufuhr muss allein innerhalb der Gestaltungsmöglichkeiten der Qualität *vereinzeln* gefunden werden. Innehalten und Unterbrechungen sind nicht möglich. In den Lücken, die sich ergeben könnten, wird kein tragender Grund spürbar, sie lassen vielmehr einen Absturz in die Leere befürchten und werden daher vermieden. Das Spiel der Patientin hört in der Regel irgendwann ohne vorhersehbare Anzeichen abrupt auf. Der Therapeutin ist es nicht möglich, zu diesem Spiel Kontakt aufzubauen. Ihre Versuche, sich mit ähnlichen Melodiebögen bemerkbar zu machen, stoßen auf kein Echo.

Durch das Auftauchen der Melodiebögen wird unsere Aufmerksamkeit zunächst auf die Polarität von *verdeutlichen – vereinheitlichen* gelenkt. In der geschilderten Szene ist aber ein Kontakt im musikalischen Material dieser Achse nicht möglich. Dass hat damit zu tun, dass das motivische Material nicht als Beziehungsangebot verwendet wird, sondern zur Abwehr des Kontaktes benutzt wird. Es stellt sich nun die Frage, wie die anderen Achsen verändert sind und welche Rolle sie innerhalb dieser musikalischen Struktur spielen. In den endlosen Melodiebögen spiegelt sich ein reduzierter Austausch der Achse *erscheinen – vergehen*, genauer gesagt eine Extremisierung in Richtung *erscheinen* im Sinne der *Separation*, bzw. der *Inversion*.[2] Die Polarität von *verdeutlichen – vereinheitlichen* ist damit ebenfalls extremisiert und zwar im Sinne der Diffusion.

[2] Vgl. Kap. 4.6.1

Dass es in der beschriebenen Spielweise schwierig ist, einen Kontakt entstehen zu lassen, ist nahe liegend. Das Spiel ist zudem mit einer großen Spannung verbunden, weil eine Ambivalenz aufrechterhalten wird: einerseits gibt es das vermeintliche Angebot einer Beziehung, das im motivischen Material eigentlich enthalten ist, andererseits gibt es die Tendenz, Beziehung und Kontakt nicht wirksam werden zu lassen.

Die Melodiebögen haben im Verlauf eines solchen Spiels die Tendenz, hermetischer zu werden; Unterbrechungen werden immer weniger zugelassen, um die Abwehr gegen die Kontaktversuche im Therapeutenspiel aufrechtzuerhalten. Der Austausch zwischen *verbinden – lösen* wird dadurch ebenfalls reduziert in Richtung einer stärker werdenden Fixierung.

Der Schluss eines solchen Spiels entsteht dann in der Regel aus einer Ermüdung heraus, wie in einer Umkippbewegung in den Pol *vergehen* hinein.

Manchmal erschreckt das abrupte Ende den Spieler selbst und führt zu dem Versuch, die Plötzlichkeit wieder auszugleichen. Aus Behandlungssituationen kennen wir eine Spielweise, die wie der Versuch einer Beschwichtigung wirkt: so wird z.B. auf dem Xylophon eine Glissandobewegung einige Male über sämtliche Töne geführt; damit scheint das Geschehene wieder ausgelöscht oder in seiner Wirkung abgemildert zu werden. Beim Spiel auf anderen Instrumenten, die eine solche Bewegung nicht ermöglichen, kann der Ausgleich für den plötzlichen und unorganischen Schluss auch in einer außermusikalischen Geste erfolgen. Ein Achselzucken, eine wegwerfende Bewegung der Hände oder eine selbstentwertende Bemerkung haben dann eine ähnlich distanzierende Bedeutung wie die Glissandobewegung.

Die an das Melodiespiel angehängte Glissando-Geste kann man als eine undifferenzierte Ausprägung des bisher vermiedenen Gegenpols *vereinheitlichen* auffassen. Im Glissando werden die einzelnen Töne vermischt, der Klangaspekt des Instruments tritt damit in den Vordergrund; allerdings fehlt dieser Aktion die notwendige Dauer, um dem Klang zu einer eigenständigen Wirkung im Sinne des Kontinuums zu verhelfen. So wirkt sich das Auftauchen des Gegenpols nicht als Ergänzung des bisherigen Spiels aus. Der Gegenpol (*vereinheitlichen*) bleibt vielmehr isoliert vom Ausgangspol (*vereinzeln*) und nimmt dadurch dem bisherigen Geschehen eher noch von seiner Bedeutung.

Der beschriebene Austausch der Achse *erscheinen – vergehen* hat Auswirkungen auf die anderen Polaritäts-Achsen. Das Zusammenspiel der Achse *verbinden – lösen* ist ebenfalls reduziert und zeigt eine Überbetonung des Pols *verbinden*. Das verhilft zwar dazu, das Spiel in Gang zu halten, jedoch nur mit großen Einschränkungen: die Sinnfälligkeit der Melodie ist gestört, der Kontakt im Zusammenspiel ist nur eingeschränkt möglich. Die Geschichtlichkeit des Verlaufs wird aufgehoben: was zuvor gewesen ist, wird durch die Beliebigkeit des Weitergehens in seiner möglichen Bedeutung wieder negiert.

Das Auftauchen des Pols *lösen* (Polarität *verbinden – lösen*) muss vermieden werden, weil das Gefüge nicht beweglich genug ist, um zwischen der Bedeutung von *lösen* und *vergehen* zu unterscheiden. Die belebende und verändernde Kraft eines Impulses ist im Erleben nicht abzugrenzen von einer gefürchteten Veränderung; diese muss abgewehrt werden, weil sie mit einer ausschließlich negativ konnotierten Erfahrung des Vergehens und der Befürchtung eines vollständigen Verlustes verknüpft ist.

Eine beziehungswirksame motivische Äußerung im Sinne des *verdeutlichen* dagegen würde es erlauben, als Mitspieler entweder mit einem Kontinuum zu reagieren, oder dem Spiel als Dialogpartner mit eigenen motivischen Formen gegenüberzutreten. Beides ist jedoch hier nicht möglich. Aus dem Schema der Polaritätsachsen lässt sich vielmehr die Vermutung ableiten, dass es sich um eine Problematik im Austausch der Pole *erscheinen – vergehen* handelt.

Im Sinne dieser Annahme wurde innerhalb einer Supervisionssituation nun versucht, mit einer musikalischen Intervention auf die beschriebene Spielweise zu reagieren; also von der Polarität *erscheinen – vergehen* her auf das Spiel einzuwirken.

> Die Musiktherapeutin, die das Fallbeispiel vorgestellt hat, übernimmt den Part der Patientin; sie spielt die endlosen Melodiebögen auf dem Klavier, die ihr aus der Therapiesituation leidvoll bekannt sind. Eine zweite Supervisionsteilnehmerin übernimmt die Rolle der ‚Therapeutin'; sie hört dem Spiel eine Weile zu und wählt dann eine Klangschale und ein Streichpsalter. Abwechselnd spielt sie auf den beiden Instrumenten, die sich mit ihren eher zarten Klängen gegenüber den abweisenden Klavierlinien nicht bemerkbar machen können. Bei ihrem Versuch, hörbar zu werden und in Kontakt zu kommen, bekommt die ‚Therapeutin' ein Gefühl großer Hilflosigkeit zu spüren.
>
> Als das Klavier, wie es dem Spiel der realen Patientin entspricht, plötzlich abbricht, spielt die ‚Therapeutin' weiter; die Klänge von Psalter und Klangschale kommen und gehen; diese Phasen gehen noch eine Weile weiter, ehe auch sie ihr Spiel beendet. In der Position der ‚Patientin' wird nun spürbar, dass im Kommen und Gehen der Klänge Aufmerksamkeit und Interesse geweckt werden; während die ‚Patientin' den Klängen zuhört, entsteht zum ersten Mal die Möglichkeit, ihr Gegenüber wahrzunehmen.

Die ‚Therapeutin' hat mit ihrem Spiel die Autonomie der Polarität von *erscheinen – vergehen* deutlich gemacht. Ihr Spiel war nicht den Begrenzungen der Pseudomelodien des Klaviers unterworfen, sondern repräsentiert die Existenz eines eigenständigen Gegenübers. In der anschließenden Reflexion des Geschehens wird deutlich, dass sich im Gefühl des Nichtgehört-Werdens gegenüber den hermetischen Melodiebögen etwas vom Beziehungserleben der Patientin spiegelt, die sich in ihrem Beziehungsgefüge nicht beachtet und in ihren Bedürfnissen nicht wahrgenommen fühlt.

Verschiebungen und Stellvertretungsverhältnisse zwischen den Polaritäts-Achsen

Wie bereits erwähnt, lässt sich in der Verwendung des musikalischen Materials eine Art Stellvertreterverhältnis erkennen, in das die einzelnen Achsen zueinander treten. Besteht gegen die Erlebensinhalte einer Polarität eine zu große Abwehr, führt das zu dem Versuch, in einer anderen Achse zumindest ansatzweise einen Ersatz für den abgewehrten Inhalt zu finden. Auch dazu ein Beispiel:

> In der seelischen Strukturierung eines Patienten besteht eine starke Abwehr gegenüber den Erlebensqualitäten, die mit dem Pol *vereinheitlichen* zu tun haben. Die Abwehr richtet sich gegen die Angst, im Kontinuum zu verschwinden, nicht mehr zum eigenen ‚Motiv' zurückzufinden. Das Bedürfnis nach dieser Qualität lässt sich aber nicht einfach auslöschen. In der Musik gibt es nun Kompromissversuche; die direkte Äußerung des *vereinheitlichen* wird zwar vermieden, das zugrunde liegende Bedürfnis nach Nähe und Verschmelzung wird jedoch in einer anderen musikalischen Dimension aufgesucht. Hierzu bietet sich die Polarität *verbinden – lösen* an, mit der Betonung des Pols *verbinden*. Im Spiel wird versucht, in der Qualität *Struktur* den Ersatz für die vermiedene Vereinheitlichung im *Kontinuum* zu finden.

Eine solche Kompensation kann jedoch nur unvollkommen gelingen. Die Abwehrbewegung, die sich gegen die drohende Verschmelzung im Kontinuum richtet, kommt auch in der Polarität *verbinden – lösen* zum Tragen. Sie führt dazu, dass der Pol *lösen* sich nicht verwirklichen kann, weil er im Erleben zuviel Ähnlichkeiten mit der abgewehrten Qualität des Kontinuums hat. Das rhythmische Geschehen ist also ebenfalls eingeschränkt; der Rhythmus bleibt starr und damit wenig beziehungsfähig, weil die Impulse, die in der Begegnung auftauchen könnten, Angstgefühle hervorrufen.

‚Gravitationsbedingungen' im musikalischen Material

In den Eigenschaften des musikalischen Materials lässt sich eine Tendenz auffinden, die zu einer Vereinseitigung im Austausch der Pole führt. Man könnte von einer Art ‚Schwerkraft' im musikalischen Material sprechen, die

die Fallrichtung vorgibt, in die sich die Polarität bewegt, wenn der Gegenpol nicht aktiv ins Geschehen eingebracht wird. Diese Tendenz des Materials wird von einer Disposition im seelischen Gefüge aufgegriffen, die der Abwehr bestimmter Erlebens- und Beziehungsinhalte dient. „Der [...] Pol, von dem man aus irgendwelchen Ängsten abgerückt ist, sinkt unter das Bewusstseinsniveau, in den Schatten des Hintergrunds, und der für einen ‚leichtere' [Pol] wird vordergründig pseudo-dominant." (Frambach 1999, 305)

In jeder Polaritäts-Achse können wir einen Pol ausmachen, der sich dominant in den Vordergrund schiebt, wenn nicht die entsprechende Ausgleichsbewegung dazukommt.

In der **Rhythmischen Dimension**[3] ist es der Pol Struktur / *verbinden*, der die Tendenz hat, in den Vordergrund zu treten. Der Gegenpol *lösen* hat es dann schwer, sich geltend zu machen. Überlässt man das rhythmische Geschehen seiner bevorzugten Bewegungsrichtung, so besteht die Tendenz, die aufkommenden Veränderungsbedürfnisse abzuwerten; dies geschieht, indem der Pol *verbinden* noch verstärkt wird. So wird z.B. versucht, die Strukturen in allen ihren Variationsmöglichkeiten und Spielarten durchzuprobieren. Der Gegenpol *lösen* kommt allenfalls dann zum Zuge, wenn die Hände durch das Trommelspiel physisch erschöpft sind – nachdem sich die Einfälle schon lange erschöpft haben. Wird der Gegenpol unwirksam gehalten, manifestiert er sich im Zusammenhang des Rhythmus nur noch über den Modus *vergehen*, und zwar in der Beendigung des Spiels, die jedoch allein der Ermüdung geschuldet ist. Die Beziehungsmöglichkeiten sind in einem solchen Spielmodus ebenfalls eingeschränkt. Der Mitspieler wird nur wahrgenommen, solange er bereit ist, innerhalb des Strukturmusters die entsprechende Rolle zu übernehmen. Versucht er jedoch in seinem Spiel die Qualität des Gegenpols ins Spiel zu bringen, gerät er mit in den Bereich der abgewehrten Inhalte; er wird übertönt oder aus der Wahrnehmung ausgeblendet.

Die Tendenz, die sich, der Schwerkraft des Materials folgend, in der **Melodischen Dimension**[4] hauptsächlich einstellt, besteht darin, den Gegenpol *vereinheitlichen* nicht mehr außen oder als Hintergrund wahrzunehmen; er wird stattdessen in die melodischen Figuren mit hineingenommen. Der Gegenpol kann seine Wirksamkeit nicht entfalten, weil er nicht in der richtigen

---

[3] ...in der Polarität von Struktur und Impuls, *verbinden – lösen*

[4] Die Melodische Dimension bezieht sich auf die Polarität von Motiv – Kontinuum, *verdeutlichen – vereinheitlichen*

Entfernung steht, um wahrnehmbar zu sein. Die Polarität kann sich nicht entfalten. Der Mitspieler fällt aus der Aufmerksamkeit, weil in der Zentrierung auf die eigene Position des *verdeutlichen* kein Raum für den Anderen bleibt. Er wird nur als Konkurrent und als Bedrohung der eigenen Position erlebt.

In der **Klanglichen Dimension**[5] besteht die Tendenz, in der alleinigen Ausrichtung auf die Aktivität des Spielens die stützende und nährende Funktion des Nicht-Spielens zu vernachlässigen. Der Pol *vergehen* wird nur als Negation der Aktivität erlebt, nicht als Ressource. Die Aufmerksamkeit auf den Mitspieler ist eingeschränkt, da der andere nur unter dem Aspekt des Pols *erscheinen* wahrgenommen wird. Macht der Mitspieler eine Pause, ist es, als wäre er gar nicht mehr vorhanden.

Erleben der Polarität: Austausch und Extremisierung

In den voranstehenden Beispielen sollte deutlich werden, dass in den Eigenschaften des musikalischen Materials selbst eine Tendenz zur Einschränkung des Austauschs zwischen den Polen enthalten sein kann. Ein reduzierter Austausch geht jeweils mit einer bestimmten Veränderung des Erlebens einher. Die Veränderungen und Einschränkungen, die sich in den verschiedenen Dimensionen auffinden lassen, werden in den nächsten drei Tabellen dargestellt. Sie enthalten Begriffsfelder, die zum einen den Austauschbereich in der Polarität bezeichnen und zum anderen die Erlebensinhalte benennen, die sich dann ergeben, wenn der Austausch in der Polarität nicht gelingt. Die Aufzählung in den Begriffsfeldern ist dabei nicht unbedingt vollständig, sondern versteht sich eher als Umriss einer Zone, in der noch weitere verwandte Erlebensinhalte zu finden wären.

In den drei musikalischen Dimensionen ergeben sich die folgenden Aufstellungen:

[5] Die Klangliche Dimension stützt sich auf die Polarität von Klang – Stille, *erscheinen – vergehen*

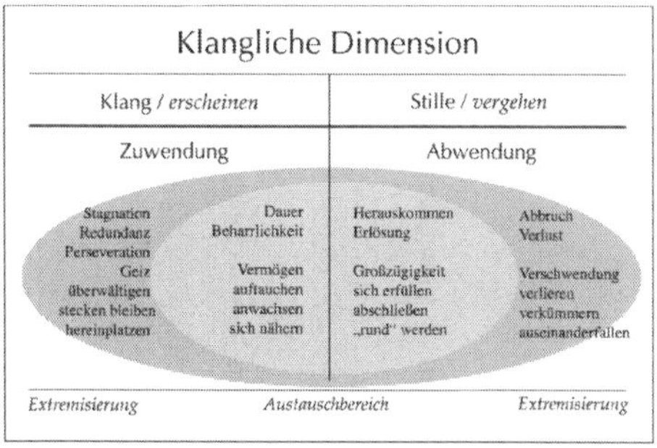

Abb. 24: Extremisierung, Klangliche Dimension

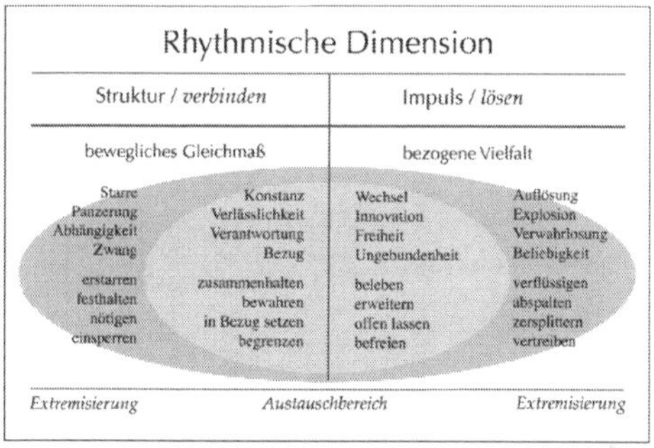

Abb. 25: Extremisierung, Rhythmische Dimension

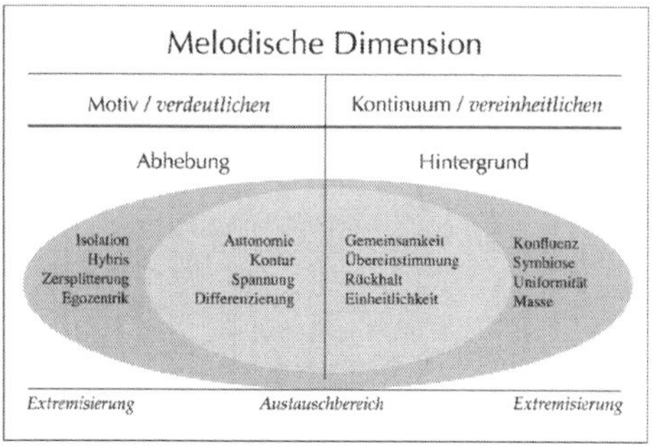

Abb. 26: Extremisierung, Melodische Dimension

Die Inhalte der Begriffsfelder lassen es verständlich werden, dass sich Abwehrhaltungen gegen den Austausch innerhalb der Polarität ergeben. Vergegenwärtigt man sich, wie z.B. in der Auflistung der Melodischen Dimension (Abb. 26) die Erlebensinhalte verteilt sind, so wird es verständlich, dass aus der Position *Isolation* heraus eine große Abwehr besteht, sich auf Einflüsse einzulassen, die den Gegenpol ins Spiel bringen könnten. Erwartet und befürchtet wird nämlich aus dieser Position heraus, dass der ergänzende Gegenpol in das Erleben von *Konfluenz* führen wird. Die Möglichkeit, in den Austauschbereich der Polarität zu gelangen und die Erfahrung von *Selbständigkeit* und *Gemeinsamkeit* zu machen, ist gar nicht vorstellbar; eine solche Vorstellung kann sich erst ergeben, wenn es gelingt, den Austausch zwischen den Polaritäts-Achsen insgesamt zu beleben

Veränderungen in der Behandlung vollziehen sich aus der Perspektive dieses Modells also nicht in der Weise, wie der Patient sie erwartet (und gleichzeitig befürchtet), also nicht aus der Position der Extremisierung hin zum Gegenpol. Entwicklung entsteht vielmehr dort, wo es möglich wird, den Austausch in einem Zwischenbereich entstehen zu lassen.

Bezogen auf die Extremisierungsformen stellen sich die Erlebensinhalte, in schematischer Form, so dar: (Abb. 27)

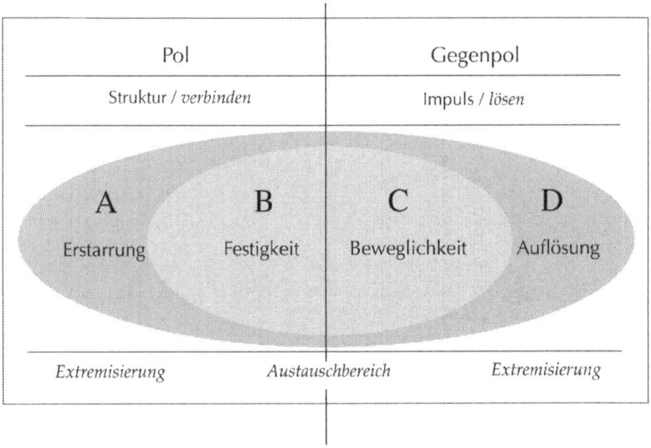

Abb. 27: Die Inhaltsbegriffe A, B, C, D in dieser Skizze beziehen sich beispielhaft auf die Rhythmische Dimension

Symptom und Leiden (aber auch das Können, das sich innerhalb der pathologischen Verfassung herausbildet) finden sich im Bereich A; in diesem Beispiel sind sie verbunden mit dem Erlebensinhalt der *Erstarrung*. Aus der Sicht des Patienten zielt die intendierte Veränderungsrichtung auf D (*Auflösung*); Veränderungsimpulse werden daher gefürchtet und abgewehrt.

Die Veränderung, die mit einem Zuwachs an Lebendigkeit einhergeht, liegt im Austausch von B und C (*Festigkeit* und *Beweglichkeit*). Auf dem Weg dorthin ist es unvermeidlich, dass auch Erlebensinhalte von D (*Auflösung*) ins Spiel kommen; in der therapeutischen Intervention werden sie aber sorgfältig dosiert; auch wird ihre Verbindung zu den Inhalten aus dem Austauschbereich von B und C hervorgehoben. In der wiederholten Annäherung kann sich eine „Differenzverträglichkeit" (Saner 2002, 177 ff) entwickeln, die es ermöglicht, die fremde und abgewehrte Qualtät (die zunächst im Spiel des Therapeuten erfahrbar wird) zu akzeptieren. Als Zwischenschritte sind außerdem die Qualitäten der anderen Achsen in der Funktion von Abstützung und Relativierung wichtig; sie bringen die notwendige Entlastung, die es ermöglicht, einen Weg aus der Extremisierung zwischen den Positionen A und D (*Erstarrung* und *Auflösung*) zu finden.

4.7 Die Improvisation als soziales Modell

Jeder Mensch vollzieht permanent materielle Prozesse. Er stellt immerfort Zusammenhänge her. Auch wenn er gibt, wenn er einem anderen Menschen ausweicht oder wie er sich im Gedränge verhält, es gibt immer, sagen wir mal, Formprozesse. Tänzer machen ja auch nichts anderes, als sich bewegen, auf ihren Füßen. Und Menschen im Straßenverkehr sind imgrunde auch Tänzer.
Joseph Beuys

Im Rahmen der vorliegenden Arbeit wurde die Improvisation im Wesentlichen unter zwei unterschiedlichen Gesichtspunkten betrachtet. Die Improvisation interessiert uns im Hinblick auf ihre therapeutischen Anwendungsmöglichkeiten; daneben stehen die Strukturierungsmerkmale, die der Improvisation als einer künstlerischen Ausdrucksform zueigen sind. In diesem Kapitel betrachten wir die Improvisation nun als Erfahrungsfeld sozialer Interaktionen; wir richten unser Augenmerk darauf, welche Lösungen sich in der Musik für die Aufgaben bieten, die sich im sozialen Gefüge einer Gruppe stellen.

Sehen wir die Improvisation als ein Modell sozialer Strukturen an, so geht es um Kommunikationsformen, mit denen Gegensätzlichkeiten und im Widerspruch stehende Interessen im Gruppenprozess in Austausch gebracht werden können.[1] Die Unvereinbarkeiten von ‚stark' und ‚schwach', von Anpassung und Durchsetzung, Selbstbehauptung und Rücksichtnahme und ähnlichen Qualitäten werden in der Musik vermittelbar oder können sogar produktiv aufgelöst werden. In den „Einfällen" der improvisierten Musik entstehen dabei Kommunikationsmöglichkeiten, die zuvor nicht zum Handlungsrepertoire der Spieler gehört haben. Das heißt, die Gruppe erfährt sich in der Musik im Hinblick auf soziale Strukturierungen anders, beweglicher, kreativer als in den gewohnten Kommunikationsfeldern.

Kaden spricht von der Bedeutung der „Selbstrelativierung" als einem grundsätzlichen Mittel der Sozialisation, gleichzeitig als einem Mittel, sich selbst im Spiegel des Mediums zu erkennen. „Der Geist des fortgesetzten

---

[1] Einer ähnlichen Fragestellung widmet sich eine Forschungsarbeit von Fritz Hegi und Maja Rüdisüli-Voerkel mit dem Titel „Improvisation als soziales Modell - oder der Wirkung von Musik auf der Spur. Entwicklung wegweisender Modelle für die moderne Kommunikation", deren Veröffentlichung in Vorbereitung ist (vgl. Hegi 2004).

Versuchs," – so seine Charakterisierung der Improvisation – „ist kein Individualium schlechthin [...]. Er öffnet soziale Räume, und er definiert selbst einen sozialen Raum, einen ‚*fraktalen*' Raum der Interaktion." (Kaden, 1993, 58)

In den musikalischen Aktionen tauchen Wahrnehmungseinstellungen und Handlungsfähigkeiten auf, die die Kooperation mit den Anderen möglich machen, auch wenn die bewussten Erwartungen der Teilnehmer zunächst auf Lösungsmöglichkeiten gerichtet waren, die eher von Konfrontation und Durchsetzungsbestrebungen geprägt sind. In der Anleitung von Gruppenimprovisationen wird es also darum gehen, durch entsprechende Vorschläge und Hinweise, solchen Verhältnissen (die man ‚hierarchie-offen' nennen könnte) den Weg zu bereiten.

Was erfordert dies von den Teilnehmern, welche Voraussetzungen müssen gegeben sein, damit eine vorhandene oder latente Kooperationsfähigkeit zum Tragen kommen kann? Dazu lässt sich zunächst nur sagen, dass die Unterscheidung weniger von Krankheits- oder Gesundheitskriterien aus zu treffen ist, als von einer bestimmten Vorbereitung, einer Erwartungshaltung und einer Sensibilisierung der Teilnehmer, die durchaus mit einer gesteigerten Verletzlichkeit und den charakteristischen Erfahrungen einhergehen kann, die eine seelische Erkrankung mit sich bringt. Es wird jedoch eher das Klima der Gruppensituation sein, das zum Gelingen eines solchen Experimentes beiträgt, als die Persönlichkeitsstruktur der Beteiligten.

Die Erfahrung, dass in der Musik Kooperationsstrategien entwickelt werden können, ist in verschiedenen Improvisationssituationen deutlich geworden. Die Sequenz einer solchen Improvisationserfahrung will ich im Folgenden schildern.

‚Vier Improvisationen'

‚Ort des Geschehens' ist eine Weiterbildungsveranstaltung für Musiktherapeutinnen und Musiktherapeuten zum Thema der Improvisation. Die Veranstaltung findet an fünf aufeinanderfolgenden Tagen statt. Den roten Faden bildet dabei eine gemeinsame Improvisation an jedem der vier Tage.

Die gesamte Gruppe mit bis zu 18 Teilnehmern hat dabei jeweils die Aufgabe, eine Improvisation zu gestalten, die nicht länger als fünf Minuten dauert. Danach soll jeder Spieler seinen Eindruck in einem Satz schriftlich zusammenfassen. Die Sätze werden vorgelesen, aber nicht kommentiert. Am letzten Tag werden die Texte nochmals gelesen, jeder verfasst eine Zusammenfassung, die dann wieder in der Gruppe vorgelesen wird. Die entstandenen Texte sind der Ausgangspunkt für gemeinsame Überlegungen zu den Erfahrungen mit den Improvisationen. Bei jedem Spiel wird von den Leitern hervorgehoben, an welchem Punkt man sich innerhalb der Serie von vier Improvisationen gerade befindet.

Prägende Bedingungen dieser Improvisationen sind die Knappheit der vorgegebenen Zeit, die Größe der Gruppe und die Aufgabe der Reflexion in schriftlicher Form. Diese drei Elemente haben alle mit Begrenzung und Bewusstheit zu tun, denen gegenüber sich die Spielfreude, die Selbstbehauptung und das Bedürfnis, Eigenes zur Geltung zu bringen in ihren Ausbreitungstendenzen behaupten müssen. Der Hinweis auf die jeweilige Position innerhalb der vier Improvisationen hat dagegen die Funktion, auf die Ausbreitungsmöglichkeiten hinzuweisen, die sich durch das mehrmalige Spiel in Folge ergeben: Was heute (noch) nicht erreicht wurde, kann sich morgen ergeben, man trifft die Gruppe wieder, die wiederum mit dem selben Vorhaben beschäftigt sein wird. Der soziale Aspekt, der uns hier interessiert, zeigt sich in der Aufgabe, zwischen der Selbstbestimmung (der ‚Selbstverwirklichung') und den Anforderungen, einen gemeinsamen Prozess zu gestalten, zu vermitteln. Die Auswertung der Texte und der Vergleich mehrerer Durchgänge in verschiedenen Veranstaltungen ließ einen Verlauf erkennen, der sich in den folgenden vier Schritten skizzieren lässt.

1. Anfang – Zusammenhang

Zusammenhängende, vielgestaltete Form; eine Binnendifferenzierung ist nicht erkennbar. Die Aussicht auf weitere Entwicklungsschritte macht es möglich, die Einschränkungen durch die Fülle der Ereignisse noch nicht allzu deutlich spüren zu müssen.

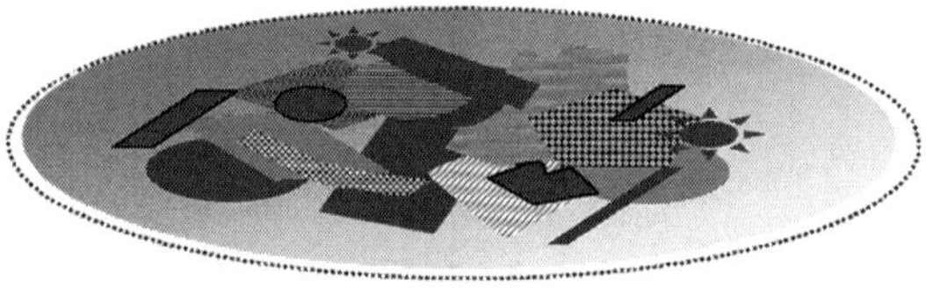

Abb. 28: Vier Improvisationen I

2. Zusammenhang und Öffnung

Versuch, das Ganze und die gemeinsamen Ziele zu erhalten. Einzelnes und Gegenbewegungen sollen daneben auch zur Geltung kommen. Auseinanderdriften.

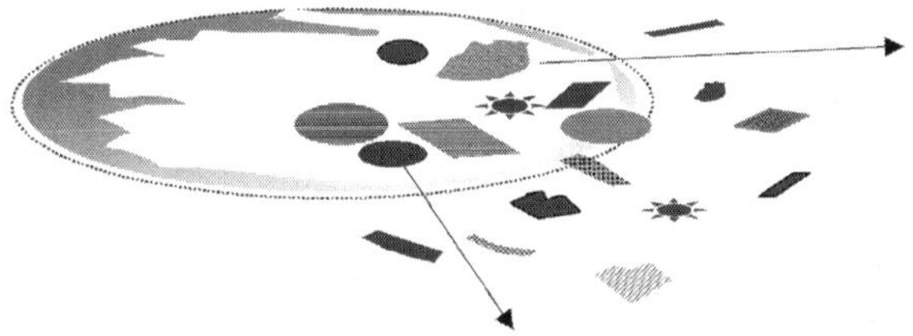

Abb. 29: Vier Improvisationen II

3. Neue Formversuche

Mit Nachdruck wird versucht, einen neuen Zusammenhang herzustellen. Die Vielzahl der widersprüchlichen Richtungen scheint noch gesteigert. Es gibt den Versuch eines Abschlusses, der allerdings keinen Bestand haben kann, da er verfrüht ist.

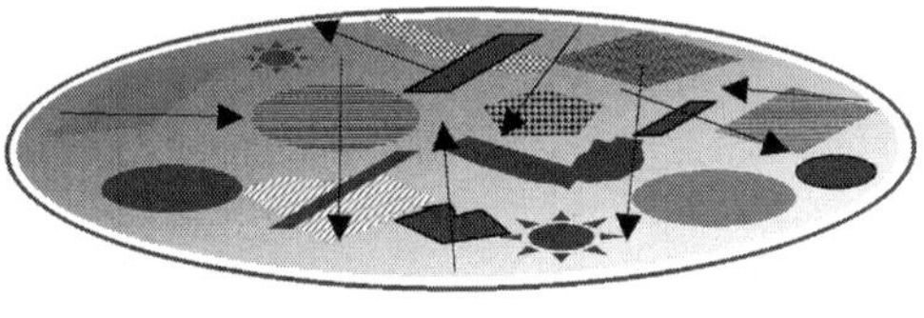

Abb. 30: Vier Improvisationen III

4. Differenzierung – Zusammenhang und Einzelheit

Zentrum und Ränder; Transparenz; Stellvertretung und Teilhabe. Schlussbildung bei gleichzeitiger Aussicht auf die Möglichkeit weiterer Entwicklungen.

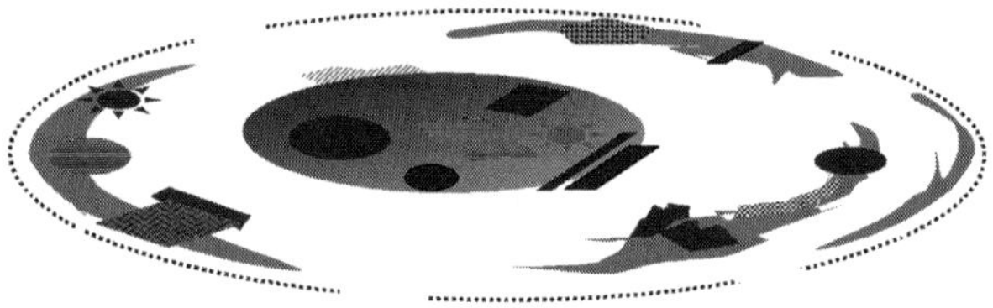

Abb. 31: Vier Improvisationen IV

Aus der Perspektive der Polaritätsverhältnisse bezieht sich die Aufgabe, mit der die Gruppe konfrontiert ist, vor allem auf die Polarität von Motiv und Kontinuum mit den Bewegungen *verdeutlichen - vereinheitlichen.*[2]

Dem Bedürfnis, das eigene „Motiv" zur Geltung zu bringen, steht die große Zahl der Mitspieler gegenüber, die von dem gleichen Bedürfnis geleitet sind. Motive können sich aber nur verdeutlichen, wenn der Gegenpol im Kontinuum sich ebenfalls etablieren kann. Sich als Teil des Kontinuums vereinheitlichen zu lassen, scheint aber am Anfang in unauflösbarem Widerspruch zu stehen zu eben dem Bedürfnis, das eigene Motiv zu verwirklichen. Dieses Dilemma wird in der zweiten Improvisation deutlich. In den Kommentaren halten sich die Frustration und die Hoffnung auf Besserung noch die Waage. In der dritten Improvisation wird die Spannung größer; die Versuche, das Auseinanderstrebende in neuen Formen zusammenzuhalten und sich auf das Erreichte zu beschränken, treffen auf die Tatsache, dass die Entwicklung noch nicht an ihrem Endpunkt angekommen ist.[3]

In der vierten Improvisation schließlich ergeben sich Lösungsmöglichkeiten, für die das musikalische Material besondere Voraussetzungen zu bieten scheint. Der Gegensatz von Einzelheit und Zusammenhang präsentiert sich nun als Polarität, und zwar in der Ausprägung von „Zentrum und Rändern", die aber in Verbindung erlebt werden. Für das Erleben einer po-

---

[2] Die Achse *erscheinen – vergehen* bildet durch die Vorgabe der Begrenzung auf fünf Minuten Spieldauer eine prägnante Rahmung.

[3] Vgl. Leikert 2006, 58

sitiven Entwicklung ist diese Verbindung von großer Bedeutung; nur wenn man sich am Rand gesehen fühlt, ist diese Position akzeptabel.

Neben dem Zusammenhang von Zentrum und Rand wurde davon berichtet, dass die Musik an *Transparenz* gewonnen hat. Die bestehenden musikalischen Formen sind durchlässig für Anderes; damit mildert sich der Druck, der durch die geringe zeitliche Ausdehnungsmöglichkeit entsteht: was sich nicht nacheinander ergeben kann, muss gleichzeitig präsent sein; sind die Formen transparent und durchlässig, können sie ineinander greifen und müssen sich nicht gegenseitig verdrängen.

Die dritte Lösungsform geht mit dem Erleben einher, dass sich eigene Spielabsichten mit denen anderer Spieler verbinden lassen. Man gerät in *Teilhabe*, man kann *Unterstützungs-* und *Stellvertretungsverhältnisse* eingehen, und erlebt dabei nicht nur Verzicht, sondern auch eine Stärkung der eigenen Position.

All diese Elemente scheinen aber nur dann wirksam zu werden, wenn der Schluss der Improvisation mit der Perspektive verbunden ist, dass es weitere Möglichkeiten der Entwicklung geben wird. Dass innerhalb der Fortbildungsveranstaltung diese Entwicklung keine Fortsetzung mehr finden konnte, steht dazu nicht im Widerspruch; das Erleben der gelungenen Interaktion führt vielmehr zu einer Stärkung des Vertrauens: man fühlt sich anderen, ähnlichen Situationen gewachsen, bzw. die Aussicht auf weitere Entwicklungen stellt einen Anreiz dar, die eigenen Fähigkeiten erneut zu erproben. Ein Schluss, in den man einwilligt, ist mit dem Verzicht auf die Gesamtheit der Möglichkeiten verbunden; darin einwilligen kann man, wenn ein Horizont sichtbar bleibt, der auf neue Verwandlungen hindeutet.

In den bereits erwähnten Texten, mit denen die Spieler ihr Erleben reflektierten, finden sich die Bilder, die das Verhältnis von *verdeutlichen – vereinheitlichen* am Ende der Improvisationssequenz illustrieren (Deuter, Weymann o.J.).

> Deutlich wahrnehmbare Einzelheiten und große Zusammenhänge. Daneben unbespielte Ränder. Aus zierlichen Ornamenten wurde ein ernsthaftes Gebäude.
>
> Ein Lebewesen von ‚früher' Gestalt weitet sich aus; jetzt betrachtete es sich und trifft Gleiche.
>
> Der Brennpunkt „Ich" innerhalb von Räumen und Umgebungen.
>
> Auf eigene Weise dabei sein in einer Welt sich bewegender Klänge.
>
> Die Entscheidung wird möglich, Kontakt und Zusammenspiel mit jemand anderem einzugehen und alle anderen Spieler im Hintergrund zu erfahren.

Die Entwicklung verläuft von den Rändern zur Mitte; die Sicht auf die Ränder bleibt.

Ausweitung mit zunehmender Tiefe.

Ein Glück: es bekommt Arme und Beine und beginnt zu laufen. Etwas droht dabei allerdings unterzugehen, was aber an den Rändern noch herausschauen darf.

Zwischenräume, Abstände, Weite. Der Donner fängt sich im Tal. Hinter den Bergen – eine andere Geschichte, noch lange nicht zu Ende erzählt.

Die beschriebene Sequenz der ‚Vier Improvisationen' kann als eine Form gelungener Kooperation angesehen werden. Die Hypothese scheint dabei zulässig, dass sich neue und bisher unerprobte Kooperationsformen aus der Musik ergeben haben oder zumindest von den Möglichkeiten der musikalischen Interaktion befördert wurden; selbstredend sind daneben bereits bestehende Kooperationsfähigkeiten der Teilnehmer vorauszusetzen.

Joachim Bauer benennt Merkmale gelungener Kooperation in der Aufzählung von:

- Sehen und Gesehenwerden
- gemeinsame Aufmerksamkeit gegenüber etwas Drittem
- emotionale Resonanz
- gemeinsames Handeln
- wechselseitiges Verstehen von Motiven und Absichten

Das Fehlen einer dieser Voraussetzungen gefährdet das Gelingen der Beziehung (Bauer 2006, 190 f). Diese Elemente lassen sich aus der Perspektive der Polarität von Handeln und Widerfahrnis sowie, bezogen auf die musikalische Dimension (von der Polarität *verdeutlichen – vereinheitlichen* her) auf die Improvisation übertragen.

„Die Gruppe hat ein Ohr"

Die Bedeutung der „gemeinsamen Aufmerksamkeit gegenüber etwas Drittem" (Bauer) als Voraussetzung einer gelingenden Kooperation wird in einer Improvisationsform erfahrbar, die im Folgenden dargestellt wird.

Die Aufgabe, die sich im Zusammentreffen starker und schwacher Positionen, bzw. im Spannungsverhältnis von Selbstbehauptung und Verzicht stellt, soll im Sinne der Kooperation erfahrbar werden. Die Gruppe erhält die Aufgabe, „ein Ohr zu haben" für zwei, zuvor bestimmte Spieler. Dabei geht es nicht darum, sich nach diesen beiden zu richten; auch muss die Gruppe in ihrem Spiel nicht unbedingt leiser bleiben als die beiden Protagonisten. Die beiden können durchaus übertönt werden und zeitweise in den Hintergrund geraten; wichtig ist es lediglich, dass sich „das Ohr der Gruppe" ihnen auch wieder zuwendet.

Die beiden Protagonisten sollen keine irgendwie geartete Leitungsfunktion oder Führungsrolle übernehmen; sie können vielmehr so spielen, wie ihnen zumute ist und dabei mehr aufeinander bezogen sein als auf den Rest der Gruppe.

Im Gruppengefüge ergibt sich aus dieser Spielkonstellation eine interessante Erfahrung, die von der Entlastung verschiedener Ansprüche geprägt ist. Von der Gruppe beachtet zu werden, setzt normalerweise voraus, dass man irgendein besonderes Angebot macht oder eine Leistung erbringt, die diese Beachtung rechtfertigt. Hier wird nun dieses Verhältnis verschoben. Die beiden Protagonisten erfahren die Aufmerksamkeit der Gruppe, ohne dabei mit Originalität oder dem Nachweis einer anderen „Stärke" bezahlen zu müssen. Für die Gruppe ergibt sich überraschenderweise ebenfalls ein positiver Effekt. Die Aufmerksamkeit immer wieder auf die beiden Protagonisten zu lenken, bedeutet keinen Verzicht auf eigene Spielintentionen. Vielmehr erfährt das Spiel durch die Ausrichtung auf die Protagonisten ein gemeinsames Zentrum, das den Zusammenhalt und den Bezug untereinander spürbar fördert.[4]

Die Erfahrungen mit den geschilderten Spielmodellen stützen die (bei Bauer neurophysiologisch begründete) These, dass das Bedürfnis nach Kooperation biologisch verankert ist und dass es nicht allein die (kulturell gezähmte) Durchsetzung eigener Interessen ist, die das Zusammenleben strukturiert.[5] Wenn Bauer davon spricht, dass die „gemeinsame Aufmerksamkeit gegenüber etwas Drittem" eine der Voraussetzungen einer gelingenden Kooperation ist (Bauer 2006, 191), so können wir umgekehrt feststellen, dass die explizite Aufgabe, sich auf ein „Drittes" zu beziehen, die Kooperationsfähigkeiten befördert. Die Annahme erscheint berechtigt, dass sich in der Musiktherapie zahlreiche methodische Ansätze entwickeln lassen, ihre Handlungskonzepte auf soziale Fragestellungen zu beziehen.

---

[4] Aus der Sicht der Protagonisten ergibt sich eine ähnliche Konstellation, die bereits im Kap. 4.5.3 (S. 179 ff) beschrieben wurde: der Dialog zweier Spieler (*verdeutlichen*) vor dem Hintergrund eines Kontinuums (*vereinheitlichen*).

[5] Vgl. Bauer 2006

4.8 Polarität und Indifferenz. Didaktische Modelle: „Drei Spielweisen"

Wenn einzelne, voneinander unabhängige Dinge aufeinander wirken, muss es ein Vermittelndes geben.
Nishida Kitarô

Ereignislose Musik - Eine Musik des Innehaltens, des Innehaltens am äußersten Rand.
Burkhard Stangl

Diese vom Atem bewegte Leere birgt eine Erwartung, ein Horchen, das bereit ist, ein neues Ereignis zu empfangen.
François Cheng

In der Gedankenwelt Friedlaenders sind wir der Vorstellung der „Schöpferischen Indifferenz" begegnet.[1] Für Friedlaender ergibt sich im Feld zwischen den beiden Polen eine Position, die eine besondere Möglichkeit menschlichen Erlebens kennzeichnet: im Selbstgewahrsein gegenüber der polaren Erscheinungsform der Phänomene erfährt man sich als gleichzeitig innerhalb und außerhalb dieser Bedingtheit; innerhalb, weil alle Erscheinungen polar gestaltet sind und man selbst Gegenstand der eigenen Reflexion ist; außerhalb, weil man sich dieser Position bewusst werden kann. Man erfährt sich als die Instanz, die dem Doppelaspekt neutral gegenübersteht. Sie wird zu einem Referenzpunkt der Wahrnehmungen. „Um alle Differenz harmonisch zu polarisieren, muss man selber indifferent sein. [...] Die Zunge muss, um feinste Differenzen zu schmecken, selber indifferent sein." (Friedlaender 1926, 355, 360)

Eine ähnliche Ortsbestimmung beinhaltet die „Exzentrische Position" Plessners; darin wird „das ursprüngliche Paradoxon in der Lebenssituation des Menschen begreiflich, dass er als Subjekt gegen sich und die Welt steht und zugleich darin in diesem Gegensatz entrückt ist. In der Welt und gegen die Welt, in sich und gegen sich." (Plessner 2003, 379; vgl. Nawe 2009)

Die Vorstellung eines dritten Ortes findet sich auch in ostasiatischen Philosophien. So gibt es in der chinesischen Tradition *qi*, die „Mittlere Lee-

[1] Vgl. Kap. 3.4

re", ein „Zwischenraum, der notwendig ist für die Begegnung" und der zwischen der aktiven (*yang*) und der aufnehmenden Kraft (*yin*) vermittelt.[2] (Cheng 2008, 136)

Für den Umgang mit der Improvisation kann sich aus der Benennung des dritten Ortes, der gegenüber den jeweiligen Polen so etwas wie eine neutrale Zone darstellt, eine Spielhaltung ergeben, die zu einer vertiefenden Wahrnehmung der Polarität führt. *Neutral* bedeutet dabei in diesem Zusammenhang, dass sich hier ein Referenzpunkt gegenüber der Polarität ergibt, von dem aus die Eigenschaften der Pole und die Bewegung zwischen ihnen deutlich wahrnehmbar werden.

Musikalisch konkret wird diese Position in einer Reihe von Spielvorgaben für die Improvisation, in denen jeweils unterschiedliche Spielhaltungen benannt werden, denen eine dritte, das *Nicht-Spielen* gegenübersteht.

Die Spieler erhalten einen Spielvorschlag, der z.B. so aussieht:

Drei Spielmöglichkeiten stehen zur Auswahl

Entscheide dich, auf welche Weise du jetzt spielen willst.
Wechsle irgendwann zu einer der ander Möglichkeiten – usw.

- Einden deutlichen rhythmischen Zusammenhang entstehen lassen
- Einzelne Klänge oder Geräusche spielen, diese ausklingen lassen und neu ansetzen
- Nicht spielen

[2] Vergleiche hierzu auch: Die „Lehre vom Ort" in der Philosophie von Nishida Kitarô in der Darstellung durch Latka (2003); außerdem Kimura Bin (1995): Zwischen Mensch und Mensch. Strukturen japanischer Subjektivität, bei dem der umgebende Ort als Konstitutivum der Beziehung angesehen wird.
In der Atemtherapie nach Middendorf hat als dritte Phase neben dem Ein- und dem Ausatmen die Pause zwischen den beiden Atemzügen (die „Atemruhe") eine wichtige Funktion (vgl. Amsler 2007; Middendorf 1984).

Das Prinzip, nach dem die Aufgaben formuliert sind, bleibt dabei jeweils gleich. Zwei unterschiedliche Spielweisen, die sich im Sinne der Polarität gegenüberstehen, werden durch die dritte Position, dem *Nicht-Spielen* ergänzt. In der Aufgabe oben ist unschwer die Polarität von *verbinden – lösen* zu erkennen. Das *Nicht-Spielen* tritt dabei nicht in der Funktion der Polarität von Klang – Stille auf, sondern schafft eine Position der Indifferenz gegenüber der Polarität von Struktur und Impuls.

Durch die dritte Position erlebt man eine Entlastung von der (vermeintlichen) Verpflichtung zur unablässigen Äußerung. In der Haltung des Nicht-Spielens ergibt sich *„ein Horchen, das bereit ist, ein neues Ereignis zu empfangen"* (Cheng), ein vermittelnder Ort, von dem aus man sowohl das Spiel in seinem Verlauf, als auch die eigenen Intentionen deutlicher wahrnehmen kann.

Ähnlich wie in der Spielform mit der als Person auftretenden Stille entsteht durch die dritte Spielweise zudem in der Gruppe eine gemeinsame Aufmerksamkeitsrichtung, die der Prägnanz des Spiels zugute kommt.[3] Das *Nicht-Spielen* geht mit einer erhöhten Aufmerksamkeit für die Umgebung bei gleichzeitigem Selbstgewahrsein einher; diese bleibt in der Regel in der nachfolgenden Phase der Aktivität erhalten. In der Indifferenz des *Nicht-Spielens* wird die u.U. überraschende Erfahrung möglich, dass man sich dem Geschehen zugehörig fühlen kann, auch wenn man nicht aktiv beteiligt ist.[4]

Eine andere Spielanweisung beinhaltet keine musikalischen Dimensionen; vielmehr wird die Polarität unterschiedlicher *Haltungen* benannt:

Drei Spielmöglichkeiten stehen zur Auswahl

Entscheide dich, auf welche Weise du jetzt spielen willst.
Wechsle irgendwann zu einer der ander Möglichkeiten – usw.

- Spiele so, als wäre jeder Ton ein völlig neues, noch nie da gewesenes Ereignis
- Spiele völlig unbekümmert
- Spiele nicht

---

[3] Vgl. Kap. 4.5.1
[4] Vgl. in Kap. 4.7: „Ränder, Stellvertretung und Teilhabe" (S. 239)

Entsprechende Varianten, die sich entweder auf Materialaspekte der Musik beziehen oder eine Haltung, eine momentane Gestimmtheit oder ein Beziehungskonstellation benennen, lassen sich nach dem Muster der „Drei Spielweisen" formulieren und auf die jeweilige Praxissituation abstimmen.

Im Übergangsbereich des *Nicht-Spielens*, in der „Mittleren Leere", befindet sich der Spieler inmitten des Geschehens, obwohl er selbst nicht spielt. Er erfährt Eindrückliches über seine eigenen Spielintentionen und über die Dynamik des Raums, der ihn umgibt.

5 Zusammenfassung und Ausblick

Die Menschen heute glauben, die Wissenschaftler seien da, sie zu belehren, die Dichter und Musiker etc., sie zu erfreuen. Dass diese sie etwas zu lehren haben, kommt ihnen nicht in den Sinn.
Ludwig Wittgenstein

Das Anliegen dieser Arbeit ist es, einen Beitrag zur Darstellung der Improvisation zu leisten. Dabei stellte sich die Aufgabe, eine Begrifflichkeit zu entwerfen, die einer künstlerischen Ausdrucksform wie der Improvisation gerecht wird und gleichzeitig einem wissenschaftlichen Anspruch der Benennung und Systematisierung genügen kann. Ausgangspunkt ist die Feststellung, dass eine solche Begrifflichkeit in der ausreichenden Fundierung bislang nicht zur Verfügung steht, dass es Lücken gibt in der begrifflichen Verbindung von musikalischem Phänomen und psychologischer Bedeutungszuschreibung.

Den gedanklichen Hintergrund zur Ausarbeitung der vorgestellten Systematik stellt die Morphologische Psychologie dar. In den Beiträgen innerhalb der Morphologischen Musiktherapie sind deren Gedankenmodelle zu handlungsrelevanten Konzepten ausgearbeitet worden. Mit der hier vorgestellten Systematik der Polaritätsverhältnisse wird das Modell der Gestaltfaktoren auf das musikalische Material bezogen; damit erweitert sich der Anwendungsbereich der Morphologischen Psychologie für die musiktherapeutische Praxis.

Lebendige Prozesse lassen sich beschreiben, wenn man sie als *Polaritäten* auffasst. Damit wird man ihrer Beweglichkeit gerecht. Es erschien angezeigt, die gedanklichen Hintergründe des Denkens und Wahrnehmens in Polaritäten in entsprechender Ausführlichkeit darzustellen, dies vor allem, um den Schritt von der gedanklichen Vorstellung zu den Wahrnehmungs- und Handlungseinstellungen anschaulich zu machen, die sich aus der Systematik ergeben.

Dem Diktum folgend, dass lebendige, in Bewegung begriffene Phänomene nur dann adäquat zu beobachten und zu beschreiben sind, wenn man sich mit seiner Begrifflichkeit dieser Beweglichkeit anpassen kann, stellen wir die Polarität in den Mittelpunkt der Benennungen und beschreiben damit keine Zuständlichkeiten sondern Verhältnisse in Verwandlung. Dies ermöglicht Wahrnehmung und Denken in ‚Ganzheiten', in Bezügen und Austauschbewegungen.

In der Musik haben wir es mit einer ‚Welt' zu tun, die anders verfasst ist als die übrigen menschlichen Äußerungsformen, in der es aber dennoch möglich ist, das Erleben in sinnvollen Zusammenhängen zu symbolisieren. Diese Vorstellung erfährt ihre Begründung im Werk von Langer in der Begrifflichkeit der *präsentativen Symbolik*. Davon ausgehend lassen sich die Materialeigenschaften der Musik im Hinblick auf ihre individuelle Verwendung durch den Spieler beschreiben.

Die übergeordnete Perspektive, die wir in der Systematik der Polaritätsverhältnisse einnehmen, ist die von *Verlauf und Beziehung*. Auch diese beiden Elemente sehen wir als Polarität, das heißt als Ergänzungsgefüge. Verlauf und Beziehung bedingen sich gegenseitig, und ihre Beobachtung gibt einen Aufschluss darüber, wie der Spieler Verläufe in Gang hält und seine Beziehung zum Gegenüber gestaltet.

Es wurden drei verschiedene musikalische Dimensionen benannt und deren Eigenschaften jeweils als Polarität aufgefasst. Der Übergang von musikologischer Benennung zur Beschreibung des Erlebens gelingt mit einer Erweiterung der Begrifflichkeit: *Bewegungs- und Handlungsbegriffe* verbinden die Musik mit Bereichen der Alltagserfahrungen. Von hier aus ergibt sich die Verbindung zu einer psychologischen Benennung.

In der Systematik der Polaritätsverhältnisse steht somit eine Meta-Begrifflichkeit zur Verfügung, die sich mit unterschiedlichen psychologischen Theorien verknüpfen lässt.

Ein besonderes Anliegen war es, den Zusammenhang der Polaritätsbegriffe zu den entsprechenden Erfahrungsfeldern aufzuzeigen. Auch wenn nur ein begrenzter (und notwendigerweise subjektiv konnotierter) Ausschnitt dargestellt wurde, so sollte hinreichend deutlich geworden sein, wie sich mithilfe der Systematik Zusammenhänge aufzeigen lassen zwischen den Erscheinungsformen musikalischer Symbolisierung und unseren Alltagserfahrungen sowie deren Reflexion in Kunst und Philosophie.

In der Begrifflichkeit von *Belastung und Steigerung* (Salber) ließen sich die Verwandtschaften aufzeigen, die zwischen künstlerischer Gestaltung und denjenigen Ausdrucksformen bestehen, die uns in der Behandlungssituation begegnen. Die verschiedenen Formen der *Extremisierung*, die in der Improvisation auftauchen, wurden als *Separation*, *Inversion* und *Diffusion* beschrieben und auf die musikalischen Dimensionen bezogen dargestellt.

In der Gegenüberstellung von *Handlung und Widerfahrnis* ergibt sich eine zusätzliche Perspektive, mit der Merkmale der Improvisation und allgemeine Bedingungen menschlichen Erlebens in den Blick geraten.

Mit der Auffassung als *sozialem Modell* und der Berücksichtigung des schöpferischen Aspekts der *Indifferenz*, der sich aus der Polarität ergibt, wurden schließlich Anwendungsmöglichkeiten der Improvisation aufgezeigt, die über die musiktherapeutische Behandlungssituation hinausgehen.

In unterschiedlichen Handlungsfeldern konnte die Anwendbarkeit der Systematik der Polaritätsverhältnisse bereits erprobt werden. Als didaktisches Element in der musiktherapeutischen Ausbildung erlaubt es die Systematik, eine therapeutisch relevante Haltung in der Improvisation zu vermitteln, einzuüben und zur reflektieren. Im Behandlungszusammenhang verhilft die Begrifflichkeit dazu, die auftauchende Problematik von ihrer musikalischen Erscheinungsform her zu verstehen und entsprechende Interventionsstrategien zu entwerfen, bzw. intuitiv aufgefundene Handlungsimpulse zu begründen. Bei Aufgaben innerhalb der Supervision, der Evaluation und der Verlaufs- und Wirksamkeitsforschung bietet sich die Systematik als Referenzsystem an. Auf diesen Feldern liegen ohne Zweifel bisher nicht genutzte Möglichkeiten der Anwendung.

Der Bezug zu den Polaritätsverhältnissen könnte eine Hilfe bei der Bestimmung etwaiger Invarianten im musikalischen Material sein, also bei dem Versuch herauszufinden, inwieweit es eine systematisierbare Beziehung zwischen dem Ausdrucksbedürfnis bestimmter basaler menschlicher Erlebensinhalte und deren Niederschlag im musikalischen Material gibt. Ein für die musiktherapeutische Praxis ertragreiches Forschungsvorhaben wäre die Untersuchung von Korrelationen bestimmter Krankheitsbilder zum Austauschgeschehen innerhalb der Polaritäts-Achsen, sowie klinische Studien, in denen anhand der Systematik Veränderungen im Behandlungsverlauf aufgezeigt werden.

Nicht zuletzt bietet die Systematik dem Musiktherapeuten (die Einübung in die Begrifflichkeit und ihre Anwendung vorausgesetzt) eine Fundierung und Erweiterung seiner Wahrnehmungs- und Handlungsmöglichkeiten in der musikalischen Beziehungssituation.

Literatur

Ammon, G. (Hg.) (1974): Gruppendynamik der Kreativität. München

Amsler, R. (2007): Raum zwischen Räumen. Atemruhe und schöpferischer Impuls am Beispiel der Musiktherapie. Unveröffentl. Masterarbeit, Hochschule der Künste Zürich

Ausländer, R. (1992): Pause. In: Wir wohnen in Babylon. Taschenbuchwerkausgabe Band 6; Frankfurt a.M.

Balint, M. (1966): Die Urformen der Liebe und die Technik der Psychoanalyse. Stuttgart

Bauer, J. (2006): Prinzip Menschlichkeit. Warum wir von Natur aus kooperieren. Hamburg

Becker, M. (2006): Das Konzept des ‚fehlenden Selbst' als Abwehrkonfiguration und seine Symbolisierung in zeitgenössischer Musik. In: Psyche. Zeitschrift für Psychoanalyse und ihre Anwendungen. Heft 12/2006, 1227–1254

Blothner, D. (1996): Behandlung durch Worte. In: Tüpker, R. (Hg.): Materialien zur Musiktherapie Bd. 1, Konzeptentwicklung musiktherapeutischer Praxis und Forschung

Böhme, G. (2005): „Die Musik modifiziert mein Gefühl, im Raum zu sein." Ein Gespräch mit Gernot Böhme. In: Musiktherapeutische Umschau. Themenheft Atmosphären. Band 26/3; 307–313

Bollas, C. (1997): Der Schatten des Objekts. Das ungedachte Bekannte, zur Psychoanalyse der frühen Entwicklung. Stuttgart

Bollas, C. (2000): Genese der Persönlichkeit. Psychoanalyse und Selbsterfahrung. Stuttgart

Branger, F. (1981): Salomo Friedlaender. Eine geistesgeschichtliche Einordnung und Darstellung einer Quelle der Gestalt-Therapie. Unveröffentl. Abschlussarbeit am Fritz-Perls-Institut

Breuning, F. (1999): Luigi Nonos Vertonungen von Texten Cesare Paveses. Zur Umsetzung von Literatur und Sprache in der politisch intendierten Komposition. Musik und Text Bd.1; Münster

Buchholz, M. (2008): Worte hören, Bilder sehen – Seelische Bewegung und ihre Metaphern. In: Psyche. Zeitschrift für Psychoanalyse und ihre Anwendungen. Heft 6/2008, 552–580

Busemann, A. (1948): Die Einheit der Psychologie und das Problem des Mikropsychischen. Stuttgart

Canetti, E. (1980): Masse und Macht. Frankfurt a.M.

Cheng, F. (2008): Fünf Meditationen über die Schönheit. München

Decker-Voigt, H.-H. (1991): Aus der Seele gespielt. München

Decker-Voigt, H.-H. (1999): Mit Musik ins Leben. München

Decker-Voigt, H.-H. (2001): „So kämpfet denn, Ihr munteren Töne..." In: Decker-Voigt, H.-H. (Hg.): Schulen der Musiktherapie. Basel

Dehm-Gauwerky, B. (2006): Inszenierungen des Sterbens - innere und äußere Wirklichkeiten im Übergang. Eine psychoanalytische Studie über den Prozess des Sterbens anhand der musiktherapeutischen Praxis mit altersdementen Menschen. Marburg

Dehm-Gauwerky, B. (2007): „Doch alle Lust will Ewigkeit ..." Über die totale Metaphorisierung im Prozeß des Sterbens. In: Psyche. Zeitschrift für Psychoanalyse und ihre Anwendungen. Heft 5/2007, 493–515

Deuter, M. u. Weymann, E. (1996): „ImprovisationsWerkstatt". Fortbildungsveranstaltung für Musiktherapeutinnen und Musiktherapeuten. Unveröffentlichte Dokumentation

Deuter, M. (1983): Die Improvisation in Musiktherapie und Musikpädagogik. Unveröffentl. Abschlussarbeit im Seminar für Musikerzieher, Musikhochschule Rheinland, Robert-Schumann-Institut, Düsseldorf

Deuter, M. (1996/2007): Beziehungsformen in der Arbeit mit psychotischen Patienten. In: Tüpker, R. (Hg.) Materialien zur Musiktherapie. Bd. 1 Konzeptentwicklung musiktherapeutischer Praxis und Forschung. Münster

Deuter, M. (2005): Atmosphären – Wahrnehmungseinstellungen und Wirkungen in der musiktherapeutischen Behandlung. In: Musiktherapeutische Umschau. Themenheft Atmosphären. Band 26/3, 222–235

Deuter, M. (2008): Das Praktische an der Theorie. In: Musiktherapie Bulletin Nr. 53, Publikationsorgan des Schweizerischer Fachverbands für Musiktherapie, SFMT, Riehen; 16–29

Ehrenforth, K. H. (1971): Verstehen und Auslegen: die hermeneutischen Grundlagen einer Lehre von der didaktischen Interpretation der Musik. Frankfurt a.M., Berlin

Engelmann, I. (2002): „Die Musiktherapie ist nie zu Ende." Zur Verknüpfung von Psychose, Musiktherapie, Entwicklungspsychologie und Bewusstseinsgeschichte. In: Musiktherapeutische Umschau 23/2; 121–138

Enomiya-Lassalle, H. M. (1981): Wohin geht der Mensch? Zürich

Ernst, H. (2002): Ein neuer Blick auf das eigene Leben. In: Psychologie heute. 2002, 06/ 20–27

Faltin, P.(1973): Verstehensbegriff. In: Musik und Verstehen. Aufsätze zur semiotischen Theorie, Ästhetik und Soziologie der musikalischen Rezeption. P. Faltin (Hg.). Köln

Falzeder, E. (1985): Primäre Liebe und die Grundstörung. Die Untersuchungen Michael Balints überfrühe Objektbeziehungen. In: Werkblatt – Zeitschrift für Psychoanalyse und Gesellschaftskritik Nr. 4/5

Frambach, L. (1994): Identität und Befreiung in Gestalttherapie, Zen und christlicher Spiritualität. Petersberg

Frambach, L. (1996): Salomo Friedlaender. Ausgrabung einer fast vergessenen Quelle der Gestalttherapie. In: Gestalttherapie 1/1996. Zeitschrift der Deutschen Vereinigung für Gestalttherapie. Köln, 5–25

Frambach, L. (1999): Schöpferische Indifferenz – Die Philosophie von Salomo Friedlaender. In: Handbuch der Gestalttherapie. Reinhard Fuhr, Milan Sreckovic, Martina Gremmler-Fuhr (Hg.). Göttingen

Freud, S. (1982): Konstruktion der Analyse. Studienausgabe. Frankfurt a.M.

Friedlaender, S. (1926): Schöpferische Indifferenz. München

Friedlaender, S. (1982): Aus den philosophischen Tagebüchern/Moral und Politik In: Merkur. Zeitschrift für europäisches Denken 1982/7, 679–683

Friedlaender, S. (2001): Das magische Ich. Elemente des kritischen Polarismus. Aus dem Nachlass hg. von Hartmut Geerken. Bielefeld

Frisius, R. (1994): Spontaneistisches Komponieren. Programmbuch Tage für Neue Musik 1994. In: Musik der Jahrhunderte Stuttgart (Hg.). Stuttgart

Frohne, I. (1981): Das Rhythmische Prinzip. Grundlagen, Formen und Realisationsbeispiele in Therapie und Pädagogik. Lilienthal

Frohne-Hagemann, I. (1999): Zur Hermeneutik musiktherapeutischer Prozesse. Metatheoretische Überlegungen zum Verstehen. In: Musiktherapeutische Umschau. Band 20/2, 103–113

Gaertner, B. (2005): Analyse der verbalen Interaktion in der Musiktherapie. In: Seidel, A. (Hg.): Verschmerzen. Musiktherapie mit krebskranken Frauen und Männern im Spannungsfeld von kurativer und palliativer Behandlung. Wiesbaden

Gebser, J. (1977): Ursprung und Gegenwart. Gesamtausgabe Bd. V/II. Über die Polarität/Dualismus und Polarität. Schaffhausen

Goethe, J. W. v. (o.J.): Zur Naturwissenschaft: Polarität. Vermischte Schriften. Werke Band 6. Über Morphologie. Frankfurt a.M. a.M., (1977)

Grootaers, F. G. (1994): Versuch über die Konstruktion von Musiktherapie. In: Institut für Musiktherapie und Morphologie (Hg.): Materialien zur Morphologie der Musiktherapie, Heft 6. Bad Zwesten

Grootaers, F. G. (1996): Grundverhältnisse in Figurationen. In: Tüpker, R. (Hg.): Konzeptentwicklung musiktherapeutischer Praxis und Forschung. Münster

Grootaers, F.G. (2001): Bilder behandeln Bilder. Musiktherapie als angewandte Morphologie. In: Tüpker, R. (Hg.): Materialien zur Musiktherapie Bd. 7; Münster

Handke, P. (1982): Die Geschichte des Bleistifts. Frankfurt a.M.

Handke, P. (1990): Aber ich lebe nur von den Zwischenräumen. Ein Gespräch, geführt von Herbert Gamper. Frankfurt a.M.

Handke, P. (1994): Versuch über den geglückten Tag. Frankfurt a.M.

Hauskeller, M.(1998): Was ist Kunst? Positionen der Ästhetik von Platon bis Danto. München

Hegi, F. (1998): Übergänge zwischen Sprache und Musik. Paderborn

Hegi, F. (2004): Improvisation als soziales Modell. Vortrag am Symposium „Improvisation als Lebensprinzip" Zürich, 2. Oktober 2004. In: Internet: www.fritz-hegi.ch/Vorträge [Download 28.8. 2008]

Hegi-Portmann, F.; Lutz Hochreutener, S.; Rüdisüli-Voerkel, M. (2006): Musiktherapie als Wissenschaft. Grundlagen, Praxis, Forschung und Ausbildung. Zürich (bei den Autoren)

Heubach, F. W. (1987): Das bedingte Leben. Theorie der psycho-logischen Gegenständlichkeit der Dinge. München

Hoffmann, P. (2002): Zur (Wieder-)Entdeckung der Zeit. Die Bedeutung des Phrasierens in Improvisationen der Musiktherapie. Dissertation, Universität Witten Herdecke

Kaden, C. (1993): Des Lebens wilder Kreis. Musik im Zivilisationsprozess. Kassel

Kämpf, H. (2001): Helmuth Plessner. Eine Einführung. Düsseldorf

Keidel-Joura, C. (1999): Vom Charakter des I Ging. München

Keupp, H. (2004): Fragmente oder Einheit? Wie Identität heute geschaffen wird. In: Internet: www.ipp-muenchen.de/texte/fragmente_oder_einheit.pdf [Download 1.9. 2008]

Kimura, B. (1995): Zwischen Mensch und Mensch. Strukturen japanischer Subjektivität. Darmstadt

Klee, P. (o.J.): Im Anfang was war? Pädagogischer Nachlass (unveröffentl.) PN 17a M20/10; Mitteilung des Paul-Klee-Zentrums Bern

Krappmann, L. (1969): Soziologische Dimension der Identität. Strukturelle Bedingungen für die Teilnahme am Interaktionsprozess. Stuttgart

Kunkel, S. (2008): „Jenseits von Jedem?" Grundverhältnisse, Beziehungsformen und Interaktionsmuster im musiktherapeutischen Erstkontakt mit schizophrenen Patienten.Dissertation. Hochschule für Musik und Theater, Hamburg

Lachmann, R. (2000): Susanne K. Langer. Die lebendige Form menschlichen Fühlens und Verstehens. München

Lachmann, R. (2006): Portrait Susanne K. Langer. In: Internet: www.information-philosophie.de/philosophie/slanger.html [Download 25.9. 2006]

Langenberg, M. (1988): Vom Handeln zum Be-Handeln: Darstellung besonderer Merkmale der musiktherapeutischen Behandlungssituation im Zusammenhang mit der freien Improvisation. Heidelberger Schriften zur Musiktherapie, Bd. 3; Stuttgart

Langer, S. K. (1965): Philosophie auf neuem Wege. Das Symbol in Denken, im Ritus und in der Kunst. Berlin

Latka, T. (2003): Topisches Sozialsystem. Die Einführung der japanischen Lehre vom Ort in die Systemtheorie und deren Konsequenzen für eine Theorie sozialer Systeme. Heidelberg

Lauterwasser, A. (2002): Wasser Klang Bilder. Aarau

Leikert, S. (1990): Die Lust Am Zuviel. Der Wirkungsraum der Instrumentalimprovisation. In: Zwischenschritte. Beiträge zu einer morphologischen Psychologie. 2/1990, 27 – 39 [1]

Leikert, S. (2001): Der Orpheusmythos und die Symbolisierung des primären Verlustes – Genetische und linguistische Aspekte der Musikerfahrung. In: Psyche. Zeitschrift für Psychoanalyse und ihre Anwendungen. Heft 12/2001, 1287–1306

Lissa, Z. (1969): Stille und Pause in der Musik. In: Aufsätze zur Musikästhetik. Eine Auswahl. Berlin

Lorenzer, A. (1970): Kritik des psychoanalytischen Symbolbegriffs. Frankfurt a.M.

Lorenzer, A, (1973): Sprachzerstörung und Rekonstruktion. Frankfurt a.M.,

Louven, C. (o.J.): Aspekte des Verstehens Neuer Musik. Hochschule Magdeburg Stendhal Studiengang Musiktherapie. In: Internet: www.sgw.hsmagdeburg.de/musik/pages/team/louven/pub/verstehen/verstehen.html [Download 22.10.08]

Luther, H. (1992): Identität und Fragment. Praktisch-theologische Überlegungen zur Unabschließbarkeit von Bildungsprozessen. In: Henning, L., Religion und Alltag. Stuttgart

Macho, T. (1991): Die Kunst der Pause. Eine musikontologische Meditation. Merkur 1991/2; 135 - 146

Makowitzki, R. (1995): „Über mein Spiel kann ich nichts sagen, denn ich spüre nichts." Möglichkeiten der Modifikation musiktherapeutischer „Standardregeln". In: Musiktherapeutische Umschau 16/2, 126–147

Mentzos, S. (1992): Psychodynamische Modelle in der Psychiatrie. Göttingen

[1] Derselbe Text findet sich auch in: Tüpker, R., Schulte, A. (Hg.) (2006): Tonwelten - Musik zwischen Kunst und Alltag. Zur Psycho-Logik musikalischer Ereignisse. Gießen

Metzner, S. (1997): Der Ton macht die Musik. Zur Bedeutung von Symbol und Inszenierung in musiktherapeutischen Prozessen. In: Kruse, Otto (Hg.): Kreativität als Ressource für Veränderung und Wachstum. Tübingen

Metzner, S. (1999): Tabu und Turbulenz. Musiktherapie mit psychiatrischen Patienten. Göttingen

Michels, U. (1981): dtv-Atlas zur Musik Band 1; München

Middendorf, I. (2007): Der Erfahrbare Atem. Eine Atemlehre. Paderborn. (Nachdruck der 8. Auflage 1995)

Müller, K.-B. (2001): Musik als Begleiterin behinderter Menschen. Luzern

Nawe, N. (2008): Wer spielt den dritten Ton. Triangulierungsprozesse und triadische Dimensionen in der Musiktherapie mit Trennungskindern. Dissertation. Hochschule für Musik und Theater, Hamburg

Niedecken, D. (1988): Einsätze. Material und Beziehungsfigur im musikalischen Produzieren. Vom subjektiven Ursprung musikalischer Objektivität. Hamburg

Niedecken, D. (1996): Symbol. In: Lexikon Musiktherapie. Decker-Voigt, H.-H.; Knill, P.; Weymann. E. (Hg.). Göttingen

Oehlmann, J. (2004): „Warum verwendest du eine Klangschale?" In: Gestalttherapie, Forum für Gestaltperspektive 18. Jg. Heft 2, 47–58

Perls, F. S. (1980): Gestalt – Wachstum – Integration. Paderborn

Picard, M. (1950): Die Welt des Schweigens. Zürich

Plessner, H. (2003): Die Stufen des Organischen und der Mensch. Einleitung in die philosophische Anthropologie (1928) Gesammelte Schriften IV. Darmstadt,

Plessner, H. (1980-85): Die Stufen des Organischen und der Mensch. Einleitung in die philosophische Anthropologie. Gesammelte Schriften Band IV; (Hg. Dux, G. et al.) Frankfurt a.M.

Polster, E. und M. (2001): Gestalttherapie. Theorie und Praxis der integrativen Gestalttherapie. Wuppertal

Portele, G. H. (1992): Der Mensch ist kein Wägelchen. Köln

Rauchfleisch, U. (1990): Psychoanalytische Betrachtungen zur musikalischen Kreativität. Psyche 44. Jg.; 1113–1139. Stuttgart

Rihm, W. (1999): „Ich werde angesungen von der Komposition." Bericht in der Stuttgarter Zeitung von W. Müller-Grimmel; 9.9. 1999

Rilke, R. M. (o.J.): Notizen zur Melodie der Dinge In: Sämtliche Werke. Rilke-Archiv (Hg.), Band 1-6, Wiesbaden und Frankfurt a.M., 1955 - 1966.

Rushdie, S. (2005): Harun und das Meer der Geschichten. Berlin

Rosa, H. (2005): Beschleunigung. Die Veränderungen der Zeitstruktur in der Moderne. Frankfurt a.M.

Salber, W. (1965): Morphologie des seelischen Geschehens. Köln

Salber, W. (1977): Kunst – Psychologie – Behandlung. Bonn

Salber, W. (1980): Konstruktion psychologischer Behandlung. Bonn

Salber, W. (1981): Wirkungseinheiten. Köln

Salber, W. (1986): Morphologie des seelischen Geschehens. Köln

Salber, W. (1989): Der Alltag ist nicht grau. Bonn

Salber, W. (2001): Psychologische Behandlung. Bonn

Salber, W. (2006): Metamorphose als psychologisches Konstrukt. In: Tüpker, R.; Schulte, A. (Hg.): Tonwelten: Musik zwischen Kunst und Alltag. Zur Psycho-Logik musikalischer Ereignisse. Heft 2005/2006 der „Zwischenschritte" – Beiträge zu einer morphologischen Psychologie. Gießen

Saner, H. (2002): Von der Toleranz zur Differenzverträglichkeit. In: Nicht-optimale Strategien. Essays zur Politik. Basel

Schmid, W. (2000): Schönes Leben? Einführung in die Lebenskunst. Frankfurt a.M.

Schmitz, H. (1977): Mein System der Philosophie. Absicht - Methode - Grundgedanke. In: Information Philosophie, Jan./Feb., 2–10

Schneider-Flume, G. (2008): Leben ist kostbar. Wider die Tyrannei des gelingenden Lebens. Göttingen

Schumacher, K. u. Calvet-Kruppa, C. (2001): Die Relevanz entwicklungspsychologischer Erkenntnisse für die Musiktherapie. In: Decker-Voigt, H.-H. (Hg.): Schulen der Musiktherapie. München

Seidel, A. (Hg.) (2005): Verschmerzen. Musiktherapie mit krebskranken Frauen und Männern im Spannungsfeld von kurativer und palliativer Behandlung. Wiesbaden

Seidel, W. (1993): Tönende Stille - Klänge aus der Stille. In: Siegfried Mauser (Hg.) Kunst verstehen - Musik verstehen. Schriften zur musikalischen Hermeneutik Bd. 3; Laaber

Sloterdijk, P. (1993): Wo sind wir, wenn wir Musik hören? In: Weltfremdheit. Frankfurt a.M.

Sloterdijk, P. (1988): Zur Welt kommen, zur Sprache kommen. Poetik des Anfangs. Frankfurt a.M.

Small, C. (1998): Musicking. The Meaning of Performing and Listening. London

Smeijsters, H. (1996): Methoden der psychotherapeutischen Musiktherapie. In: Lexikon Musiktherapie. Decker-Voigt, H.-H.; Knill, P.; Weymann, E. (Hg.). Göttingen

Sonnenschein, U. (2007): Schweigen – Der Klang der Stille. In: Erlebnis Zuhören. Bernius, Kemper, Oehler, Wellmann (Hg.). Göttingen

Sontag, S. (2003): Krankheit als Metapher. Frankfurt a.M.

Spychiger, M. (2007): Zur Rolle der Scham beim Lernen aus Fehlern und beim Aufbau von Normen und Fehlerkultur. In: Marks, S. (Hg.): Scham – Beschämung – Anerkennung (71-88). Münster

Stern, D. N. (1992): Die Lebenserfahrung des Säuglings. Stuttgart

Stewart, I. (1998): Die Zahlen der Natur. Mathematik als Fenster zur Welt. Heidelberg

Thiel, D. (2001): „Das Ich… bezeichnet als ein bloßes Vorwort… das Subject aller Prädicate." In: Geerken, Hartmut (Hg.): Salomo Friedlaender. Das magische Ich. Elemente des kritischen Polarismus. Bielefeld

Tüpker, R. (1996): Ich singe was ich nicht sagen kann. Zu einer morphologischen Grundlegung der Musiktherapie. 2., überarbeitete und erweiterte Auflage. Münster

Tüpker, R. (1998): Reflexion seelischer Verhältnisse in der musikalischen Improvisation. In: Lenz, M./Tüpker, R.: Wege zu musiktherapeutischen Improvisation. Münster

Tüpker, R. (2001): Zum Musikbegriff der musiktherapeutischen Improvisation. In: Bergstrœm-Nielsen, C.; Weymann, E. (Hg.) Einblicke 12, 44–69; Berlin

Tüpker, R. (2006): Musikalische Improvisation im Alltag. In: Tonwelten - Musik zwischen Kunst und Alltag. Zur Psycho-Logik musikalischer Ereignisse. Tüpker, R.; Schulte, A. (Hg.). Gießen

Wagner, J. (2008): Improvisation als widerständige Aneignung. Ein Beitrag zur Gegenstandsbildung der musiktherapeutischen Improvisation. Dissertation. Hochschule für Musik und Theater, Hamburg

Weber, T. (1996): Improvisationsgestalt. In: Lexikon Musiktherapie. Decker-Voigt, H.-H.; Knill, P.; Weymann, E. (Hg.). Göttingen

Weymann, E. (1996): Lexikon Musiktherapie. Decker-Voigt, H.-H.; Knill, P.; Weymann, E. (Hg.). Göttingen

Weymann, E. (2001): Warte auf nichts. Zur Ausbildung in Improvisation als Verfahren der Musiktherapie. In: Decker-Voigt, H.-H. (Hg.): Schulen der Musiktherapie. München

Weymann, E. (2004): Zwischentöne. Psychologische Untersuchungen zur musikalischen Improvisation. Gießen

Wilhelm, R. (Hg.) (1956): I Ging. Das Buch der Wandlungen. Aus dem Chinesischen übertragen von R. Wilhelm. München

Wilson, P. N. (1999): Hear und Now. Gedanken zur improvisierten Musik. Hofheim

Zeuch, A. (2004): Training professioneller intuitiver Selbstregulation. Theorie, Empirie und Praxis. Hamburg

Zeuch, A.; Kloter, C. (2008): Die innere Stimme. Intuition als professionelle Kompetenz in der Musiktherapie. In: Musiktherapeutische Umschau 29/2; 107–118

Zielen, V. (1987): Psychose und Individuationsweg. Fellbach-Oeffingen

Zuckerkandl, V. (1963): Die Wirklichkeit der Musik. Der musikalische Begriff der Außenwelt. Zürich

Dank

Eine Arbeit wie die vorliegende entsteht nicht allein aus den Bemühungen ihres Autors, sondern aus einem Netz von Bezügen und einem Austausch, der zahlreiche Menschen umfasst. All denjenigen, die auf mittelbare und unmittelbare Weise beteiligt waren, soll hier gedankt werden.

Insofern sich die Thematik auf die praktische Arbeit der musiktherapeutischen Behandlung bezieht, gilt der Dank den Patientinnen und Patienten, mit denen ich in den Jahren meiner musiktherapeutischen Tätigkeit zusammenarbeiten konnte. Aus zahlreichen Seminaren, Kursen, Supervisions- und Fortbildungsveranstaltungen, in denen es um die Improvisation ging, sind Erfahrungen in die Entwicklung der Systematik eingeflossen. Für die Bereitschaft, sich auf die zum Teil ungewohnten Aufgaben und Erfahrungen einzulassen, danke ich den Studierenden an der Fachhochschule Frankfurt und der ehemaligen Leiterin des Studiengangs, Prof. Dr. Almut Seidel, ferner den Studierenden des Musiktherapie-Studiengangs in Zürich, sowie den Teilnehmerinnen und Teilnehmern der entsprechenden übrigen Veranstaltungen.

Besonders zu nennen sind die Doron-Tanz-Seminare in Bern; in der langjährigen Zusammenarbeit mit Katja Wyder und Hedda Maria Hofmann sind wichtige Elemente der didaktischen Vermittlung der Improvisation entwickelt und erprobt worden. Gleiches gilt für die gemeinsamen Fortbildungsveranstaltungen mit der Musiktherapeutin Randi Coray und für die musikalisch-praktischen Erprobungen mit der Musikerin Regula Gerber.

Vorstufen der jetzt ausgearbeiteten Systematik waren zudem inhaltliche Bestandteile der Fortbildungsveranstaltungen, die ich zusammen mit Prof. Dr. Eckhard Weymann in den 90er Jahren durchführen konnte. Der Dank gilt zunächst dem langjährigen Kollegen für die Zusammenarbeit, dann dem Betreuer der Dissertation für seine Förderung; ebenso der Zweitgutachterin Prof. Dr. Maria Spychiger.

Der Weiterbildung in Morphologischer Musiktherapie mit den Dozentinnen und Dozenten Prof. Dr. Rosemarie Tüpker, Dr. Frank G. Grootaers, Prof. Tilman Weber und Prof. Dr. Eckhard Weymann verdanke ich wichtige gedankliche Voraussetzungen und Anstöße.

Neben den Mit-Doktorandinnen und Doktoranden in den Colloquien am Institut für Musiktherapie der Musikhochschule Hamburg gilt der Dank besonders dem Leiter des Instituts, Prof. Dr. Hans-Helmut Decker-Voigt für seine Unterstützung. Zudem erfuhr die Arbeit eine verlässliche Förderung in den Treffen der „Doktoranden-Werkstatt" unter der Leitung von Eckhard Weymann. Sylvia Kunkel, Nicola Nawe, Jan Sonntag und Jochen Wagner, sowie Inga Auch-Johannes sei herzlich gedankt für die mehrjährige intensive und freundschaftliche Zusammenarbeit.

Prof. Dr. Isabelle Frohne-Hagemann und Heino Pleß-Adamczyk halfen mit weiterführenden Hinweisen zu Salomo Friedlaender, Prof. Hellmut Kind mit inhaltlichen Anregungen zu Beginn der Arbeit.

Besonders danke ich der Andreas-Tobias-Kind-Stiftung in Hamburg für die Gewährung eines Promotions-Stipendiums, durch das die Arbeit eine wichtige Förderung erfahren hat.

Last but not least danke ich Reinhild Winkler und Hedda Maria Hofmann für das sachkundige Lektorat, Alice Aebi für die Supervision und Beatrice Friedli Deuter für ihre unablässige und liebevolle Unterstützung des gesamten Projekts.

Anhang

Abbildungen zur Systematik der Polaritätsverhältnisse Überblick

Kap. 4.2 Die drei musikalischen Dimensionen
Die Polaritäten und ihre Benennungen

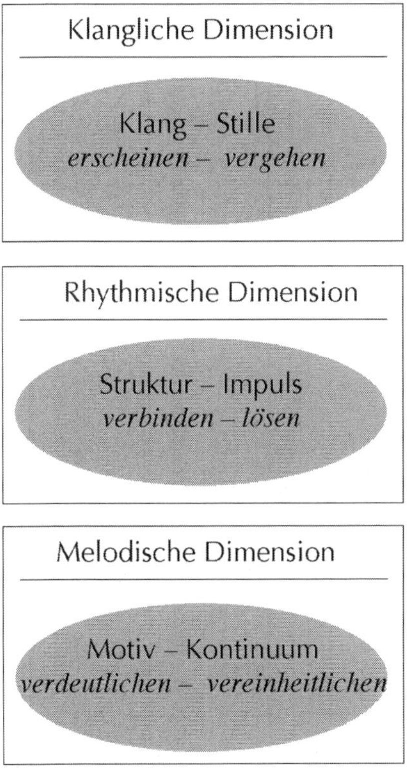

Abb. 32: Die drei musikalischen Dimensionen

Kap. 4.6 Zusammenwirken der Polaritäts-Achsen

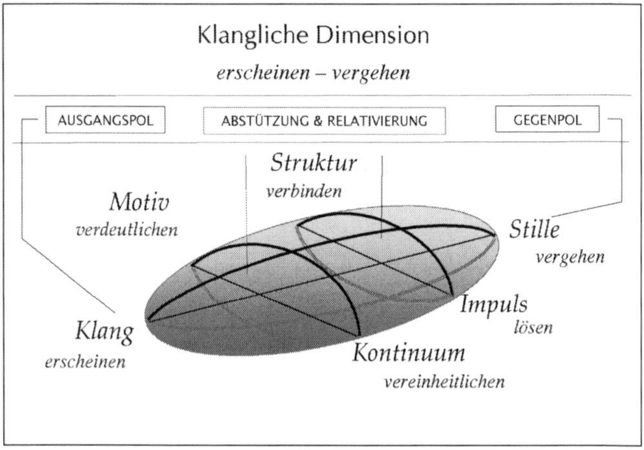

Abb. 33: Zusammenwirken der Achsen, Klangliche Dimension

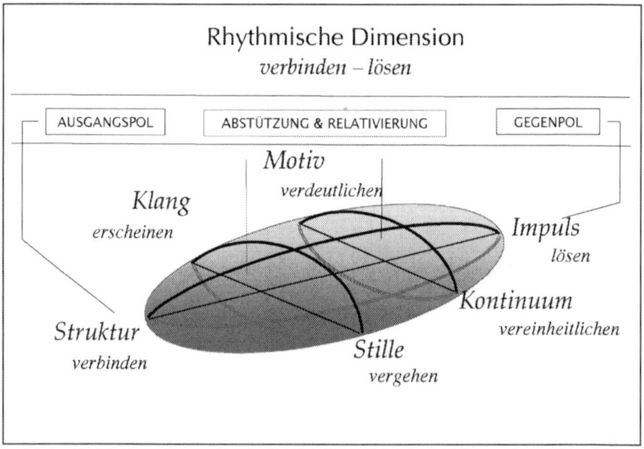

Abb. 34: Zusammenwirken der Achsen, Rhythmische Dimension

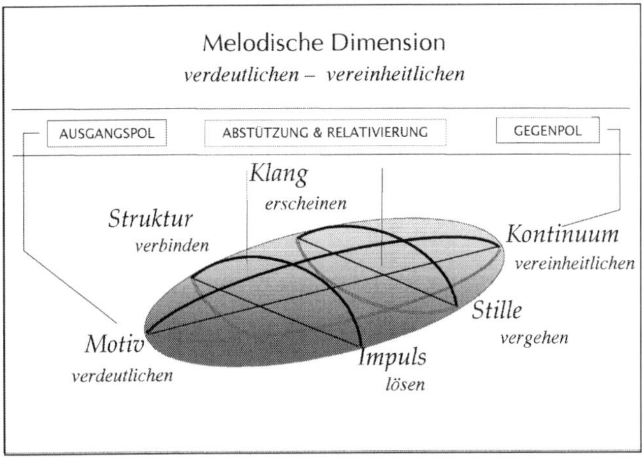

Abb. 35: Zusammenwirken der Achsen, Melodische Dimension

Verzeichnis der Abbildungen